華文傳記
BIOGRAPHIES

國士無雙

北京大学的龙虎象

王开林 著

華文出版社
SINO-CULTURE PRESS

图书在版编目（CIP）数据

国士无双．北京大学的龙虎象 / 王开林著 .—北京：华文出版社，2012.4（2021.6 重印）
ISBN 978-7-5075-3617-1

Ⅰ.①国… Ⅱ.①王… Ⅲ.①知识分子—生平事迹—中国—现代
Ⅳ.① K825.4

中国版本图书馆 CIP 数据核字（2011）第 256336 号

国士无双：北京大学的龙虎象

作　　者：王开林
责任编辑：谭　笑　姜艳艳

出版发行：华文出版社
社　　址：北京市西城区广安门外大街 305 号 8 区 2 号楼
邮政编码：100055
网　　址：http:// www.hwcbs.com.cn
投稿信箱：Xiaotanxiaotan11@126.com
电　　话：**总编室** 010-58336239　**发行部** 010-58336267（发行）58336253（邮购）
责任编辑 010-58336237　58336191
经　　销：新华书店
印　　刷：三河市燕春印务有限公司
开　　本：787×1092　1/16
印　　张：19.5
字　　数：250 千
版　　次：2012 年 4 月第 1 版
印　　次：2021 年 6 月第 3 次印刷
标准书号：ISBN 978-7-5075-3617-1
定　　价：58.00 元

目 录

国士何为，大师何谓（自序）

国士是一国之中最隽异最挺拔的人才，是一国良知的帅纛，是一国精神文化的基石。

他们的建树不全在事功，崇信的也并非权势，“为天地立心，为生民立命，为往圣继绝学，为万世开太平”，这才是他们的终极理想。其一言一动，为朝野所瞩目，为士林之定向。

纵横之士固然厉害，“一怒诸侯惧，安居天下息”，但他们阻遏良知，仅有工具理性，拜其所赐，江湖腥风血雨。这样的人，纵然本领通天，也不是国士。

强悍之士固然猛鸷，“不为五鼎食，即为五鼎烹”，但他们短缺明智，只知倒行逆施，受其所弄，国势板荡不宁。这样的人，纵然手段炫目，也不是国士。

真的国士，首先是光明俊伟的大丈夫，“富贵不能淫，贫贱不能移，威武不能屈”，道义所在，虽千万人吾往矣。他们道通天地，思入风云，斡旋气运，启发族群，具有悲悯万物的情怀和开拓千古的心胸。在极其艰难的处境下，他们也能不断推动其主攻主理的慧业臻于新境和化境。现代学人中，梁启超、蔡元培、梅贻琦、胡适、傅斯年、梁漱溟堪称国士之上选。

国士特立独行，大师苦心孤诣。大师是一个国家的学术重镇，是一个时代思想、文化、艺术、科学领域之翘楚，他们具备异禀、长才、创意、通识、洞见、雅量、傲骨、良知、使命感和责任心。谁也不要奢望大师是私德无懈可击的完人，谁也不应苛求大师是不食人间烟火的圣徒。他们有可能细行不检，大言不惭，贪杯好色，久假不归；甚至有可能曲学阿世，随波逐流，清操有玷，晚节不终。但他们夭矫狂狷，喜怒悲悯，无不元气淋漓。

王国维在《人间词话》中谈到治学精神时特别强调："古今之成大事业、大学问者，必经过三种之境界：'昨夜西风凋碧树，独上高楼，望断天涯路'，此第一境界也。'衣带渐宽终不悔，为伊消得人憔悴'，此第二境界也。'众里寻他千百度，蓦然回首，那人却在灯火阑珊处'，此第三境界也。"这三种境界，大师无不一一亲历，他们由探索得之，由研寻得之，不惜呕心沥血，胼手胝足。

世间的人与事常受制于短板效应（劣势部分决定整个组织的水平）和逆淘汰法则（劣胜优汰，劣币驱逐良币），但思想、文化、艺术、科学纯属例外，恰恰是大师的高度、广度和深度最终体现那个时代的高度、广度和深度。因此之故，黄钟毁弃、瓦釜雷鸣的悲哀程度无论如何高估都不为过，从一把筷子中挑选旗杆，从一群绵羊中挑选狮王，世间最令人沮丧的事情莫过于此。

回眸二十世纪，幸运的是，我们还能眺见国士的风范和大师的背影，其谠言淑行余绪未坠。他们负笈海外，奔波国中，出经入史，中西贯通，为山千仞，非一日之功。北大、清华是国内公认的最高学府，曾经是大师的渊薮。二十世纪的多半岁月，赤县屡遭劫难，神州几近陆沉，我们隔空打量这些文化巨擘的言行风采，就会发现许多，感动许多，警醒许多，也能振作许多。

自然界有定量，也有变量。宇宙间有恒星，也有流星。大师中有拓荒者，也有迷途者。这很正常。我们向拓荒者致敬的同时，也为迷途者惋惜。他们或登高而自卑，或行远而自迩，可贵；或欺心而惭愧，或失足而忏悔，同样可贵。大师之人难免瑕瑜互见，大师之学也难免有得有失，他们怎样做人，怎样治学，怎样教书，怎样育才，怎样在浊世抱朴含真，怎样在乱世爱国忧民，桩桩件件都给后生晚辈留下了千金难买的借鉴。

任沧海横流，腐恶直泻，人文精神的薪火绝对不会湮灭失传，悲悯情怀的种子也绝对不会朽烂于心底，无论何时何地，这点自信我们还是必须要有的。

2011 年 10 月 6 日

是真虎乃有风

——“北大之父”蔡元培

蔡元培（1868 – 1940），字鹤卿，又字孑民，浙江绍兴人。教育家，学者。1916 年至 1927 年任北大校长。著作有《蔡元培全集》（十八卷，浙江教育出版社）。

古今中外，方方面面的成功者甚多，我们不难从中遴选出自己推崇的对象，但若将某位先贤推崇至大师与完人的极峰，这肯定是一件非常离谱的事情。在现代中国，除了北大老校长蔡元培先生，还有谁能够当此美誉而无愧？这并非笔者的一己私见，而是其同时代众多学人的共识。

一、如此翰林，绝无仅有

毛子水在《对于蔡元培的一些回忆》中讲到一件趣事。某次，北大名流雅集，钱玄同冒失地问道："蔡先生，前清考翰林，都要字写得很好的才能考中，先生的字写得这样蹩脚，怎样能够考得翰林？"蔡先生不慌不忙，笑嘻嘻地回答说："我也不知道，大概那时正风行黄山谷字体的缘故吧！"黄山谷是北宋文学家和书法家黄庭坚，他的字体不循常轨，张扬个性，如铁干铜柯，似险峰危石，以刚劲奇崛著称。蔡先生的急中生智既见出他的涵养，也见出他的幽默，满座闻之，皆忍俊不禁。

自唐代以迄于清代，一千二百多年间，翰林何其多，但主动参加革命党，去革封建专制王朝老命的，除了蔡元培，数不出第二人。自达摩东来，一千五百多年间，和尚何其多，集情圣、诗人、画家和革命志士于一身的，除了苏曼殊，也数不出第二人。他们是在"古今未有之变局"中禀赋特出的产儿，是天地间绝无仅有的异数。

据教育家马相伯回忆，1901 年，蔡元培担任上海南洋公学特班总教习期间，曾与张元济、汪康年一道拜他为师，学习拉丁文。每天清晨，蔡元培从徐家汇徒步四五里路到土山湾马相伯家上课。由于求学的心情过于急切，第一次，蔡元培去得太早，凌晨五点多钟，天边刚露出一丝曙色，他就在楼下低声叫唤“相伯，相伯”。马相伯感到惊奇，大清早的，谁来这里喊魂？他打开窗子望去，来人是蔡元培。马相伯名士派头十足，他急忙摇手，对蔡元培说：“太早了，太早了，八九点钟再来吧！”虽然有点败兴，蔡元培并没有感到不悦，三个钟头后，他又来到马相伯家中。这一年，蔡元培三十四岁，身为翰林已达八载，但他仍有程门立雪的虔诚劲头。

蔡元培一生的座右铭为“学不厌，教不倦”。他三度旅欧，精研西方哲学，在巴黎访晤过居里夫人，在德国结识了爱因斯坦，两次高峰对话使他受益良多。嗣后，他提出“以美育代宗教”的主张，乃是积学深思所致，绝非异想天开。宗教的顶礼膜拜常不免使上智下愚者堕入迷信的泥坑而难以自拔，美育的修身养性则使人的精神境界找获上升的阶梯而进路无穷。终其一生，蔡元培对学问抱持浓厚的兴趣，对教育怀有炽热的情感，虽历经世乱，屡遭挫折，却不曾泄过气、断过念、灰过心。

戊戌变法时期，王照、张元济劝导康有为以开办教育、培植人才为先鞭，以维新变法为后图，康氏则认为：强敌虎视鹰瞵于外，清廷河决鱼烂于内，譬若老房子着火，纵有观音大士千手千眼为助，犹恐扑救无暇，王、张之议缓不济急，只好暂且作罢。无独有偶，辛亥革命前，严复在英伦邂逅孙中山，他开出的药方同样是“为今之计，唯急从教育上着手”，孙中山略无迟疑，以“俟河之清，人寿几何”一语作答，他认为，在清王朝旧体制的框架下，教育犹如被巨石镇压着的笋尖，是无法舒展其身子骨的。

当初，康有为、梁启超倡导变法维新，炙手可热，蔡元培冷眼旁观，并不睇好康、梁的“小臣架空术”，维新派把孤立无援的光绪皇帝的细腿当成如来佛脚去抱，企图富国强兵，拯救日薄西山、气息奄奄的清王朝，这岂不是痴心妄想吗？改良教育和培植人才，如此重要的事情，康、梁竟认为无关大局，根本不留意，全然不着手，徒然空言造势，似乎撒豆成兵，倒有几分神汉巫公的派头。康有为所主导的“四不像”的变法维新和君主立宪果然一败涂地，蔡元培一针见血地指出其败因：“由于不先培养革新人才，而欲以少数人弋取政权，排斥顽旧，不能不情见势绌。”蔡元培真心向往的是民主政治，极力主张的是教育救国，他放着好好的翰林不做，弃官南下，回家乡绍兴监理新式学堂，到上海南洋公学特班任总教习，与叶瀚等人发起成立中国教育会，组织爱国学社，开办爱国女学。

1903年冬，蔡元培为使国人对帝俄觊觎中国东三省有所警觉和防范，创办《俄事警闻》报。这一时期，他受蒲鲁东、巴枯宁无政府主义思潮的影响，发表小说《新年梦》，主张废除私有财产，废除婚姻制度。但他很快就发现此路不通，唯有以革命的霹雳手段刷新政治，才能使死气沉沉的社会获得生机。于是，他参加杨笃生领导的军国民教育会暗杀团，与陶成章等人秘密创立光复会，出任中国同盟会上海分会会长。由封建王朝的翰林转变为彻底的革命党，蔡元培无疑是古今第一人。

蔡元培写过《我在教育界的经验》一文，其中有这样一段话：“自三十六岁以后，我已决意参加革命工作。觉得革命只有两途：一是暴动，一是暗杀。在爱国学社中竭力助成军事训练，算是预备下暴力的种子；又以暗杀于女子更为相宜，于爱国女学，预备下暗杀的种子。”然而，与同时代的革命党人相比，蔡元培的主张无疑是相对温和的，当民族革命被推向最高潮时，“誓杀尽鞑虏，流血满地球”的激烈言论是主旋律。邹容的《革命军》痛恨满族人，仿佛视之为不共戴天的杀父之仇，欲斩草除根而后快。蔡元培在1903年4月的《苏报》上发表《释仇满》一文，给民族革命做了一个降调处理，他的言论更能服人，也更能安心：“满人之血统久已与汉族混合，其语言及文字，亦已为汉语汉文所淘汰。所可为满人标识者，惟其世袭爵位及不营实业而坐食之特权耳。苟满人自觉，能放弃其特权，则汉人决无仇杀满人之必要。”革命通常是流血的代名词，革命者能够保持冷静的理智，实为难上加难。

蔡元培一生与教育结缘，中华民国初肇，他是临时政府的教育总长，民国政府正式成立时，他也是首任教育总长，后来担任北京大学校长、大学院院长和中央研究院院长，为中国现代教育事业殚精竭虑，呕心沥血，实属教育界深孚众望、绝无争议的当然领袖。

二、北大，中国的北大

1912年3月，蔡元培加入民国政府唐绍仪内阁，出掌教育部。他与教育部次长范源濂既是搭档，又是朋友。关于教育，两人的观点可谓相辅相成。范源濂认为：小学没办好，怎么能有好中学？中学没办好，怎么能有好大学？所以当前教育的重中之重是要先整顿小学。蔡元培则认为：没有好大学，中学师资从哪里来？没有好中学，小学师资从哪里来？所以当前教育的重中之重是要整顿大学。几番辩论之后，两人协调了意见：从小学、中学到大学，教育部都须费大力气下大工夫去整顿。

1916年12月，北洋政府教育部任命蔡元培为北大校长。据沈尹默回忆，“蔡元培长北大之来由”是教育部专门教育司司长沈步洲与北大校长胡仁源发生矛盾，沈步洲报睚眦之怨，必欲扳倒胡仁源而后快，他抬出蔡元培，后者资望、才学均在胡仁源之上，教育总长范源濂也就顺水推舟。彼时，蔡元培刚从海外归来，风尘仆仆，到上海后，许多朋友都劝他不要率尔衔命，北大腐败透顶，烂到流脓，他若就职，恐怕整顿不力，清誉反受其累。但也有几位朋友鼓励蔡元培放手一搏，用手术刀割治这个艳若桃李的烂疮，给中国教育开创前所未有的新局，纵然败北，尽心也可无憾。蔡元培的使命感极强，他选择了锐意进取，而不是临阵脱逃。1917 年 1 月 4 日，他到北大视事，着手收拾这个令人掩鼻的烂摊子。

北大的前身是京师大学堂，有人说：与其称之为大学，还不如称之为官僚养成所。这样的说法是否有点失之武断？京师大学堂的创办者张百熙就曾礼贤下士，聘请文章经济极负时名的桐城派大家吴汝伦任总教习，吴汝伦不肯就任，张百熙便在吴汝伦跟前长跪不起，比程门立雪的杨时更有诚意。吴汝伦也是个认真的人，高龄应聘之后，他一丝不苟，即赴日本考察教育，惜乎病魔窥伺于侧，赍志而殁。1905 年，大学堂的管学大臣降格为监督，首任监督张亨嘉发表就职演说，只有寥寥一语，总计十四个字："诸生听训：诸生为国求学，努力自爱！"放在全世界大学范围来看，如此言简意赅的就职演说也是独一无二的。大学堂的生源很杂，其中有秀才、举人、进士，甚至还有翰林，因此在运动场上，体育教官会礼貌端端地喊口令："大人向左转！""老爷开步走！"大学堂离学界远，离官场近，又何足为奇呢？活动能力较强的学生，上乘的做法是猎官，组织同乡会运动，做一任会长或干事，借以接近学校当局，毕业后即稳得升官的阶梯；下乘的做法是钻营，用嫖娼、赌钱、看京戏、捧名角来结交社会上的实力人物，以之为借重的资本。民国初年，京师大学堂与国会的参议院和众议院被外界并称为"两院一堂"，其中的各色人物乃是八大胡同鸨儿妓女最欢迎的客源，无非是因为他们腰包鼓胀，喜欢吃喝玩乐，舍得拿大把光洋撑场面。有的学生一年花销高达五千银元，相当于普通人家十年的用度。总而言之，在京师大学堂，乌烟瘴气和歪风邪气很盛，唯独研究学问的风气荡然无存。

比蔡元培出掌北京大学晚两年，1918 年 12 月，美国学者司徒雷登出任燕京大学校长。上任伊始，这位中国通即公开表态，他并不希望燕京大学成为世上和史上最有名的大学，而急切地希望它成为当下中国最有用的大学。司徒雷登主张学术自由，言论自由，教育以求真务实为鹄的，他亲订燕京大学校训为："因真理得自由以服务。"（Freedom through Truth for Service）燕京大学是美国教会大学，司徒雷登是美利坚的自由公民，他有此学术观和教育观，合情合理，并不令人意外。蔡元培也曾赴欧洲游学数年，但他毕竟是在中国传统教育体制和封建政治体制下浸润了半个世纪之久，这位清朝翰林、民国元勋果然能破能立吗？破要有大勇，立要有大智。"有怎样的校长就有怎样的大学"，"所见即所得"，这两句话在当年还是能够成立的。北大注定要打上蔡元培的烙印，这既是历史的偶然，也是历史的必然。

蔡元培出任北大校长后，迅即发出呼吁："大学生当以研究学术为天职，不当以大学为升官发财之阶梯。"他说："自今以后，须负极重大之责任，使大学为全国文化之中心，立千百年之大计。"为了矫正学风，蔡元培从消极和积极两方面入手：发起组织进德会，发表《进德会旨趣书》，会员必须恪守不嫖、不赌、不纳妾的基本戒条（另有"不作官吏、不作议员、不饮酒、不食肉、不吸烟"五条选认戒）；设立评议会，实行教授治校；组织各类学会、研究会，如新闻学会、戏剧讨论会、书法研究会、画法研究会等，使学生养成研究的兴趣；助成消费公社、学生银行、平民学校、平民讲演团。

在蔡元培的心目中，"所谓大学者，非仅为多数学生按时授课，造成一毕业生之资格而已也，实以是为共同研究学术之机关。研究者也，非徒输入欧化，而必于欧化之中为更进之发明；非徒保存国粹，而必以科学方法，揭国粹之真相”，因此大学理应是“囊括大典，网罗众家”的学府，遵循“万物并育而不相害，道并行而不相悖”的自然法则。他打过一个极具说服力的譬喻，人的器官有左右，呼吸有出入，骨肉有刚柔，它们相反而相成。蔡元培决意改造北大，并非打碎另做，推倒重来，凡饱学鸿儒皆得以保留教职，更在国内延聘名师，不问派别，不问师从，但求其术有专攻，学有专长。至于不合格的教员，他坚决黜退，决不手软，不管对方究竟是什么来头，有什么靠山。一名法国教员被黜退后，曾四处扬言要控告蔡元培。一位被黜退的英国教员更加神通广大，居然搬出英国驻华公使朱尔典这尊洋菩萨来与蔡元培谈判，蔡元培坚持成命，不肯妥协。事后，朱尔典怒气冲冲地叫嚣：“蔡元培是不要再做校长的了！”对于这些外缘困扰，蔡元培一笑置之。

诚如冯友兰所言，“大学应该是国家的知识库，民族的智囊团。学校是一个‘尚贤’的地方，谁有知识，谁就在某一范围内有发言权，他就应该受到尊重”。学术乃天下之公器，一致百虑，殊途同归，蔡元培不持门户之见，唯致力将北大改造成为中国的学术渊薮。蔡元培的改革理念和举措，最令人称道的便是“学术第一”、“教授治校”、“讲学自由”和“兼容并包”。以党见和政见论，王宠惠信奉三民主义，李大钊、陈独秀信奉共产主义，李石曾信奉无政府主义，辜鸿铭憧憬君主立宪；以文学派别论，胡适、陈独秀、钱玄同、刘半农、周作人倡导新文学，刘师培、黄侃、吴梅坚持旧文学。特别是“性博士”张竞生，被封建卫道士辱骂为“三大文妖”之一，他在北大讲“美的人生观”，在校外出版《性史》，竭力提倡“情人制”、“外婚制”和“新女性中心论”。在半封闭半蒙昧的中国，张竞生的言论绝对算得上离经叛道，惊世骇俗，也只有在蔡元培的保护伞下，他才不会被大众的唾沫淹死。北大学生办了三个大型刊物，分别代表左、中、右三派，左派的刊物叫《新潮》，中派的刊物叫《国民》，右派的刊物叫《国故》，各有其拥趸，各有其读者群，尽管彼此笔战不休，但却相安无事。

蔡元培开门办学，最具特色的是，学校“三生”共存。“三生”是正式生、旁听生和偷听生。正式生是考进北大的学生，旁听生办了旁听的手续，得到了校方的许可，偷听生则未办任何手续，自由来听课的，尽管未获许可，但也没人将他们撵出课堂。偷听生中也是藏龙卧虎，不可小觑，其中的荦荦大者就有金克木、许钦文和申寿生。上课前，教授指定专人发放油印的讲义，对上课者不问来历，一视同仁，发完为止。有些正式生姗姗来迟，反而两手空空，他们也不觉得有什么好委屈好奇怪的。“来者不拒，去者不追”，听课之自便由此可见一斑。有人说：“学术是天下公器，‘胜地自来无定主，大抵山属爱山人’，这正是北大精神的一面。”偷听生也因此得到正名了。

当年，北大被称为“自由王国”。你爱上课，可以；你不爱上课，也可以；你爱上你爱上的课而不爱上你不爱上的课，更是天经地义的准可以。贬低北大的人以此为口实，称北大是“凶、松、空三部曲”，意思是：学生投考时题目“凶”，入校后课程“松”，毕业生腹中“空”。还有一种类似的说法：北大把后门的门槛锯下来，加在前门的门槛上，即谓进校难，毕业易。事实上，北大约束少，最能出怪才。朱海涛有一段回忆文字写得极其到位，可算作总答复：“北大的教育精神是提倡自立、自主的。……给你逛窑子的机会你不逛，那才是真经得起试探的人。给你抄书的机会你不抄，那才是真有读书心得的人。将你搁在十字街头受那官僚封建腐烂的北平空气薰蒸而不染，那才是一个真能改造中国的人。关在‘象牙塔’里受尽保护的，也许出得塔门，一阵风就吹散了。”既然行为自由，思想也会同样自由。当时中国有多少党派，北大师生中就有多少党派；中国有多少学派，北大师生中就有多少学派。办大学，兼容并包其实是非常危险的，弄得好固然可以形成“酒窖”；弄不好呢？就会形成“粪沼”。蔡元培对于中西文化择善而从，对于各类人才兼收并蓄，使之商量旧学，邃密新知，和平共存，不相妨害。他的态度绝无偏袒，他的器局皆可涵盖，处事公平，无适无莫，大家自然心服口服。

世事无绝对，在北大，阋墙和磨擦总还是有的，而这些响动多半与辜鸿铭和章太炎的大弟子黄侃有关。辜鸿铭对胡适很不买账，他认为，胡适治哲学史，既不懂德文，又不懂拉丁文，简直是画虎成猫，误人子弟。黄侃也瞧不起洋味十足的胡适，但他对章氏旧同门诋诃更多，骂他们曲学阿世。于是众人暗地里戏称蔡元培为“世”，往校长室去竟谑之成“阿世去”。黄侃上课，骂师弟钱玄同有辱师门，骂得相当刺耳，两人的教室毗邻，字字句句都听得清清楚楚，学生不免偷笑，而钱玄同若无其事。

陈独秀在《蔡孑民先生逝世后感言》中称赞道：“这样容纳异己的雅量，尊重学术自由思想的卓见，在习于专制、好同恶异的东方人中实属罕有。”陈独秀尤其应该感谢蔡元培对他的爱护和包容。这位为科学与民主鼓与呼的急先锋，圭角毕露，锋芒侵人。他放浪形骸，不检细行，不拘琐德，往往予敌对者以攻讦的口实。陈独秀去八大胡同消遣，甚至遭到过妓女的控告，被警局传讯，经小报大肆渲染而成为轰动社会的丑闻。尽管陈独秀运笔如枪，其盖世神功能够辟易千人，但若是没有蔡元培为他屡次三番解围，攻击者驱逐他出北大的愿望岂会落空？蔡元培是北大进德会的模范会员，“不嫖，不赌，不纳妾”这三条，他绝对遵守，但他并不以道德完善的标尺去苛求他人，这非常不易。蔡元培爱护陈独秀，因为后者是难得的人才，其言论主张值得同意和同情。

守旧派的头面人物林纾，在上海《新申报》发表小说《荆生》和《妖梦》，前一篇中的人物田必美、狄莫和金心异，分别影射陈独秀、胡适与钱玄同，说这三人聚在一起诋毁前贤，侮灭斯文，荆生偶然听到了，于是愤愤不平，怒火中烧，将他们暴打一顿。荆生，即暗指时任陆军部次长的徐树铮，此人是段祺瑞的智囊，极为霸道，对新文化运动恨之入骨。后一篇则说作者梦见那班非圣非法的人全被一个怪物捉去吃掉了，其中有个叫元绪公的，即影射蔡元培，将他比作乌龟，用意可谓刻薄。守旧派人物林纾敌视新文化运动，仇视科学与民主，与蔡元培、陈独秀、胡适、钱玄同等人志不同道不合，是可以理解的，但他摆出一副急于助纣为虐的模样，动辄扬言“宜正两观之诛”，宣称要将异己“寝皮食肉”，以恐吓、谩骂为取胜的手段，这种做法着实令人不敢恭维，斥之卑劣也不为过。

林纾的小说是经由北大法科学生张厚载之手转寄《新申报》发表的，张厚载写信给蔡元培说明情况，蔡元培回信批评张某的做法有欠妥当，既非爱护其师林纾，也非爱护母校北大。在这封回信中，蔡元培表明了自己对《荆生》和《妖梦》的看法：“仆生平不喜作谩骂语轻薄语，以为受者无伤，而施者实为失德。林君詈仆，仆将哀矜之不暇，而又何憾焉。”蔡元培的大度宽容真是常人望尘莫及的。

此后不久，林纾在《公言报》（此报专与北大为敌，专与新文化运动为难）上发表致蔡元培的公开信，这一回他跳将出来，攻击北大的教育“覆孔孟，铲伦常”，“尽废古书，行用土语为文字”，他纯粹以谣言为依据，如此荒腔野板：“乃近来尤有所谓新道德者，斥父母为自感情欲，于己无恩。此语一见之随园文中，仆方以为拟于不伦，斥袁枚为狂谬；不图竟有用为讲学者，人头畜鸣，辩不屑辩，置之可也。”蔡元培的复书中指出林纾笔下的这个典故出自于《后汉书·孔融传》，路粹枉状劾奏孔融，致使后者遭罹杀身之祸。袁枚只不过拾古人之牙慧，并非原创。林纾听信传言，妄加指责，捡根柴棍当枪使，实在是贻笑大方。林纾展读蔡元培的公开答复，身在自家书斋，也必定面红耳赤。

在答复林纾的公开信中，蔡元培阐明了自己的两项主张："（一）对于学术，仿世界各大学通例，循'思想自由'原则，取兼容并包主义，与公所提出之'圆通广大'四字，颇不相背也。无论为何种学派，苟其言之成理，持之有故，尚不达自然淘汰之运命者，虽彼此相反，而悉听其自由发展。（二）对于教员，以学诣为主。在校讲课，以无背于第一种主张为界限。其在校外之言动，悉听自由，本校从不过问，亦不能代负责任。例如复辟主义，民国所排斥也，本校教员中，有拖长辫而持复辟论者，以其所授为英国文学，与政治无涉，则听之。筹安会之发起人，清议所指为罪人者也，本校教员中有其人，以其所授为古代文学，与政治无涉，则听之。嫖、赌、娶妾等事，本校进德会所禁也，教员中有喜作侧艳之诗词，以纳妾、狎妓为韵事，以赌博为消遣者，苟其功课不荒，并不诱学生而与之堕落，则姑且听之。夫人才至为难得，若求全责备，则学校殆难成立。且公私之间，自有天然界限。……然则革新一派，即偶有过激之论，苟于校课无涉，亦何必强以其责任归之于学校耶？"对于胡适等人提倡白话文，林琴南诟病尤多，蔡元培的精确打击更为神准："《天演论》《法意》《原富》等，原文皆白话也，而严幼陵译为文言。小仲马、迭更司、哈德等所著小说，皆白话也，而公译为文言。公能谓公及严君之所译，高出于原本乎？"这一问，就问得林琴南哑口无言了。此外，蔡元培对林琴南宽待《红楼梦》《水浒传》的作者而苛责同时代的胡适、钱玄同、周作人，也不以为然，他强调，胡、钱、周等新文化运动的干将无不博极群书，并不是借白话文藏拙的“二把刀”。

蔡元培的公开信以道理服人，以事实讲话，无懈可击，林纾笔头再厉害，也无隙可乘。对此话题，林纾从此噤声，也算是有服善之智和改过之勇吧。

北大学生很幸运，由于蔡元培的办学方针鼓励百家争鸣，他们仿佛漫步在山荫道上，千岩竞秀，万壑争流，自是大饱眼福，大饱耳福。学风丕变，人才蔚起，确为水到渠成。

在旧势力依然磐固的环境里，以效益论，激烈对抗反不如稳健从事。蔡元培能在北大取得成功，决非偶然。比如男女同校，当时是很难办的事情，北京好一点的戏楼（广和楼、富连成社）不卖堂客票，女人不能进去听戏。次一等的戏楼，也是另开一门，标明“堂客由此进”，男女之分，壁垒森严。因此北大招收女生，实行男女同校，就绝非不起眼的小举措了。蔡元培的做法很稳当，他先让女生旁听，然后再行招考，并不向教育部明文通报，以免碰硬钉子，反为不美。他心明眼亮，早瞅准了教育部的规定（是他在教育部总长任内制定的）并无禁止女生上大学的条款。那些反对者眼见木已成舟，社会舆论偏向于赞成男女同校，也就不再横加指责了。

最巧妙的是，蔡元培引经据典，将自由、平等、博爱（他译为“友爱”）这一法国大革命时代所标举的公民道德纲领推演出中国式解释：“自由者，‘富贵不能淫，贫贱不能移，威武不能屈’是也，古者盖谓之义；平等者，‘己所不欲，勿施于人’是也，古者盖谓之恕；友爱者，‘己欲立而立人，己欲达而达人’是也，古者盖谓之仁。”此说一出，那些习惯訾议诋诃自由、平等、博爱的封建卫道士，弯弓搭箭，茫然迷失标靶，只好敛怒收声，哪儿凉快待哪儿去。斗士陈独秀喜欢打南拳，虎虎生威，刚猛之极。智士蔡元培则擅长于太极推手，柔若无声，四两拨千斤。

在北大，蔡元培的权威也曾受到过挑战。当年，北大学生不肯交纳讲义费，为此包围红楼。面对气势汹汹的数百名学生，蔡元培挺身而出，他厉声质问道：“你们闹什么？”为首的学生讲明来由：“沈士远（北大庶务部主任）主张征收讲义费，我们来找他理论！”蔡元培说：“收讲义费是校务会议决定的，我是校长，有理由尽管对我说，与沈先生无关。”这时，学生中有人恶语相向：“你倚老卖老！”蔡元培毫无惧色，他挥拳作势，仿佛怒目金刚，公开叫阵：“你们这班懦夫！我是从明枪暗箭中历练出来的，你们若有手枪炸弹，只管拿来对付我，站出来跟我决斗！谁要是敢碰一碰教员，我就揍他！”当时，观者如堵，听闻先生此言，无不面面相觑。五十岁的老校长平日驯如绵羊，静若处子，现在忽然摇身一变，变成了拼命三郎，变为了正义之狮，大家都傻了眼。蔡元培的可畏之处在此，可敬之处在此，可爱之处也在此，一旦显露无遗，千人为之辟易。学生自觉理亏，满怀敌意受此激荡，竟霍然消解了。学生收了队，讲义费呢？教务长顾孟余答应延期收取，实则无限延搁。北大的这场“讲义风潮”仍是学生占到上风，蔡元培心知尾大不掉，也无可奈何。

在北大，蔡元培重视美育，并且亲自授课。蔡元培所提倡的美育是美感之教育，他说：“美感是普遍性，可以打破人我彼此的偏见；美学是超越性，可以破除生死利害之顾忌，在教育上应特别注意。”他还说：“美感者，合美丽与尊严以言之，介乎现象世界与实体世界之间而为津梁。……在现象世界，凡人皆有爱恶惊惧喜怒哀乐之情，随离合生死祸福利害之现象而流转。至美术则以此等现象为资料，而能使对之者自美感以外，一无杂念。例如……火山赤舌，大风破舟，可骇可怖之景也，而一入图画，则转堪展玩。”审美无疑是一种有待培养的能力，常人的层次较低，机会也有限，蔡先生主张以美育代宗教的主张就成为了“过高之理”，终于停留在纸面上。

早在爱国学社任教时，蔡元培就曾断发短装，与学员一同练过正步。在北大，蔡元培也特别重视体育，他添设兵操、射击和军事学等课程，聘请军事专家蒋百里、黄郛等人任教习。中国大学生实行军训，自北大始，应属无疑。北大学生军最光荣的历史是：1925 年孙中山到北京时他们去前门车站担任欢迎和警卫的任务，还去铁狮子胡同孙中山的住处轮流站岗。据林语堂《记蔡孑民先生》一文所述：当年他在清华教书，有事去北大见蔡元培，“最使我触目的，是北大校长候客室当中玻璃架内，陈列一些炸弹，手榴弹！我心里想，此人未可以外貌求之，还是个蘧伯玉吧”。蘧伯玉名瑗，是春秋时期卫国的头号大贤人，是孔子的好友，他最为世人称道的就是“行年五十而知四十九年非”，知过就改，精进不息。蔡先生年方五十，林语堂将他与蘧伯玉作比，确有深意存焉。

但凡了解蔡元培的人就知道他自奉甚谨的“三不主义”（“一不做官，二不纳妾，三不打麻将”），他出掌北京大学，是为教育尽力，并不是来当官，其萧然物外的书生本色一点也没变。有一次，冯友兰为弟弟冯景兰办理北大预科肄业证明书，由于时间紧迫，为了省去中间环节，便直接去景山东街北大校舍的一所旧式院落找蔡元培签字。他见到的景象是这样的：“校长室单独在一个大院子中，我走进院门，院子中一片寂静，校长室的门虚掩着，门前没有一个保卫人员，我推开门走进去，外间是一个大会客室兼会议室。通往里间的门也虚掩着，门前没有秘书，也没有其他职员。我推开门进去，看见蔡先生一个人坐在办公桌前看文件。”冯友兰当时的印象很深，蔡校长显然不是官员，而是学者，甚至是一介寒儒。若将林语堂的所见与冯友兰的所见合在一处看，就真是相映成趣了，蔡元培从来就不是心口相违的人。

在五四运动之前，由于北大师生的言论主张过于激烈，北洋政府将北大视为眼中钉、肉中刺，对蔡元培施加了很大的精神压力。有一天晚上，蔡元培在家中与两位谋客商量对策，其中一位谋客劝告蔡元培趁早解聘陈独秀，制约胡适，以保全北大的命脉，为国家保存读书种子，这样的说法似是而非。另一位谋客别无高见，也从旁附和。他们苦口婆心劝了许久，蔡先生终于站起身来，正气凛然地说："这些事我都不怕，我忍辱至此，皆为学校。但忍辱是有止境的。北京大学一切事，都在我蔡元培身上，与这些人毫不相干！"若非蔡元培硬扛硬顶和巧妙周旋，北大那片息壤早被军阀政府的铁蹄践踏得寸草不生了，哪还有什么新文化运动的硕果可以结出？

据周策纵《五四运动史》所记，"五四"前夕，蔡元培召见过北大学生领袖狄福鼎，他明确告诉后者，他对学生的爱国之举深表同情。

"五四"学潮，闹出的动静的确很大。十二校学生出于爱国赤诚，不仅打伤了被指斥为卖国贼的驻日公使章宗祥，还纵火焚毁了同属亲日派的交通总长兼交通银行总理曹汝霖的豪宅（赵家楼）。此次学潮，北大学生是理所当然的先锋和主力，被捕者也是多数，三十二人中占去二十人。北大学生的爱国正义之举立刻博得了全国舆论的广泛同情和支持。蔡元培毫不畏惧军阀政府的淫威，联合学界进步人士，极力营救被捕学生，三位重量级人物汪大燮（前国务总理）、王宠惠（前司法总长）、林长民（前司法总长）也联名具呈警察总监吴炳湘，自愿充当被捕学生的保释人，以为"国民为国，激成过举，其情可哀"。众多长者的努力总算没有白费，爱国学生于5月7日脱身囹圄，重获自由。

当时，外间传言满天飞，最耸人听闻者有二，其一是总统徐世昌要严办北大校长，安福系军阀甚至悬红要刺杀蔡元培；其二是盛传陆军次长徐树铮已命令军队把大炮架在景山上，将炮口对准北大。不管传言是否可信，形势总是咄咄逼人。1919年5月9日，蔡元培秘密出京，报上登出他的辞职公告，引用《白虎通》中的话，词颇隐晦："我倦矣！'杀君马者道旁儿'，'民亦劳止，汔可小休'。我欲小休矣。北京大学校长之职，已正式辞去。其他向有关系之各学校，各集会，自五月九日起，一切脱离关系。特此声明，惟知我者谅之。"

蔡元培的辞职非同小可，引起全国学林的关注，大家都想了解他辞职的真实原因。天津的《大公报》为释众人之疑惑，刊出《由天津车站南下时的谈话》，透露了蔡元培辞职的内幕消息。一位朋友问蔡元培何以坚决辞职，蔡元培说："我不得不然。当北京学生示威运动之后，即有人频频来告，谓政府方面之观察，于四日之举，全在于蔡，蔡某不去，难犹未已。于是有焚烧大学、暗杀校长之计划。我虽闻之，犹不以为意也。八日午后，有一平日素有交谊、而与政府接近之人又致一警告，谓：君何以尚不出京！岂不闻焚烧大学、暗杀校长等消息乎？我曰：诚闻之，然我以为此等不过反对党恫吓之词，可置不理也。其人曰：不然，君不去，将大不利于学生。在政府方面，以为君一去，则学生实无能为，故此时以去君为第一义。君不闻此案已送检察厅，明日即将传讯乎？彼等决定，如君不去，则将严办此等学生，以陷君于极痛心之境，终不能不去。如君早去，则彼等料学生当无能为，将表示宽大之意敷衍之，或者不复追究也。我闻此语大有理。好在辞呈早已预备，故即于是晚分头送去，而明晨速即离校，以保全此等无辜之学生。我尚有一消息适忘告君。八日午后，尚有见告政府已决定更换北京大学校长，继任者为马君其昶。我想再不辞职，倘政府迫不及待，先下一免职令，我一人之不体面犹为小事，而学生或不免起一骚动。我之急于提出辞呈，此亦一旁因也。

今我既自行辞职，而继任者又为年高德劭之马君，学生又何所歉然，而必起骚动乎。我之此去，一面保全学生，一面又不令政府为难，如此始可保全大学，在我可谓心安理得矣。”

如果说报纸上的文字难免失真，蔡元培写给学生的公开信则字字发自肺腑：“仆深信诸君本月四日之举，纯出于爱国之热诚。仆亦国民之一，岂有不满于诸君之理？惟在校言校，为国立大学校长者，当然引咎辞职。仆所以不于五日提出辞呈者，以有少数学生被拘警署，不得不立于校长之地位，以为之尽力也。今幸得教育总长、警察总监之主持，及他校校长之援助，被拘诸生，均经保释，仆所能尽之责，止于此矣。如不辞职，更待何时？至一面提出辞呈，一面出京，且不以行踪告人者，所以避挽留之虚套，而促继任者之早于发表，无他意也。北京大学之教授会，已有成效，教务处亦已组成，校长一人之去留，决无妨于校务，惟恐诸君或不见谅，以为仆之去职，有不满于诸君之意，故特在途中，匆促书此，以求谅于诸君。”从这封信中，我们不难看出，蔡元培勇于负责，颇有大局观和全局观，他悄然离京，是为了事态能尽快得到缓和，使各方趋于冷静，也是对北洋军阀发出抗议，表明其不合作的严正立场。

时隔多年，蔡元培作回忆文章《我在北京大学的经历》，把他当年辞职的原因做了更清晰的梳理：“……但被拘的虽已保释，而学生尚抱再接再厉的决心，政府亦且持不做不休的态度。都中宣传政府将明令免我职而以马其昶君任北大校长，我恐若因此增加学生对于政府的纠纷，我个人且将有运动学生保持地位之嫌疑，不可以不速去。”蔡元培的苦衷由此可见分明。个人的名利得失皆服从于大局的需要，这就是蔡先生的一贯作风。

为了挽留蔡元培，教育界极为齐心，不仅北大八教授去教育部请愿，而且北京各高校校长提出总辞职，连教育部长傅增湘也挂冠而去。军阀固然强悍野蛮，眼下见势不妙，只得让步。总统徐世昌老奸巨猾，但众怒难犯，他智穷力绌，别无良策，赶紧下令慰留蔡元培。

当年，在北大，有几只著名的“兔子”，蔡元培、陈独秀、胡适三人都属兔，被人称为“兔子党”。完全可以这么推论，假若陈独秀、胡适先生只有《新青年》这个作战的堡垒，缺少北大这个讲学的营盘，没有北大教授这个堂堂正正的身份，新文化运动就不可能具有高屋建瓴之势，不可能收获摧枯拉朽之功。假若蔡元培不崇尚法国大革命精神，不主张学术自由，不倡导“读书不忘爱国”，五四运动就不会轰轰烈烈地开展。这个推论可算有理有据。

蔡元培颇有先见之明，不愧为大智者，从一开始，他就对学生运动的后果忧心忡忡。蒋梦麟在回忆录《西潮·新潮》中写道：“他从来无意鼓励学生闹学潮，但是学生们示威游行，反对接受《凡尔赛和约》中有关山东问题的条款，那是出于爱国热情，实在无可厚非。至于北京大学，他认为今后将不容易维持纪律，因为学生们很可能为胜利而陶醉。他们既然尝到权力的滋味，以后他们的欲望恐怕难以满足了。”

五四运动后，北大学生对于政治过分热心，对于权力愈益迷恋，蔡元培针对这一不良苗头，倡导“救国不忘读书”，予以矫正。他不赞成二十岁以下的学生走上街头参与政治活动，不喜欢在大学校园里政治气息浓过学术氛围。然而五四运动之后，北大学生身上的政治标签日益彰显，最终完全走到了蔡元培愿望的反面去，他对此也无可奈何。

五四运动促使中国人解放了被缚的普罗米修斯，也诱使中国人开启了潘多拉的匣子。其是非功罪，迄今争议不休，尚无定论。只有一点是肯定无疑的，蔡元培领导的北大成为了中国学术界的重镇，也成为了国共两党的人才基地。

1920年4月，蔡元培在《新青年》上发表《洪水与猛兽》一文，指出洪水（新思潮）自有洪水的好处，就看谁能疏导它；猛兽（军阀）自有猛兽的可怕，就看谁能驯服它。这篇短文只有六百余字，摆事实，讲道理，令人信服。蔡先生巧妙地将了保守派一军：

> 二千二百年前，中国有个哲学家孟轲，他说国家的历史常是"一乱一治"的。他说第一次大乱是四千二百年前的洪水，第二次大乱是三千年前的猛兽，后来说到他那时候的大乱，是杨朱、墨翟的学说。他又把自己的距杨、墨比较禹的抑洪水、周公的驱猛兽。所以崇奉他的人，就说杨、墨之害，甚于洪水猛兽。后来一个学者，要是攻击别种学说，总是袭用"甚于洪水猛兽"这句话。譬如唐、宋儒家，攻击佛、老，用他；清朝程朱派，攻击陆王派，也用他；现在旧派攻击新派，也用他。
>
> 我以为用洪水来比新思潮，很有几分相像。他的来势很勇猛，把旧日的习惯冲破了，总有一部分的人感受苦痛；仿佛水源太旺，旧有的河槽，不能容受他，就泛滥岸上，把田庐都扫荡了。对付洪水，要是如鲧的用湮法，便愈湮愈决，不可收拾。所以禹改用导法，这些水归了江河，不但无害，反有灌溉之利了。对付新思潮，也要舍湮法用导法，让他自由发展，定是有利无害的。孟氏称"禹之治水，行其所无事"，这正是旧派对付新派的好方法。
>
> 至于猛兽，恰好作军阀的写照。孟氏引公明仪的话："庖有肥肉，厩有肥马，民有饥色，野有饿殍，此率兽而食人也。"

现在军阀的要人，都有几百万几千万的家产，奢侈的了不得，别种好好作工的人，穷的饿死；这不是率兽食人的样子么？现在天津、北京的军人，受了要人的指使，乱打爱国的青年，岂不明明是猛兽的派头么？

所以中国现在的状况，可算是洪水与猛兽竞争。要是有人能把猛兽驯服了，来帮同疏导洪水，那中国就立刻太平了。

在乱世，洪水不易疏导，猛兽也不易驯服，洪水泛滥，猛兽食人，总归是常态，太平的愿景不易成为现实。

1923年初，为抗议北洋军阀政府任命“早已见恶于国人”的政客彭允彝为教育总长，蔡元培发表《不合作宣言》，随即辞去北大校长一职，他在辞呈中剖白心迹：“元培目击时艰，痛心于政治清明之无望，不忍为同流合污之苟安，万不忍于此种教育当局之下支持教育残局，以招国人与天良之谴责！”这次辞职，不同于上次，蔡元培确实去意已决。同年7月，他携新婚妻子周峻前往欧洲旅行和考察。1926年6月，蔡元培回国后不久，即在上海致电国务院，永久辞去北大校长一辞。翌年，国民政府成立，蔡元培出任大学院院长，其北大校长的名义才正式取消，他与北大的十年半缘分至此完结。

可以这么说：蔡元培成就了北大，使之成为名副其实的最高学府；北大也成就了蔡元培，使之成为德高望重的教育领袖。二者双赢，相得益彰。

三、唯仁者能爱人

世间的人雄人杰莫不具有龙马精神。蔡元培的书房中挂着一幅刘海粟为他绘制的画像，上面的题词是："其为人也，发愤忘食，乐以忘忧，亦不知老之将至。"

世间的人雄人杰也莫不是真情至性之人。罗家伦等多位蔡门弟子都曾忆及一件往事：在七七事变前两年，强邻虎视眈眈，战争的阴霾日益浓厚。蔡元培到南京，国民政府行政院院长兼外交部部长汪精卫请他共进晚餐，用的是西膳。蔡元培苦口婆心，劝汪精卫改变亲日立场，收敛亲日行为，表明严正态度，将抗战的国策确立不拔。蔡元培说："关于中日的事情，我们应该坚定，应该以大无畏的精神抵抗，只要我们抵抗，中国一定有出路。"言犹未毕，蔡元培的眼泪脱眶而出，滴到了酒杯中，他旋即端起那杯掺泪的葡萄酒，一饮而尽。听其言而观其行，举座动容，无不肃然起敬，汪精卫则如坐针毡，神情尴尬，只好顾左右而言他。爱国，有可能彰显为叱咤风云，也有可能表现为温言规劝。汪精卫若能听从蔡先生的忠告，不复一意孤行，日后又何至于堕落成汉奸，身败名裂呢？

凡师长、朋友、同事、门生，都众口一词地肯定蔡元培是难得的忠厚长者，与人无忤，与世无争，但也不约而同地认为蔡元培临大节而不可夺，坚持原则，明辨是非，"柔亦不茹，刚亦不吐"，绝对不是那种只知点头如公鸡啄米、堆笑如饿汉盛饭的好好先生，更不是那种八面玲珑的水晶球。蒋梦麟是蔡元培的早期弟子，且与蔡元培共事多年，最知乃师之性格，他在回忆录《西潮·新潮》中写道："他从来不疾言厉色对人，但是在气愤时，他的话也会变得非常快捷、严厉、扼要——像法官宣判一样简单明了，也像绒布下面冒出来的匕首那样尖锐。"蔡元培应小事以圆，处大事以方，他"躬自厚而薄责于人"，态度极和蔼，使人如坐春风。凡是了解蔡先生的人都清楚，他所讲求的"和"，不是和稀泥的"和"，而是"君子和而不同"的"和"，不可通融的事情他一定不会通融，不该合作的事情他一定不会合作。

蔡元培是古风犹存的君子，“可以托六尺之孤，可以寄百里之命，临大节而不可夺也”，“可亲而不可劫也，可近而不可迫也，可杀而不可辱也”，“可以欺以其方，难罔以非其道”。这样浑朴的君子，德操、器量、才学、智慧赅备，四项整齐，无一项是短板。

禅家为使弟子顿悟猛省，或不免使用棒喝甚至用木叉叉脖子之类的极端手段。教育家则有别于此，他们通常都要循循善诱，诲人不倦。黄炎培就读于南洋公学特班时，蔡元培是他的老师，他记忆中的情形是：“全班四十二人，计每生隔十来日聆训话一次。入室则图书满架，吾师长日伏案于其间，无疾言，无愠色，无倦容，皆大悦服。……吾师之深心，如山泉有源，随地涌现矣。”

教育家胡元倓曾用八个字形容蔡元培：“有所不为，无所不容。”有所不为者，狷洁也，非义不取，其行也正。无所不容者，广大也，兼收并蓄，其量也宏。蔡元培是一位对事有主张、对人无成见的长者。他一生从善如流，却未尝疾恶如仇，有容乃大，真可谓百川归海而不觉其盈。

最有说服力的例子应数辜鸿铭对蔡元培的尊重，这位脑后垂着长辫的满清遗老不仅精通数门外文，而且天生傲骨，目中无人，袁世凯是何许强梁？辜鸿铭却将此公与北京街头刷马桶的老妈子等同视之。但古怪之极的辜老头子特别服膺一个人，这人就是蔡元培。辜鸿铭曾在课堂上对学生宣讲：“中国只有两个好人：一个是蔡元培，一个是我。因为蔡元培点了翰林之后，不肯做官，就去革命，到现在还是革命；我呢？自从跟张文襄（张之洞）做了前清的官员以后，到现在还是保皇。”1919年6月初，北大教授在红楼开会，主题是挽留校长蔡元培，众人均无异议，问题只是具体怎么办理，拍电报呢？还是派代表南下？大家轮番讲话，辜鸿铭也登上讲台，赞成挽留校长，他的理由特别与众不同——“校长是我们学校的皇帝，非得挽留不可”，这么一说就显得滑稽了。好在大家的立场和意见一致，才没人选择这个时候跟辜老头子抬杠。

1922年，蔡元培以北大校长的资格考察欧美教育，乘船到纽约时，纽约的中国留学生去码头迎接他，发现他只有很少的行李，没带秘书，也没带随从，竟然是孤身一人，独往独来，其本身就像一位老留学生。他没去惊动中国驻纽约的领事馆和大使馆的外交人员，就住在哥伦比亚大学的小旅馆里。杨荫榆看到大家众星捧月的情景，不禁感叹道：“我算是真佩服蔡先生了。北大的同学都很高傲，怎么到了蔡先生的面前都成了小学生了。”在那次欢迎会上，蔡元培先讲故事，一个人学到了神仙的法术，能够点石成金，他对自己的朋友说，往后你不必愁苦了，你要多少金子，我都点给你。那个朋友却得寸进尺，他说，我不要你的金子，我只要你的那根手指头。全场哄然大笑。蔡元培讲这个故事，用意是要启发中国留学生，学习专门知识固然重要，掌握科学方法才是关键，他说：“你们掌握了科学方法，将来回国后，无论在什么条件下，都可以对中国作出贡献。”老校长的这番谆谆教导已足够大家欢喜受用了。

唯仁者能爱人，这话是不错的。蔡元培心地善良，平生不知道如何拒绝别人的求助。晚年，他为人写推荐信，每日总有数封，多则十余封，几乎到了有求必应的地步。傅斯年在《我所景仰的蔡先生之风格》一文中揭示了蔡先生的仁者心法：“大凡中国人在法律之应用上，是先假定一个人有罪，除非证明其无罪；西洋近代法律是先假定一个人无罪，除非证明其有罪。蔡先生不特在法律上如此，一切待人接物，无不如此。他先假定一个人是善人，除非事实证明其不然。凡有人以一说进，先假定其意诚，其动机善，除非事实证明其相反。如此办法自然要上当，但这正是孟子所谓‘君子可欺以其方，难罔以非其道’了。”

九一八事变后，南京学潮骤然形成巨浪狂涛，身为特种教育委员会委员长，蔡先生尝到了“自由之精神”的苦头。1931 年 12 月 14 日，蔡元培在国府做报告时提醒学生，国难期间，开展爱国运动决不能以荒废学业为代价，他强调：“因爱国而牺牲学业，则损失的重大，几乎与丧失国土相等。”这样的话，左派学生是不爱听的。翌日，数百名学生齐集国民党党部门口请愿，蔡元培和陈铭枢代表中央与学生交涉，结果话不投机，蔡元培先生还没说上两句话，即被学生拖下台阶，陈铭枢也被学生用木棍击中头部，当场昏厥。对于当天的突发事件，报纸上是这样记载的：“蔡年事已高，右臂为学生所强执，推行半里，头部亦受击颇重”。其后蔡元培被警察解救，随即送往医院，所幸并无大碍。一位是杏坛元老，一位是国军上将，当众受此折辱，在乱哄哄的二十世纪三十年代，这并不是孤立的个案，国民政府外交部部长王正廷还曾被冲进办公室的学生连抽两记耳光，为此他愤然辞职。蔡元培对局势深感忧虑，但学生运动已经失控，他爱莫能助，三天后，“珍珠桥惨案”死伤学生三十余人。

抗战初期，蔡元培因病滞留香港，有位素不相识的青年不嫌路途遥远，竟从重庆寄来快信，自称是北大毕业生，在重庆穷困潦倒，无以为生，请求蔡元培伸出援手，将他推荐给适当的用人单位。蔡元培当即致函某机关负责人，称那位青年学有所成，这封推荐信不久即发生效力。然而那位青年到差时，所出示的毕业证书并非北大签发。某机关负责人赶紧写信询问蔡元培，是否真的了解那位青年的底细。蔡元培回复对方：不必在意那位青年是不是北大生，只要看他是不是人才。如果他徒有北大毕业证书而不是人才，断不可用；如果他没有北大毕业证书而是人才，仍当录用。你有用人之权，我尽介绍之责，请自行斟酌。结果那位青年得到了这份差事，他来信向蔡元培道歉，感谢蔡元培对他的再造之恩。蔡元培回信时，没有只字片言责备对方蒙骗欺罔，反而勉励对方努力服务于社会。从这件事情，我们不仅能见识到蔡元培恢弘的器局，而且能见识到他善良的心地。当年，外界议论蔡元培的推荐信写得太滥，有的官员收到他的推荐信后，一笑置之。殊不知蔡元培助人为乐，体现了一种难得的服务于社会的精神。

蔡元培不惮烦劳，为青年人写推荐信，除了爱惜人才，也因为他有一个定见："希望在中年人青年人身上。为这些人挺身请命，披荆斩棘，是老年人的义务！"然而，有大力有高位的人与蔡元培同调的并不多，坎坎伐檀者倒是不少。

在那个时代，最难做到的无疑是男女平等，对此一端，蔡元培颇为留意。早在1901年冬，蔡元培与知书达理的黄仲玉女士在杭州结为伉俪，举行文明婚礼。中堂设孔子的神位，代替普通的神道，如果说这还算中规中矩，那么以演说会代替闹洞房，就着实有点新鲜了。首先，由陈介石引经证史，阐明男女平等的要义，然后由宋平子辩难，他主张实事求是，勿尚空谈，应以学行相较，他的原话是："倘若黄夫人的学行高出于蔡元培，则蔡元培当以师礼待黄夫人，何止平等呢？反之，若黄夫人的学行不及蔡元培，则蔡元培当以弟子视之，又何从平等呢？"在场的人觉得很有兴味，都想听听新郎倌的高见，于是蔡元培折衷两端："就学行言，固然有先后之分；就人格言，总是平等的。"此言一出，皆大欢喜，举座欣然。蔡元培平日给夫人写信，信封上从来都是写明夫人的姓字，绝对不写"蔡夫人"，或在夫人姓字前加一个"蔡"字。世上多有新派言论、旧派做法的大人先生，蔡元培主张男女平等，乃是言行如一。

蔡元培有一种超然的态度，平日集会，其言讷讷，如不能出诸口，但与人交接，则侃侃如也，他最爱谈论的话题并非时事，而是教育、思想和文化。当教育部长也好，当北大校长也好，当大学院院长也好，当中央研究院院长也好，蔡元培偏于理想，始终只负责确立宗旨，制定方针，他并不羁縻于行政。很显然，蔡元培知人善用，他总能擢选到好搭档，如范源濂、蒋梦麟、杨杏佛、丁文江、傅斯年，个个都是治学的高才，治事的能手，为他打理实际事务，充当大护法。对此，胡适在 1935 年 7 月 26 日致罗隆基的信中有一段恰如其分的评价："蔡先生能充分信用他手下的人，每委人一事，即付以全权，不再过问；遇有困难时，他却挺身负全责；若有成功，他每啧啧归功于主任的人，然而外人每归功于他老人家。因此，人每乐为之用，又乐为尽力。亦近于无为，而实则尽人之才，此是做领袖的绝大本领。"诚然，蔡元培无为而治，治绩有目共睹。原因只有一个：那些大名鼎鼎的学者无不发自内心地敬重蔡元培，乐于为他效命，他的凝聚力和向心力是最大的。无论在哪儿，蔡元培都能聚拢人才，提携人才。

四、"是真虎乃有风"

中国古代道学家讲究气象，譬如说，周敦颐的气象是"光风霁月"，程颢的气象是"纯粹如精金，温润如良玉"。蔡元培的气象该如何形容？

林语堂在《想念蔡元培》一文中有这样一段话："论资格，他是我们的长辈；论思想精神，他也许比我们年轻；论著作，北大教授很多人比他多；论启发中国新文化的功劳，他比任何人大。"诚然，我私心里认定，林语堂先生所说的"大"，即是大师之"大"。这个"大"字就是蔡元培的气象。

大师必须是仁智双修的学人，而且是学人中百不得一的通人。

学人难在精深，通人难在淹博。学人守先待后，自我作古即堪称高明，唯通人才能开通一代文化之风气。蔡元培的主要著作有《石头记索隐》、《教授法原理》、《中国伦理学史》、《美育实施的方法》和《华工学校讲义》，这绝对算不上著作等身，也算不上学问精深，但他是一位真正的大师。培养人才，引领风气，为国家种下读书、爱国、革命的种子，近百年间，蔡元培的功力和成就无人可及。傅斯年在《我所景仰的蔡元培之风格》一文中赞扬道："蔡元培实在代表两种伟大的文化，一是中国传统圣贤之修养，一是法兰西革命中标揭自由、平等、博爱之理想。此两种伟大文化，具其一已难，兼备尤不可覯。"此言不虚。

中国社会对人才一向求全责备，因此完人比外星人更罕见。孔夫子堪称道德的楷模，就因为他与卫灵公的美貌夫人南子有那么一点风不可捕、影也难捉的小暧昧，仍不免为后人所诟病，孔夫子要做完人尚且无法全票通过，由此可见做完人之难不言而喻。传统意义上的完人必须立德、立功、立言，三者缺一不可，不仅要在公共事务方面恪尽责任，大有建树，广有收获，而且在个人私德方面也不能留下任何瑕疵，蔡元培就正是这样的士林典范。

1940 年 3 月 5 日，蔡元培在香港逝世，举国哀挽，蒋梦麟的挽联是"大德垂后世，中国一完人"，吴稚晖的挽联是"平生无缺德，举世失完人"，这样的推崇，这样的评价，别人是绝对担当不起的，蔡元培则可以受之而无愧。痛失老校长，傅斯年曾想写一篇《蔡先生贤于孔子论》，可惜他的想法没有兑现，要不然，那绝对是一篇好文章。

蔡元培具有澹泊宁静的志怀和正直和平的性行，我们称赞他为"大师"和"完人"，这仍然是瞎子摸象，偏执一端，其实，他何尝不是一位白刃可蹈、虽千万人吾往矣的斗士。他与清廷斗过，与袁世凯斗过，与北洋军阀斗过，与蒋介石斗过，多次名列通缉令，多次收到恐吓信，走在生死边缘何止一遭两遭。晚年，他与宋庆龄、杨杏佛发起组织中国民权保障同盟，营救一切爱国的革命政治犯，竭力为国家、民族保存一二分元气。他料理鲁迅的丧事，刊刻鲁迅的遗集。他主持杨杏佛的葬礼，谴责特务暗杀爱国志士的卑劣行径。这些举动无一不是公开与当局唱反调，没有大无畏的精神能行吗？

1940 年 3 月，冯友兰撰《蔡先生的一生与先贤道德教训》，对蔡元培的人格有透彻的认识和分析。他说，“蔡先生的人格，是中国旧日教育的最高的表现”，个人行为温良恭俭让，很容易与人合，但遇大事自有主张，“身可危而志不可夺”，因此又极不易与人合，遇有不合，便洁身而退。他感到遗憾的是蔡元培“未死在重庆（政府所在地）或昆明（中央研究院所在地）而死在香港”。

王世杰曾任北大教授，他在《追忆蔡元培》一文中写道：“蔡先生为公众服务数十年，死后无一间屋，无一寸土，医院药费一千余元，蔡夫人至今尚无法给付，只在那里打算典衣质物以处丧事，衣衾棺木的费用，还是王云五先生代筹的……”老辈学人最不可及的地方就在此处：他们追求真理，不愧屋漏；他们坚守信念，不避刀俎；他们真正有以身殉道的精神，将知与行打成一片，决不与时俯仰，与世浮沉，决不放空言讲假话，于一己之艰难处境，甚少挂怀，甚少计虑。蔡元培念念不忘“学术救国，道德救国”，其人格魅力，其爱国精神，至死而光芒不减分毫。

域外学者对蔡元培同样推崇备至，其中最具代表性的人物便是美国哲学家杜威，他说：“拿世界各国的大学校长来比较一下，牛津、剑桥、巴黎、柏林、哈佛、哥伦比亚等等，这些校长中，在某些学科上有卓越贡献的固然不乏其人；但是，以一个校长身份，而能领导那所大学对一个民族、一个时代起到转折作用的，除蔡元培而外，恐怕找不到第二个。”循着这个话头，多年后，冯友兰在《中国哲学史新编》第七卷中特意指出："杜威的论断是中肯的，我还要附加一句：不但在并世的大学校长中没有第二个，在中国历代的教育家中也没有第二个。"这两位中美哲人对蔡元培的奖誉如此之高，简直到了无以复加的程度，足见其显在的价值超越学术和政治之上，已升华为教育理想的化身。

朱熹尝言："是真虎乃有风。"蔡元培无疑是中国教育界的一头真虎，其风范垂之后世，令人景仰，着实值得一赞而三叹之。

本文首发于《同舟共进》2010年第4期
《文人的骨气和底气》（世界知识出版社）收录

龙性岂易驯

——监狱常客陈独秀

陈独秀（1879 — 1942），字仲甫，号实庵。安徽怀宁人。政治家，学者。1917 年至 1919 年任北大文科学长。著作有《独秀文存》（三卷，上海亚东图书馆）。

陈独秀一生五次东渡日本，三次结婚，四次坐牢。奇就奇在，他的第三任妻子潘兰珍与他同床共寝两年之久，居然不清楚夫君是何方神圣。她平日叫他“李老头”，做梦也想不到他就是名噪天下的陈独秀。潘兰珍一直被蒙在鼓里，直到陈独秀在南京受审，报纸上登出大幅照片，她这才认出失踪多日的丈夫“李老头”竟是天字第一号钦犯陈独秀，她瞠目而视，简直不敢置信。

一、突然被捕了

1932年10月15日，上海警方突然出动便衣警察，冲进上海岳州路永兴里11号，将正处于半隐居状态而且卧病在床的陈独秀拘捕归案。他的藏身之处原本隐秘，不为外界所知，是由先期被捕的托派中央常委秘书谢少珊供认不讳。早在1927年7月，这位书生意气十足的中共总书记即因为屡犯“右倾机会主义”和“右倾投降主义”错误被自己的同志炒了鱿鱼，两年后，他又由于更严重的托派问题被中共中央开除党籍，现在身陷国民党的囹圄，以“危害民国”的重罪遭到起诉，真可谓尴尬人遇尴尬事，由他主演的剧目堪称当年中国政坛的头号荒诞剧。第二天，《世界日报》从这则人尽皆知的新闻报道中找准噱头，刊登了一幅漫画：主人公是饱尝皮肉之苦的陈独秀——此党一拳将他击伤，彼党又冲上去追加两脚，将他揍得天旋地转，犹如滴溜溜的陀螺。

陈独秀落入罗网，生死莫测，消息不胫而走，惊动了当世不少头面人物，他们纷纷声援，设法营救。酷爱和平的大科学家阿尔伯特.爱因斯坦拍了一份越洋电报给蒋介石，称赞陈独秀是东方的文曲星，人才难得，请勿以政见歧异而加害。大哲学家伯特兰.罗素、约翰.杜威也陈词灼热，以惜才之心恳请国民党当局审慎行事，优容知识界精英。至于国民党高层，一些资深元老更是奔走呼吁，为陈独秀谋求缓和之地。《申报》以头版头条刊出蔡元培、宋庆龄、柳亚子、杨杏佛、林语堂、潘光旦、朱少屏等人合署的《快邮代电》。傅斯年发表《陈独秀案》一文，作出持平之论："政府以其担负执法及维持社会秩序之责任，决无随便放人之理，同时国民党决无在今日一切反动势力大膨胀中杀这个中国革命史上光焰万丈的大彗星之理！"蒋梦麟、刘半农、周作人、陶履恭、钱玄同、沈兼士等十二人致电张静江、陈果夫，为陈独秀求情。胡适、翁文灏、罗文干、柏烈武等人致电蒋介石，为陈独秀缓颊。另有若干人尝试寻求法律解决的途径，竭力保障陈独秀性命无虞。

当然，陈独秀蹲大狱之后，外界也有一些异样的声音，最典型的是，鲁迅以何干之的笔名，在《申报.自由谈》上面发表杂文《言论自由的界限》，嘲骂新月社诸君子是《红楼梦》中的焦大，焦大因为骂了贾府中的主子王熙凤而落得吃马屎。此文也暗讽力争舆论自由的陈独秀与焦大无异。据濮清泉《我所知道的陈独秀》所记："我问陈独秀，是不是因为鲁迅骂你是焦大，因此你就贬低他呢？他说，我决不是这样小气的人，他若骂得对，那是应该的，若骂得不对，只好任他去骂，我一生挨人骂者多矣，我从没有计较过。我绝不会反骂他是妙玉，鲁迅自己也说，谩骂决不是战斗，我很钦佩他这句话。毁誉一个人，不是当代就能作出定论的，要看天下后世评论如何，还要看大众的看法如何。"许多人主观上臆断，鲁迅绝不会指桑骂槐捎带陈独秀，当年陈独秀主编《新青年》，非常欣赏鲁迅的小说，对此鲁迅始终记念，情见于词，对陈独秀表示尊重。然而鲁迅写杂文，向来铁面无情，陈独秀不幸入狱难以勾起他的同情心，也是反常之中的正常。

除了文化界生出大反响，军界也有人行动。军政部长何应钦去狱中作试探性“谈话”，先兜了个圈子，绕了个弯子，请陈独秀题字，陈独秀略一沉吟，即题“三军可夺帅也，匹夫不可夺志也”，这是向对方表明自己的态度：他铜颈铁项，决不屈折。何应钦此行的目的是要敦劝陈独秀尽快写出一份悔过书，在报纸上公开发表，以求主动补赎“罪愆”，见此情形，他只好免开尊口，悻悻然知难而退。

蒋介石把磨得锃亮的屠刀又收了回去。本来，他不杀陈独秀不足以消除心头之恨，现在受到国内外舆论一波强似一波的压力，迫不得已作出让步，但这一步不可能让得太大，再怎么样，他也不愿意放虎归山。蒋介石对新闻界的正式答复可以归结为两句话：第一句是“陈独秀虽已被共党开除，但亦是共党之鼻祖，危害民国，未戒组织社团闹事之病”，第二句是“独秀虽已非共产党之首领，然近年共党杀人放火，独秀乃始作俑者，故不可不明正典刑”。

二、在法庭上决不自污

当年，蒋介石剿“匪”心切，在这个节骨眼上抓获陈独秀，题材难得，他一再宣称此案务必严办，因此京沪两地的大律师就算谁吃了豹子胆也不敢火中取栗，去硬接这个案子，唯有章士钊自恃在政界、报界与法界多年积蓄的声名，且人脉极广，他去蹚这趟“浑水”自有七分把握。章士钊是守旧派的大护法，陈独秀是新文化运动的急先锋，按理说，道不同不相为谋。陈独秀不止一次对人说：“从事政治活动，我与章士钊属于‘黄金搭档！’”及至1926年三一八惨案发生后，陈独秀怒火中烧，决定与章士钊割袍断义，他在信中斩钉截铁地写道：“你与残暴为伍，我与你绝交！”看样子，那次绝交并未成功，这回章士钊不计前嫌，主动来做他的辩护律师。

章士钊肯使出浑身解数为陈独秀打一次公堂硬仗，主要基于彼此在青年时代共气连枝的道义之交，他们曾一同办报纸编杂志（《国民日日报》和《甲寅》杂志），一同为反清大业出生入死。章士钊眼见故友落难，撇开政见上的分歧不提，于情于义，他都要出来扛一肩。再说，他的履历明晃晃地摆在那儿，通身毫无赤色嫌疑，且与国民党众元老交谊深厚，于是他自告奋勇，摒挡一切，这无疑是陈独秀的运气。

时隔六十余年，我们稍稍检阅当时的史料，仍然能够感受到法庭内唇枪舌剑的白热化气氛，感受到陈独秀的狂飙性格，而章士钊倾力一辩，也使四座皆惊。

1933 年 4 月 20 日，针对“危害民国”的严重控罪，陈独秀怒举舌鞭，奋起还击。其《自辩状》中不乏绝妙好辞，至今读来，依旧声色壮伟：

> 予行年五十有五矣，弱冠以来，反抗清帝，反抗北洋军阀，反抗封建思想，反抗帝国主义，奔走呼号，以谋改造中国者，于今三十余年。
>
> ……吸尽人民脂膏以养兵，挟全国军队以搜刮人民，屠杀异己……大小无冠之王，到处擅作威福，法律只以制裁小民，文武高官俱在认亲议贵之列。其对共产党人，杀之囚之，犹以为未足，更师袁世凯之故智，使之自首告密，此不足消灭真正共产党人，只以破灭廉耻导国人耳。周厉王有监谤之巫，汉武帝有腹诽之罚，彼时固无所谓民主共和也。千年以后之中国，竟重兴此制，不啻证明日本人斥中国非现代国家之非诬。路易十四曾发出狂言“朕即国家”，而今执此信条者实大有人在。国民党以刀刺削去人民权利，以监狱堵塞人民喉舌。……连年混战，

杀人盈野，饿殍载道，赤地千里。老弱转于沟壑，少壮铤而走险，死于水旱天灾者千万，死于暴政人祸者万千。工农劳苦大众不如牛马，爱国有志之士尽入囹圄。……国家将亡，民不聊生，予不忍眼见国人辗转呼号于帝国主义与国民党两重枪尖之下，而不为之挺身奋斗也。

……国者何？土地、主权、人民之总和也，此近代法学者之通论，绝非“共产邪说”也。以言土地，东三省之失于日本，岂独秀之责耶？以言主权，一切丧权辱国条约，岂独秀签字者乎？以言人民，余主张建立“人民政府”，岂残民以逞之徒耶？若谓反对政府即为“危害民国”，此种逻辑难免为世人耻笑。孙中山、黄兴曾反对满清和袁世凯，后者曾斥孙、黄为国贼，岂笃论乎？故认为反对政府即为叛国，则孙、黄已二次叛国矣，此荒谬绝伦之见也。

……余固无罪，罪在拥护工农大众利益，开罪于国民党而已。予未危害民国，危害民国者，当朝衮衮诸公也。冤狱世代有之，但岂能服天下后世，予身许工农，死不足惜，惟于法理之外，强加予罪，则予一分钟呼吸未停，亦必高声抗议也。法院欲思对内对外保持司法独立之精神，应即宣判予之无罪，并责令政府赔偿予在押期间物质上精神上之损失。

陈独秀的自辩发挥到了百分之百，章士钊还要愈出愈奇，他先阐明了“反对政府并非危害国家”的法理，继而大谈在真正的民主国家中，“反对党”完全有存在的必然性和必要性，为了增强说服力，他还搬出孙中山的原话，“三民主义即是社会主义，亦即共产主义”，给陈独秀伸脚抬头的余地。章士钊最自鸣得意的辩护词在后半部分，为了开脱被告，他竟刻意将陈独秀打扮为国民党的功臣，其巧舌如簧令人拍案叫绝：

> 本律师曩在英伦，曾问道于当代法学家戴塞，据谓国家与政府并非一物。国家者土地、人民、主权之总称也；政府者政党执行政令之组合也。定义既殊，权责有分。是故危害国家土地、主权、人民者叛国罪也；而反对政府者，政见有异也，若视为叛国则大谬矣。今诚执途人而问之，反对政府是否有罪，其人必曰若非疯狂即为白痴，以其违反民主之原则也。英伦为君主立宪之国家，国王允许有王之反对党，我国为民主共和国，奈何不能容忍任何政党存在耶！本律师薄识寡闻，实觉大惑不解也。本法庭总理遗像高悬，国人奉为国父，所著三民主义，党人奉为宝典。总理有云："三民主义即是社会主义，亦即共产主义。"为何总理宣传共产，奉为国父，而独秀宣传共产主义即为危害民国乎？若宣传共产即属有罪，本律师不得不曰龙头大有人在也。
>
> ……清共而后，独秀虽无自更与国民党提携奋斗，而以己为干部派摒除之故，地位适与国民党最前线之敌为敌，不期而化为缓冲之集团。即以共产党论，托洛茨基派多一人，即斯大林派少一人，斯大林派少一人，即江西红军少一人，如斯辗转，相辅为用。现政府致力于讨共，而独秀已与中共分扬，予意已成犄角之势，乃欢迎之不暇，焉用治罪为？今侦骑四出，罗网大张，必欲使有志之士瘐死狱中，何苦来哉？为保存读书种子，予意不唯不应治罪，且宜使深入学术研究，国家民族实利赖焉。综上理由，本律师要求法院宣判独秀无罪。

身为辩护律师，章士钊趋利避害，将陈独秀描绘成国民党的功臣、三民主义的信徒、鼓吹议会政治的大喇叭和反共的急先锋，真可谓绞尽脑汁，煞费苦心，已经让陈独秀的一只脚迈出了监狱之门，赢取了半个自由身。可章士钊万万没有料想到，陈独秀拍案而起，半点不领情，他宁愿坐牢，甚至掉脑袋，也决不摇尾乞怜，自污扒粪。他郑重声明：

"章律师之辩护，全系个人意见，至于本人之政治主张，应以本人文件为依据。"

当事人这样一更正，章士钊的巧言雄辩就大打折扣了。陈独秀的老朋友、国民党元老柏烈武事后对陈松年说："你父亲老了还是那个脾气，想当英雄豪杰，好多朋友想在法庭上帮他的忙也帮不上，给他改供词，他还要改正过来。"但陈独秀终赖众好友竭力维护，幸免一死，法庭只判处他十三年徒刑，高院终审裁决为八年。相比之下，共产党另一位落职的总书记瞿秋白可就远没有这么幸运了，他于1935年6月18日被国民党三十六军军法处枪杀于福建长汀。临刑前，瞿秋白自斟自饮，谈笑自若，神色无异，酒至半醺，他说："人之公余稍憩，为小快乐；夜间安眠，为大快乐；辞世长逝，为真快乐。"嗣后，他自请仰卧受刑，要眼睁睁地看着子弹射向自己的心脏。瞿秋白虽是白面书生，误入政途，在狱中写下意绪悲沉的《多余的话》，但他的的确确是一条铁骨铮铮的汉子。

陈案发生后，报界普遍给予陈独秀道义上的支持，并对他知行合一不乏赞词。1932年10月28日，《大公报》发表过这样的言论："中国社会，实在太寂寞了，什么领袖能够真诚信念，不变节，不改话，言而有信，始终一致的，能找到几个？我们希望大家应该成全陈独秀才对！"其所谓成全，当然不是叫陈独秀以身殉道，而是使他重获自由，去做他愿做和当做的事情，造福于社会。

当年，“陈独秀危害民国案”引起法学界极大关注，由于庭辩异常精彩，章士钊回到上海后，将检察官的起诉书、陈独秀的辩护状、自己代陈独秀辩护的辩护书汇集成册，定名为《陈案书状汇录》，交给与陈氏有密切关系的上海亚东图书社印刷了一百多册，分送有关人士。东吴大学法学系一度以此为教材。

三、把监狱当成研究室

陈独秀因祸得福，在江苏省第一模范监狱（老虎桥监狱），他享受到高级政治犯才能享受到的特殊待遇，一人住一间大牢房，其中摆放一张大书桌和两个大书架，文房四宝齐全，他可以安心读书写作。除此之外，年轻的妻子潘兰珍还可以照料陈独秀的生活起居。坐牢的那几年时间，陈独秀的著作接连问世：《中国古代有复声字母说》《连语类编》《古音阴阳入互用例表》《荀子韵表及考释》《屈宋韵表及考释》《晋吕静韵集目》《广韵东冬钟江中之古韵考》《识字初阶》《实庵字说》《实庵自传》和叙事组诗《金粉泪》五十六首，还有一些论文如《干支为字母说》《道家概论》和《老子考略》。他一直想研究太平天国史，特意托上海亚东图书社的编辑汪原放带信给胡适，想请胡氏的高足弟子、专门研究太平天国历史的罗尔纲去南京谈谈（当然只能在监狱里面晤谈），胡适则认为“仲甫是有政治偏见的，他研究不得太平天国”，这事也就因此告寝。陈独秀忙于著述，囚居的日子过得极其充实，若不是 1937 年底南京老虎桥监狱被日本侵略军的飞机炸塌，出狱之前，他很可能会著作等身。

大画家刘海粟受蔡元培之托，曾去监狱探望陈独秀。“蔡先生要他在牢房中坚持锻炼身体，从事一些学术研究，不要虚度岁月，社会上许多人正在设法营救他。”陈独秀对故人的关怀充满感激，临别依依，他研墨挥毫，赠给刘海粟一副对联："行无愧怍心常坦；身处艰危气若虹。"早在1919年，陈独秀发表过一篇题为《研究室与监狱》的短文，大发高论："世界文明的发源地有二：一是科学研究室，一是监狱。我们青年立志出了研究室就入监狱，出了监狱就入研究室，这才是人生最高尚优美的生活。从这两处发生的文明，才是真文明，才是有生命有价值的文明。"将监狱和研究室合而为一，极少有人能够做到，但陈独秀的的确确做到了，他一生坐过四次牢，其"高尚优美"还能不登峰造极！

四、以道德的名义

陈独秀是人世间典型的不羁之才，他宁为鸡头，不为凤尾，特立独行，为所欲为，毫无心理障碍。1917年初，北大校长蔡元培力排众议，竭诚聘请陈独秀为文科学长。蔡元培注重道德教育，曾在教员中发起"进德会"，甲种会员必须恪守"不嫖、不赌、不娶妾"的清规戒律。陈独秀是甲种会员和评议员，却荡检逾闲，放浪形骸，吃花酒，狎校书，难免招致非议。1919年3月中旬，一条惊爆世人耳鼓和眼球的消息不胫而走，坐实"青年领袖"陈独秀在八大胡同争风吃醋，挥拳"打场"（宠妓暗结新欢，原狎客愤而动武之谓），以至于抓伤某妓下部。为人师表却有辱斯文，某些媒体记者犹如逐臭之夫，抓住这个题材大肆渲染，弄得满世界沸沸扬扬。陈独秀的出位给北大教授的颜面抹了黑，对"进德会"也是辛辣无比的讽刺。

1919年3月26日夜，蔡元培、汤尔和、马叙伦、沈尹默等人在汤尔和家集会，磋商应对之策，会议开到很晚。应该说，蔡元培用心良苦，而且与人为善，4月8日，他召集文理科教授会议，通过文理科教务处组织法，以教务长代替学长，废除了北大学长制。这一处理是不动声色的，技术含量很高，校方仍保留陈独秀的教授职位，给假一年，实际上是预留一级自动走人的体面台阶给他去下。如此一来，陈独秀遭遇“放逐”，以他桀骜不驯的个性，与北大仳离已属不可逆转的事实。

历史的方向每每由细节决定，“打场事件”的后果远比当初预计的要严重得多。北洋军阀对陈独秀虎视眈眈，欲得而甘心。1919 年 6 月 12 日，陈独秀在东安市场新世界屋顶花园散发政治传单《北京市民宣言》，因此被捕入狱，关了八十三天。出狱之后不久，他脱离警方控制，在李大钊的陪同下，离开北京，前往上海，专任《新青年》编辑。《新青年》是新文化运动的前沿阵地，它的思想含量高，论战火力足，政治气味原本并不浓厚，陈独秀一旦独揽大权，就使之改头换面，逐步脱离北大教授圈，变成中国“左派”知识分子集结的堡垒。

胡适向来主张在“公行为”和“私行为”之间竖立一块明确的界碑，不赞成任何人利用某某私行为的过失来做攻击某某的武器。对于 1919 年 3 月 26 日夜蔡元培、汤尔和等人的那次磋商，他一直耿耿于怀，十六年后，他仍为此事写信与汤尔和较真：“独秀因此离开北大，中国共产党的创立及后来中共思想的‘左倾’，《新青年》的分化，北大自由主义者的变弱，皆起于此夜之会。”胡适痛心疾首，情见于辞。在致汤尔和的那封信中，胡适认定 1919 年 3 月 26 日夜的会议“不但决定北大的命运，实为后来十余年的政治与思想的分野”，这无疑是非凡的洞见。

无独有偶，1925 年 4 月 29 日，《晨报》独家披露北大国文教授吴虞（“只手打孔家店的老英雄”）逛窑子的丑闻，再次弄出“娇玉事件”，但此次杯水风波难以享受到后来居上的“荣耀”，根本不能与陈独秀的“打场事件”等量齐观。“打场事件”固然不美，也有玷陈独秀的清誉，但有一说一，它丝毫无损陈独秀的英名。他是神骛八极、心游万仞的飞龙，就算作出了普通爬虫惯常作出的丑事，他也仍旧是飞龙，不是爬虫。

五、炮筒子

陈独秀是五四运动的总司令，是当时思想界的头号大明星，这样的声誉得来殊为不易。身为不知疲倦的宣传家，他有两大进攻利器：一是讲演，二是写文章。只要有人请他讲演，他总是有求必应，乐此不疲，口若悬河，滔滔不绝。他走到哪里，《新青年》就办到哪里。他坐牢五个月，《新青年》就停刊五个月。

1920 年 4 月下旬，陈独秀应邀到上海中国公学讲演，题为"五四运动的精神是什么"，他认为其精神特质有二：一是直接行动，二是牺牲精神。他说："中国人最大的病根，是人人都想用最小的牺牲，得到很大的效果。这病不除，中国永远没有希望……我认为五四运动的结果，还不甚好。为什么呢？因为牺牲小而结果大，不是一种好现象。在青年的精神上说起来，必定要牺牲大而结果小，才是好现象。"这话是陈独秀深思熟虑之后说出来的吗？中国的事情，不少是用血作肥料，用泪作洗脸水，代价颇高而收益甚微，许多壮烈牺牲都是无效劳动，甚至是负效果。陈独秀此时意气风发，振臂一呼，应者云集，他这样说，是可以理解的。及至暮年，历尽沧桑，看多了人世间的残酷和黑暗，他的想法和做法就不会如此简单了。

陈独秀对国民党素无好感，二十世纪二十年代，共产国际要中共集体加入国民党，他抱有很大的抵触情绪，认为这种做法无异于"在粪缸中洗澡"，只会沾染一身污秽。他曾创作《国民党四字经》，彻底扒掉了国民党的党皮：

党外无党，帝王思想；党内无派，千奇百怪。
以党治国，放屁胡说；党化教育，专制余毒。
三民主义，胡说道地；五权宪法，夹七夹八。
建国大纲，官样文章；清党反共，革命送终。
军政时期，官僚运气；宪政时期，遥遥无期。
忠实党员，只要洋钱；恭读遗嘱，阿弥陀佛。

这篇《国民党四字经》见报之后立刻不胫而走，风传天下，国党的形象可谓扫地殆尽，蒋介石还能不暴跳如雷，切齿衔恨？

陈独秀与托洛茨基在政见上确实有不谋而合的地方，1929年11月，他被中共开除出党籍后，基本上就被定位为顽固不化的托派分子。当时中国的托派组织，共有四个小团体，彼此政见分歧，争权夺利，闹得乌烟瘴气。他们也曾短暂地统一起来，自名为“中国共产党‘左派’反对派”，陈独秀担任总书记。在上海，陈独秀实际上只能写写文章，今天骂国民党，明天又骂红军。1930年7月1日，他发表《关于所谓“红军”问题》，大骂共产党为“匪”，红军为“寇”。如此左右不逢源，陈独秀自然是腹背受敌，国共两党都将他视为眼中钉、肉中刺。共产党指责陈独秀和一切中间势力是革命“最危险的敌人，应该以主要力量来打击这些妥协的反革命派”。也就是在此期间，国民党司法机关将陈独秀投进监狱，虽未剥夺他的生命，却剥夺了他的自由。陈独秀剑走偏锋，到头来，徒然割伤了自己。1938年后，他终于看清托派组织毫无发展前途，遂脱身而去，重又恢复为一位自由主义学者，这个身份才是他的本来身份。

董必武曾拜访过陈独秀，劝他以国家民族为重，抛弃成见，不再固执，写一个书面检讨，回党工作。陈独秀的答复是：“回党工作，固我所愿，唯书面检讨，碍难遵命。”实际上，陈独秀厌倦了政治，厌倦了争斗，也撂不下面子，放不下架子。

六、性格即命运

陈独秀出生于安徽怀宁的一个大地主家庭，在当地算得上是贵介公子，从小他的个性就极为倔犟，捣蛋顽皮，不喜欢八股制艺，祖父下狠劲打他，他从来不哭，祖父不只一次愤怒而伤感地骂道："这个小东西，将来长大成人，必定是一个杀人不眨眼的凶恶强盗，真是家门不幸！"陈独秀玩世不恭，甚至拿科举考试开涮，院试时，他对那道"鱼鳖不可胜食也材木"的截搭题横看竖看不抱好感，当即决定"对这样不通的题目，也就用不通的文章来对付"。他"把《文选》上鸟兽草木的难字，以及《康熙字典》上荒谬的古文，不管三七二十一，牛头不对马嘴，上文不接下文的填满了一篇皇皇大文……"他跟科举开了个恶意的玩笑，科举居然一反常态，跟他开了个善意的玩笑，"那篇不通的文章，竟蒙住了不通的大师"。院试结果，陈独秀考中秀才，而且是全府第一名。多年后，陈独秀与北大校长蒋梦麟聊天，两人都是前清秀才，却分出高低上下：陈独秀是八股秀才，蒋梦麟是策论秀才，前者中靶的难度更大，也更值钱。旁人闻之，可发一粲。

东渡日本留学期间，陈独秀身上的狂性愈加膨胀。1903年3月某日晚，陈独秀愤于学生监督姚煜钳制学生的革命言论，阻挠学生选修军事科目，且生活腐化，遂邀集邹容、张继、翁浩、王孝缜等人，闯入姚室，扬言要割掉他的脑袋。姚哀求宽大。邹容说："纵饶汝头，不饶汝发！"于是，"由张继抱腰，邹容捧头，陈独秀挥剪，稍稍发抒割发代首之恨"，并把姚的发辫悬挂在留学生会馆，在旁书写"南洋学监、留学生公敌姚某某辫"，以示惩戒。

陈独秀天才卓异，为人不拘常格，他早年在安徽办白话报，一身数任，忙得不亦乐乎，被服满布虱子，全然不以为意。他喜欢的就是王猛那样的名士做派，扪虱谈兵，洋洋自得。王森然先生作《现代名家评传》，其中不乏传神之笔，写到陈独秀，有这样一段话令人惊奇不置："先生记忆力甚强，昔寄居杭州萧寺时，能背诵杜诗全集，一字不遗。先生每于作文时，常用手摸脚，酷闻恶臭，文章则滔滔不穷，亦奇癖也。"看来，惊世之作也不是随随便便可以写成的，尤其不是那种常往身上点几滴古龙牌绅士香水的男人能够写成的。

章士钊说陈独秀是一匹"回头之草不啮"的"不羁之马"，且"志大心雄，有一种不峻之坂弗上的斗志"；汪孟邹说他"无法无天"；胡适说他是"终身的反对派"；郑超麟说他"不愿被人牵着鼻子走"；鲁迅说他"大门上写着'内皆武器，来者小心！'但那门却是开着的，里面有几支枪，几把刀，一目了然，用不着提防"；蔡元培说"近代学者人格之美，莫如陈独秀"；静尘说他"忠于人，忠于事，忠于他自己的意志和思想"；陈中凡说他"表面冷淡，实则富于热情"；陈独秀说他自己"不怕打，不怕杀，只怕人对我哭，尤其妇人哭"，"我决计不顾忌偏左偏右，绝对力求偏颇，绝对厌弃中庸之道，绝对不说人云亦云豆腐白菜不痛不痒的话，我愿意说极正确的话，也愿意说极错误的话，绝不愿说不对又不错的话；我只注重我自己的独立思想，不迁就任何人的意见……不受任何人的命令指使，自作主张，自负责任。……我绝对不怕孤立。"这段话中有这么多个"绝对"，他还能不走极端吗？陈独秀的《爱国心与自觉心》一文从维护民权的角度出发，认为民权的价值重于国家的价值，其立论极为大胆：亡国"无所惜"，"亡国为奴，何事可怖"，中国人在殖民主义者统治下当亡国奴，也比在当时中国政府统治之下做一个国民好。如此愤激的话很容易引起误会、授人口实。他在《我之爱国主义》一文中更是痛骂中国国民性之陋劣，民德民力无一不在水平线以下，唯知自侮自伐，他写道："外人之讥评吾族，而实为吾人不能不俯首承认者：曰好利无耻；曰老大病夫；曰不洁如豕；曰游民乞丐国；曰贿赂为华人通病；曰官吏国；曰黄金崇拜；曰工于诈伪；曰服权力不服公理；曰放纵卑劣；凡此种种，无一而非亡国灭种之资格！又无一而为献身烈士一手一足之所可救治！"他的这些观点必然会招致"诘问叱责"，惹来"宁复为人，何物狂徒"的詈骂。陈独秀对中国人的观感（"外饰厚情，内恒愤忌"）不佳，他曾说："我毫不顾虑我的意见会在社会中是最少数，少数未必即与真理绝缘，即使是人们所预祝的什么'光杆'和'孤家寡人'，于我个人是毫无所损，更无所惭愧。"陈中凡赠诗给陈独秀，将他比为桀骜不驯的鸾凤，其诗为："人方厌狂士，世岂识清尘？且任鸾凤逝，高翔不可驯！"陈独秀并不领情，他更愿意将自己比喻为桀骜不驯的苍龙，请看他的和诗："悠悠道途上，白发污红尘。沧溟何辽阔，龙性岂易驯！"谁也无法驯服他，他要独来独往，他要秀出群伦。

陈独秀任性，固执，倔强，亢爽，直率，暴躁，耿介，刚愎。他"言语峻利，好为断制。性狷急不能容人，亦辄不见容于人"，"每当辩论的时候，他会声色俱厉地坚持他个人的主张，倘然有人坚决反对他，他竟会站起身来拂袖而去"。陈独秀在《自传》中说："有人称赞我疾恶如仇，有人批评我性情暴躁，其实我性情暴躁则有之，疾恶如仇则不尽然，在这方面，我和我的母亲同样缺乏严肃坚决的态度，有时简直是优容奸恶，因此误过多少大事，上过多少恶当，至今虽深知之，还未必痛改之。其主要原因固然由于政治上之不严肃、不坚决，而母亲性格的遗传，也有影响罢。"陈独秀平日与党内同志辩论问题，一旦发作起来，"动辄拍桌子，砸茶碗”，过后“才觉得适才的动作是过火了”。老一辈革命家李达批评陈独秀的作风是“恶霸作风”，“这个家伙要有了权，一定先杀了人以后，再认错”。陈独秀的性格决定了他具有精神的感召力，却缺乏实际的凝聚力，作为理论家他是超一流的，但绝对难以胜任政治领袖的角色。

单论直率，很少有人能超过陈独秀。沈尹默的回忆文章举出了一个典型事例：某日，他到刘三（季平）家饮酒。回家以后，“即兴写了一首五言古诗，翌日送请刘三指教。刘三张之于壁间，陈仲甫来访得见，因问沈尹默何许人也。隔日，陈到我寓所来访，一进门，大声说：‘我叫陈仲甫，昨天在刘三家看到你写的诗，诗做得很好，字其俗入骨。’……当时，我听了颇觉刺耳，但转而一想，我的字确实不好。……也许是受了陈独秀当头一棒的刺激吧，从此我就发愤钻研书法了。”沈尹默后来成为书法大家，还得感谢陈独秀那“当头一棒”的直率性格，否则他的书格之俗就真是无可救药了。

陈独秀最大的功绩在于他创办《新青年》杂志，提倡科学与民主。他亲撰《文学革命论》，发动新文化运动，放言：“予愿拖四十二门大炮，为之前驱！”1919年6月11日，陈独秀身为堂堂北大教授，竟与高一涵走上新世界屋顶花园，向露天电影场散发抨击北洋军阀政府的《北京市民宣言》，因而当场被捕，随即抄家。这事甚至惊动了孙中山，他在会见北京政府代表许世英时说：“你们做了好事，很足以使国人相信，我反对你们是不错的。你们也不敢杀死他。他们这些人死了一个，就会增加五十、一百。你们尽管做吧！”许世英还算识趣，赶紧表态：“不该，不该！我就打电报回去。”

陈独秀素以“新青年”自居，其性情酷似急风暴雨和烈火狂焰。他宣称“男子立身唯一剑，不知事败与功成”，“推倒一世豪杰，扩拓万古心胸”，他身上具有革命家的豪情壮概，这一点毋庸置疑。《新青年》创刊号上的第一篇文章是陈独秀撰写的《敬告青年》。他满怀激情讴歌“青年如初春，如朝日，如百卉之萌动，如利刃之新发于硎，人生最可宝贵之时期也”，他以进化论的观点，论证“青年之于社会，犹如新鲜活泼细胞之在人身。新陈代谢，陈腐朽败者无时不在天然淘汰之途，与新鲜活泼者以空间之位置，及时间之生命。……社会遵新陈代谢之道则隆盛，陈腐朽败之分子，充塞社会，则社会亡”。这样的文字，即便放在今天，读来仍然令人热血沸腾。他在《革命文学史》一书卷尾以诗意的呐喊唤醒读者——

> 快放下你们的葡萄酒杯，莫再如此的昏迷沉饮；烈火已将烧到你们的脚边，你们怎不起来自卫生命？呀，趁你们的声音未破，快起来把同伴们唱醒；趁你们的热血未干，快起来和你们的仇敌拼命！在这恶魔残杀的世界，本没生趣之意义与价值可寻；只有向自己的仇敌挑战，就是死呀，死后也得安心。

文学革命者将文言文视为死文字，认为死文字不能产生活文学，“白话绝对是文学的正宗”。早在1917年，陈独秀与胡适越洋通信，就说“此种主张为绝对之是，不容他人之匡正，不容讨论者有讨论之余地”，可谓霸气十足。

陈独秀的气节极高，他一生不写悔过书，不接受敌方的诱降和拉拢。1937年8月，他从老虎桥监狱获释后，蒋介石要他“组织一个新共产党”，并许以十万元开办经费和国民党参政会五个名额作为奖励，对此赏格陈独秀嗤之以鼻。其后，蒋介石又请陈独秀出任国民政府劳动部部长，陈独秀仍斥之为“异想天开”。

陈独秀身上的“书生气”的确很浓，这往往会影响到他的判断和决定，即便是原则和信仰也敌不过他的“书生气”。有一个例子最能够说明问题，据包惠僧回忆，陈独秀打一开始就对加入共产国际不感兴趣，他后来之所以接受了马林的建议，参加这一组织，是出于感激之情。1921 年 8 月，陈独秀被捕，马林“花了很多钱，费了很多力，打通了会审公堂的各个关节”，将他救了出来，“这一次，马林与陈独秀，与中国共产党，算是共了一次患难。此后，陈独秀与马林和谐地会谈了两次，一切问题都得到了适当解决”。

陈独秀身上的书生气还表现在他更乐意研究音韵学和中国文字拼音化问题，而不是极力探寻东方古国的政治出路。有人去拜访他，寒暄几句后，他就会把兴趣转移到音韵学方面，对方若是湖北人，他就问这几个字湖北话怎样读；对方若是广东人，他又会问那几个字广东话怎样读。有人认为他颇有点像西汉的宰相曹参，人家想提建议，曹参却让人喝酒，三杯五盏下肚，客人醉眼蒙胧，也就忘记了自己的建议。陈独秀用学问取代政治，自然会招致许多同志的不满，有人讥笑他“想做仓颉第二”，他依然我行我素，一点也不顾及后果。最过分的是，1926 年初，陈独秀身为中共总书记，竟然玩了一个多月的人间蒸发，这多少有点令人匪夷所思，难以理解。当时，陈独秀与女医生施芝英同居，他的住址谁也不知道，他也不肯告诉任何人。他若不到中央机关审阅文件，连秘书处秘书任作民也不知该到何处去找他。陈独秀失踪了，瞿秋白、彭述之、张国焘等人恐慌起来，一天天过去，消息全无，大家绝望之余，猜想陈独秀已被“秘密处死了”。张国焘哀叹道：“老头子（指陈独秀）如果要做官，可以做很大的官，想不到今天落了这么个下场！”他差点要哭鼻子。及至中央机关出于安全考虑打算转移，陈独秀才像一个大气泡突然冒了出来。

大家这才清楚，他生了伤寒病，在医院住了一段时间，总算只是一场虚惊。

陈独秀从事政治数十年，除了在北大过了两年多比较安定的教授生活外，大部分时间，他都过着亡命的地下生活，颠沛流离，一直是政府通缉名单上的要犯，他几次被捕入狱，甚至险遭枪决，这些革命经历损害了他的身心健康。由于长期没有正常的饮食规律，他患有严重的肠胃病；狱中五年受够精神折磨，出狱后又得了高血压，久治不愈，时常发作，这使他整个人变得干瘦枯黑，唯有他的眼神仍像刺刀一样锐利。

七、贫病而终

1938年8月初，陈独秀携年轻的夫人潘兰珍从重庆坐小火轮抵达江津，他是应同乡好友、北大旧同事邓仲纯之邀而来的。当时，重庆暴热，不时有飞机轰炸，陈独秀又很不习惯与那些旧雨新知周旋应酬，再加上战时重庆物价飞腾，居大不易，他想择一清静安全的地方定居下来，好生做些学问。他愿去江津，还有一个很重要的原因，在那里有不少交情极深极笃的好友，如潘赞化、邓季宣、邓仲纯和何之瑜等人，其中邓仲纯精于医道，除了能照应陈独秀的生活外，还能给他治病。陈独秀到了江津，却不受邓仲纯夫人的欢迎，昔日她领略过陈独秀政治弄潮给邓仲纯带来的风险，也看不惯陈独秀老牛吃嫩草的风流习性，竟不肯接待这对远道而来的夫妇。邓仲纯惧内，但确实够义气，他与老婆大干一仗，没多久硬是把陈独秀和潘兰珍接到家中住下，只是好景不长，他夫人以自杀相威胁，闹得一佛生天二佛出世，陈独秀既受屈辱，又颇感尴尬，便毅然离开了邓家。

虎落平阳，龙游浅水，一代大学者、大革命家，竟沦落到这步田地！陈独秀若肯开口，门生弟子，旧雨新知，愿意解囊相助者绝不会少，但他是天生的倔脾气，穷死也不伸手向人求助。抗战期间，百业凋敝，他的版税和稿酬为数不多，北大同学会的捐助也是时有时无，即便这样，他仍然坚拒各种名义的嗟来之食，“素无知交者，更不愿无缘受赐”，对那些来路可疑的赠款，他分文不取。据陈独秀的老友朱蕴山回忆：“当时陈独秀可怜得很！没有东西吃！”他拿了几只鸭子去看望陈，陈却差点翻脸。至于国民党中央组织部部长、代理中央研究院院长朱家骅所赠五千元，以及蒋介石汇给陈独秀的“一笔数目可观的钱”，陈独秀都将它们原封退回。弟子罗家伦、傅斯年满怀好意，亲自登门送钱给老师，陈独秀坚拒不取。临别时，他对罗、傅二人说，“你们做你们的大官，发你们的大财，我不要你们的救济”，弄得两位高足弟子十分尴尬。对其他亲友资助的钱物，陈独秀则以条幅、对联、碑文或金石篆刻作为答谢，大家看准了他这种“无功不受禄”的脾气，要接济他时，就先绕一个弯，请他写字破石。朱蕴山对老友陈独秀穷不失义、不受嗟来之食、愈贫穷愈硬朗的性格极为钦佩，赋诗赞美道：“一瓶一钵蜀西行，久病山中眼塞明。僵死到头终不变，盖棺论定老书生。”

江津当地有一位杨鲁丞，是清末的特科拔贡，学问上有些根基，曾就教过大学问家章太炎，章氏看不起这位村夫子，给他的书稿所下的评语只有四个字——“杂乱无章”，结果把杨鲁丞气个半死，此后没多久就一命呜呼。在一次偶然的机会中，杨鲁丞的孙子杨庆余听人讲，陈独秀称赞过他祖父文字学研究方面有水平，便生出一个念头，请大学者陈独秀来整理祖父的遗著，并作序推介，此举必能使抱恨九泉的祖父深感欣慰。杨庆余把经济枯竭的陈独秀夫妇接到杨家的石墙院中住下，刚开始一段时间还好，等到陈独秀整理完两部书稿后，事情发生了微妙的变化，陈独秀对杨鲁丞的著作评价偏低，不肯作序。从此，杨余庆对陈独秀的礼遇大不如前，态度越来越冷淡，陈独秀夫妇只好单独开火，在院后开荒种菜，连柏文蔚送给他御寒的皮袍子也进了当铺。江津是个小地方，可自从陈独秀住下来以后，就常有一些风光体面的人物从远处赶来拜访陈独秀，这给他带来一个很大的麻烦，他被某双乡间的贼眼盯上了。结果是，陈独秀的两只藤箱失窃，气恼的小偷在后山上烧毁了藤箱中的书信和手稿，这个意外事件令陈独秀病上加气，从此一蹶不振。

1942年5月13日，包惠僧到石墙院看望陈独秀夫妇，当天，潘兰珍去双石场上割了两斤肉，做了两荤两素，战时难得有此伙食，大家吃得高兴，陈独秀吃到腹胀为止。此后数日，陈独秀胃病发作，病势转沉。唐代诗圣杜甫饿极后因饱餐牛肉而死，陈独秀不幸也因多吃肉食而一病不起，这种悲哀，竟千古相同。

陈独秀一生负气好胜，“奔走社会运动，奔走革命运动，三十余年”，赔掉了两个儿子（陈延年和陈乔年）的性命，大部分政治生涯归于失败。精神怫怫不乐，其心境之苦楚可想而知。陈独秀晚景惨淡，皤然老叟，贫病交煎，但并非一事无成，他撰写了一部《小学识字教本》，死后曾在台湾和大陆出版，均获得专家好评。当初，商务印书馆已预付二万元稿酬，因为陈独秀的身份敏感特殊，书稿必须送审。国民政府教育部部长陈立夫倒也欣赏这部杰作，他的意思是，只需将书名改为“中国文字基本形义”，即可付梓。然而陈独秀颇为恼怒地答复：“一个字都不许动！”他撅了陈立夫的面子，此书就只得束之高阁了。陈独秀不愧是我国现代杰出的语言学家，他运用科学方法将中国文字重新分类，对若干汉字做了独到的研究和新的诠释，使之更加简明易学。最后几年，他还给友人写信近两百封，其中1940年3月2日至1942年5月13日，他给托派朋友所写的六封信和四篇文章，后来经胡适编辑写序命名为《陈独秀最后对于民主政治的见解》，在香港出版。大意是：“民主主义乃是人类社会进步之一种动力”，把“民主主义看做是资产阶级的专利品”是“最浅薄的见解”，“现在苏联实行无产阶级专政，专政到反动派，我举双手赞成；但专政到人民，甚至专政到党内……贱视民主之过也”，他认为“斯大林的个人独裁正在代替无产阶级及其先锋队的专政”。他的这些思考，现在看来都无疑是真知灼见。

“以先生之学力，若求高名厚利，与世人争一日长短，将何往而不自得耶？顾乃独甘如此结局！……呜呼先生！满腔热血，洒向空林；一生毅力，无用武地。吾不仅为先生惜，吾将为吾民族哭矣。”王森然先生在《陈独秀先生评传》中发出如此痛切的感慨。他还称赞陈独秀是“一代之骄子，当世之怪杰”。

陈独秀最大的失策就是率尔放弃民主启蒙，卷入实际政治，弃己之长，行己之短，终于使五四新文化运动的阵营自形分裂瓦解，这个悲剧既是他个人的，也是中华民族全体的。后来，他有所觉悟，但时过境迁，形格势禁，一切已不可能再从头开始。他注定是中国思想界的一颗彗星，而不是恒星。

耐人寻味的是，1942 年 5 月 13 日，陈独秀卧病在床，正写到《小学识字教本》中的“抛”字，这是他所写的最后一个字。撒手人寰之际，世间的一切恩怨、是非、功过、成败，不想割别也得割别，不想抛闪也得抛闪。他抛离了充满争斗与烦恼的世界，但历史并没有抛弃他，而是紧紧地拥抱这位光明俊伟的赤子，因为他是二十世纪东方的普罗米修斯。

本文首发于《同舟共进》2010 年第 10 期
《文人的骨气和底气》（世界知识出版社）收录
《2010 中国年度随笔》（漓江出版社）收录

做一个好人到底有多难

——胡适是被骂“大”的

胡适（1891—1962），字适之，安徽绩溪人。思想家，文学家，学者。1917 年至 1925 年任北大文科教授（其间任北大英国文学系主任）。1931 年至 1937 年任北大文学院院长兼中国文学系主任。1946 年至 1948 年任北大校长。著作有《胡适文集》（十二卷，北京大学出版社）。

在二十世纪众多中国学者中，胡适所受到的“礼遇”无疑是最高级别的，推崇他的人将他抬举到与神圣仙佛平齐的地位，批判他的人将他打入到与魑魅魍魉并排的行列。这么明显的分歧，这么巨大的差异，这么极端的褒贬，爱之者欲其上天堂，恨之者欲其下地狱，多半由于情感天平和政治杠杆居中作用。说到底，这两方面的结论无一是可靠的。人贵有自知之明，胡适的头脑显然比他的崇拜者和敌对者要清醒许多，也要诚实许多，他只想做一个对国家、对教育、对学术有裨益有贡献的好人，这个愿望看似中庸，不偏不倚，不高不低，可要实现它，却也是千难万难。

一、历史是一盆黄河水

胡适原名洪骍，清朝末季，这位垂髫少年请二哥嗣秬为他取一个表字。当时，严复翻译的英国著名博物学家托马斯·赫胥黎的《天演论》正在中国知识界一纸风行，“物竞天择，适者生存”一语，几乎口口能诵。胡二哥为弟弟胡洪骍所取的表字就是颇得风气之先的“适之”。后来，胡洪骍写文章，偶尔用“胡适”做笔名，感觉不错，大有“往何处去”的提醒意味。逗趣的是，后来有人用“孙行者”对仗“胡适之”，号称工切，虽然胡适属兔，但他身上确实有几分猴气。1910年，胡洪骍考取官费留学美国的资格，“胡适”这个名字正式派上用场，原名便逐渐被人淡忘了。

末世的青年人很容易迷失自己的人生方向，胡适也曾放浪形骸。早年，他在上海求学，最突出的表现是酗酒，有一次差点死掉，还有一次喝得烂醉酩酊，在街头与巡警打架，被“请”进班房。所幸胡适的诤友许怡荪规劝他洗心革面，去参加庚款留美考试，还为他筹措川资。1910年，胡适赴美之后，许怡荪的第一封信就对症下药：“足下此行，问学之外，必须祓除旧染，砥砺廉隅，致力省察之功，修养之用。必如是持之有素，庶将来涉世，不至为习俗所靡，允为名父之子。”胡适与许怡荪缔交十年，他写字不潦草，做人不苟且，都是深受后者的影响和感化，可惜这位只比胡适大一岁的良友未满而立之龄即英年早逝。

在那个年代，年轻人几乎都受过梁启超那支生花妙笔的鼓动，胡适也不例外，《新民学叙论》中的那段文字——“未有四肢已断，五脏已瘵，筋脉已伤，血轮已涸，而身犹能存者；则亦未有其民愚陋怯弱涣散混浊而国犹能立者。……苟有新民，何患无新制度，无新政府，无新国家！”——令胡适铭刻于心，念念不忘，他渴望做一位新民，求学益智就是他努力的方向。梁启超将中国学术思想史划分为七个时代，这也激发了胡适的野心：“我将来若能替梁任公补作这几章阙了的中国学术思想史，岂不是很光荣的事业？”这点野心就是后来胡适写《中国哲学史》的种子。

在美国留学期间，胡适酝酿出一个大胆的想法，用白话文取代文言文。他要“新辟一文学殖民地”，纵然匹马单枪，比堂吉珂德更孤孑，也要一往无前。当时，任鸿隽、梅光迪、朱经农等一众好友无人乐观其成，胡适却仍然豪气干云，誓与四千年中国文化传统掰腕子。回国之后，胡适的同志渐渐增多，其中的急先锋是刘大白，他将白话文称为“人话文”，将文言文称为“鬼话文”，将写作文言文的活人称为“活鬼”，呵叱他们“速回坟墓里去”。当时，胡适的同路人中，陈独秀、钱玄同、刘半农和周氏兄弟最具战斗力。

鲁迅在《忆刘半农君》一文中明确表态——“我佩服陈胡”，陈是陈独秀，胡是胡适。鲁迅与胡适曾有过几年惺惺相惜的“蜜月期”，彼此是新文化运动阵营中的主将和健将，产生同袍之谊，是很正常的事情。后来，由于两人的政治主张和行为方式日形迥异，道不同不相为谋，鲁迅的“投枪”和“匕首”也就瞄准了胡适。

1930年3月，鲁迅在上海《萌芽月刊》上发表《“硬译”与文学的阶级性》，这篇长文除了将梁实秋“问斩”，还向新月社诸君开刀：“以硬自居了，而实则其软如棉，正是新月社的一种特色。”胡适是新月社的龙头大哥，当然首当其冲。此后，鲁迅骂胡适，逐年升级，骂他是“帮忙文人”（1933年3月6日，见于《申报·自由谈》上的《王道诗话》），骂他是“日本帝国主义的军师”（1933年3月26日，见于《申报·自由谈》上的《出卖灵魂的秘诀》），骂他“厚颜”（1933年6月18日，见于鲁迅致曹聚仁的信），骂他“和官僚一鼻孔出气”（1936年1月5日，见于鲁迅致曹靖华的信）。鲁迅将胡适视为劲敌，完全站到后者的对立面，这与鲁迅的“向左转”有很大的关系。

政治分歧与意气用事往往是硬币的两面，郭沫若曾骂过胡适为蒋介石的“难兄难弟”，郁达夫也曾骂过胡适为“粪蛆”，大抵属于此类。胡适自成名之日起，不被人攻讦和辱骂的日子估计是没有的，不被人误解和曲解的日子估计也是没有的。二十世纪五十年代，中国大陆批判胡适的雄文计有八大册三百余万字，可算千夫怒指，万炮齐发，火力之凶猛令人咋舌，居然没有把胡适轰成一堆炮灰，准头也忒差劲了些。近年来，胡适远逝的身影反而愈加清晰，这说明什么？在中国，做一个有良知的知识分子是异常艰难的，但并非全无酬谢。历史是一盆黄河水，只要有足够长的时间去沉淀，只要后人肯拿出足够大的耐心去等待，终归会看到清浊分明的那一天。

二、在政治方面太天真

1922年5月，由胡适起草的《我们的政治主张》在《努力周报》第二期发表，胡适、罗隆基等人主张“好人”（即“社会上的优秀分子”）从政，他们的观点是：好人理应“为自卫计，为社会国家计，出来和恶势力奋斗”，以图革新政治，建设国家。若寄希望于现政府中的衮衮诸公，则政治永远无法清明。在胡适看来，“坏人在台上唱戏，好人在屋里叹气”，“好人不出手，坏人背着世界走”，这种局面该到彻底改变它的时候了。但胡适也有个清醒的认识，他不是做政治家的材料，不宜从事实际政治，理由是他“从小就生长于妇人之手”，心地过于仁慈，不够强悍。胡适与新月社同人宣扬“好人政府”，无异于指斥现政府中多为坏人，因此激怒了不少贪墨成性的官僚禄蠹。

固有的政治屏障犹如铜墙铁壁，极其坚厚，又岂是书生的笔尖可以轻易捅破的？“好人政府”的论调无疾而终，教育救国的主张再次摆上桌面。当时，改良主义者有一个共识，即中国的万千弊端皆因民品劣、民智卑，故而无法自强，无法自治。

1930年4月，胡适在《新月》月刊第二卷第十期发表《我们走那条路》一文，用“五鬼闹中华”的形象说法指出危害中国的祸源，他所揭发的“五鬼”即“五个大仇敌”：“第一大敌是贫穷。第二大敌是疾病。第三大敌是愚昧。第四大敌是贪污。第五大敌是扰乱。”胡适的这个观点颇遭时人和后人的诟病，因为他只谈到病象，未触及病根，封建专制和帝国主义这两把悬在中国人头顶的达摩克利斯之剑居然都被他的火眼金睛忽略了，有人说他存心“为帝国主义侵略中国和国民党反动统治作辩护”，这话固然有点上纲上线，但胡适的政治见解过于书生气确实贻人口实，授人以柄。

在政治上，胡适是一个天真的人，也是一个矛盾的人，有时候他想下水，又怕弄湿了鞋，弄脏了衣裳。偏就是这样，他还是心血来潮，最终下水，未能坚守住二十年不问政治的自期。二十世纪三十年代，日本侵略者用飞机大炮打破了中国的国门，胡适毅然放下学问，走出书斋，为国民政府宣誓效命。

1937年，胡适改变长达六年的主和观，易调为“和比战难”，“苦撑待变”。1938年8月初，在旅法旅英期间，胡适接连收到蒋介石的两封电报，慎重考虑了一番，从救亡图存的民族大义出发，他复电称：“现在国家是战时。战时政府对我的征调，我不敢推辞。”胡适在海外写信给夫人江冬秀，自承违背不做官的初衷，目的是为了救国家于水火，解民族于倒悬，待使命完毕，终当返回讲台和书斋。

1938年10月6日，胡适正式就任中华民国驻美大使。有趣的是，东邻敌国对此事的反应颇为紧张。东京的《日本评论》在日本舆论界独执牛耳，竟主动向政府献策：“日本需要派三个人一同使美，才可抵抗胡适。那三个人是鹤见祐辅、石井菊次郎、松岗洋右。鹤见是文学的，石井是经济的，松岗则是雄辩的。”这也从另一个侧面证明，胡适任中华民国驻美大使，乃是当时众望所归的最佳人选。

1942年9月14日，胡适卸任，四年间，由寄予厚望到超乎期望，胡适受到美国朝野的一致敬重。他在美国读书、旅行、演讲、交游，了解美国文化一如了解本国文化。他任中华民国驻美国大使，与当年托马斯·杰弗逊任美利坚合众国驻法国大使，颇有异曲同工之妙。

胡适上任后不久，首都南京即告失守，中国正处于最危险的关头，胡适的心脏也处于最脆弱的时期。此时，美国奉行孤立主义，援华呼声若断若续，胡适克服病痛，利用自己的影响，不断演讲和撰文造势。《日本侵华之战》刊登于纽约报章，反响强烈，使日本军国主义政府暴跳如雷，甚至呼吁美国国会“非美活动委员会”对胡适的“非美”活动有所制裁。胡适还利用母校哥伦比亚大学颁授给他荣誉博士学位之机，在演讲中巧妙地介绍中国的抗日战争。宋子文时任国民政府外交部部长，对胡适此举大为不悦，竟冷言冷语地说：“你莫怪我直言。国内很多人说你演讲太多，太不管事了。你还是多管管正事吧。”其实，使馆的日常事务，助手皆可打理，大使的当务之急是广结美国的名流政要，向他们描述中国军民的惨烈抗战，以争取广泛的同情和道义上的支持，这才是正事，胡适干的也正是这个。

胡适与美国总统罗斯福都是乐天派，两人相见恨晚，交情融洽。珍珠港事件发生后，罗斯福亲自致电胡适，告知这条震惊天下的消息：“胡适，我要第一个告诉你，日本人已经轰炸珍珠港！”负责马歇尔计划的霍夫曼曾戏言，胡适再不写信给他，他将削减援华经费两亿美元，幽默中见出爱重。胡适卸任时，美国副总统赫尔赞扬胡适是华府外交团中一位最有能力、工作效率最高且最受人敬重的使节。

尽管胡适是一位称职的大使，但他并不适合在官场生息。其好友赵元任的夫人杨步伟在《我记忆中的适之》一文中写道：“他卸任驻美大使后，我就劝他离开政治回到教育界来，盖我知其为人一生忠诚和义气对人，毫无巧妙政治手腕，不宜在政治上活动，常为人利用，而仍自乐。”胡适患病蛰居纽约期间，心境灰沉，后因经济上发生困难，径赴哈佛讲学一年。抗战胜利后，西南联大解散复原，胡适接任北京大学校长。1947 年 12 月，蒋介石渴求美援，决定再度起用胡适担任驻美大使，胡适没有循用昔日的成文——“现在国家是战时，战时政府对我的征调，我不敢推辞”。在他心目中，内战与反侵略战争的实质迥然不同，是不可相提并论的。他托外交部长王世杰向蒋介石婉言辞谢，理由有二：其一，他接任北大校长为时仅一年半，毫无成绩，此时旁骛，在道义上，对不起国家、学校和自己；其二，他已年近花甲，此时再作冯妇，便是永久抛荒学术事业，他自己还有点不甘心。这两条理由都稳稳当当，站得住脚，蒋介石也不好再勉强他成行了。

有些人罔顾史实，仅凭臆断就痛批胡适是“彻头彻尾冥顽不化的反共分子”，殊不知，胡适的思想近似活跃的化学分子，经常出人意料。1926年7月底，胡适赴英国参加“庚款咨询委员会会议”，取道苏联，在莫斯科，与美国芝加哥大学教授梅里姆（Merriam）、哈珀斯（Harpers）一同参观监狱，与共产党人蔡和森纵谈无产阶级的前途和命运，对苏联的现状他表示相当满意，因而在日记中写下“充分的承认社会主义的主张”，在致张慰慈的信中写下“我们这个醉生梦死的民族怎么配批评苏俄”，“我是一个实验主义者，对于苏俄之大规模的政治试验，不能不表示佩服”，“我这回不能久住俄国，不能细细观察调查，甚是恨事”。胡适也把自己的一揽子想法写信告诉了好友徐志摩，徐志摩则将胡适的观点摘要发表在《晨报》上，在国内引起轩然大波，有人批评胡适的信“几乎没有一句是通的，所发表的意见几乎没有一句是对的”，胡适不屑回应，这场风波也就很快平息了。据胡适的弟子罗尔纲回忆：二十世纪三十年代初，胡适曾异想天开，撰写文章，建议国民政府将东北的某个省份划拨给中国共产党，由他们去试验共产主义的治国方略，若试验成功，再行推广。这篇论文碍于当局的禁锢，没有发表，但胡适在口头上绝对宣扬过。美国作家艾格尼丝·史沫特莱在《中国的战歌》中即提及此事，应非虚妄。若非对国民党太失望，胡适当不会转此念头；若非奉行自由主义，他也不会有此建议。蒋介石决不是胡适心目中理想的领袖人物，蒋介石虽然亲近英美，取的却是实用主义态度，对英美的军事援助欢迎之至，对英美的政治制度则敬而远之，至于激进的共产主义试验，他更加视之为洪水猛兽。

1948 年 3 月 29 日，首届国民大会在南京召开。会前，蒋介石即放出风来，他和李宗仁都不竞选总统，总统要由一位国际知名的学者来担任。胡适正是他心目中的不二“理想人选”。胡适是北大校长，他去南京开会，北大师生前往东厂胡同一号西院胡适的住所竭力劝阻，胡适别的不说，只说电报都已经发出去了，亲戚朋友会去车站接他，因此决定不可改变。他一点也不会敷衍，完全是个不会撒谎的人，如何能够与职业政客周旋呢？蒋介石惯会导演耍猴逗鸟的把戏，他让王世杰将他的意思转告胡适，王世杰在胡适家里没讲，在汽车里也没讲，在中山陵的草地上才讲出来。美国驻华大使司徒雷登力挺胡适，他的推手太有力量了。胡适起初不同意，经过几番拉锯之后，才勉强应承下来，自以为做个甩手掌柜是无妨的，凡事总有蒋介石去打点和负责，他俩可以组成“最佳搭档”，他甚至幻想关起总统府大门做学问。正值国共内战期间，毕竟不是政治娱乐化的时候，他的这种想法未免过于天真了。由于国民党内反对的声音日益高涨，此事终成南柯一梦。蒋介石心计深不可测，他借用胡适打压李宗仁，走出了一步旁人意料之外的好棋。胡适成了蒋介石的过河卒子，书生再次毫无悬念地输给了流氓。

1948 年冬天，胡适身处围城之中，一名北大学生是中共地下党员，跑来传递消息，解放区的广播有一段话关系到胡适的命运，只要他肯留下来，中共就让他做北大校长和北京图书馆馆长，胡适平静地说：“人家会信任我吗？”他不肯采信那名学生的宣传，他更相信自己的判断。同年 12 月 15 日，北大五十周年校庆的前两天，胡适仓促离开北平，与陈寅恪同机飞赴南京，北平东厂胡同一号西院住宅中的书籍和信件，他连一页纸片也未带走。

校庆那天，傅斯年请胡适讲话，胡适最感到难过和愧疚的是他将北京大学的同仁留在了北平，自己却只身飞到南京。他和傅斯年背诵陶渊明的《拟古》诗：“种桑长江边，三年望当采。枝条始欲茂，忽值山河改。柯叶自摧折，根株浮沧海。本不植高原，今日复反悔！”诵毕，两人相对痛哭。翌年，国民政府派飞机前往北平，点名要接走学界和文艺界的那些重镇级人物，胡适在南京机场恭候多时，应约而来的人却寥寥无几，屈指可数，他为之潸然落泪。

1949年初，美国白宫暗示蒋介石，中华民国必须拿出一块崭新的招牌，才能醒人耳目。因此有人敦劝胡适抓紧时机，组织一个政治团体，积极从事。胡适向来劝导青年人不要被人牵着鼻子走，他自己当然也不会甘愿扮演政治傀儡。1949年6月，国民党大势已去，宋子文给蒋介石出馊主意：任命胡适为行政院院长，借重胡适的国际声望，以图获得友邦的奥援，从而力挽狂澜于既倒。蒋介石别无良法，也准备将死马权当活马医。对于此番别有用心的延揽，胡适敬谢不敏，他可不愿意贪虚名而取实祸。

1954年2月，台湾召开伪国民大会第二次会议，蒋介石故伎重演，再次推荐胡适为“总统”候选人。吃一堑，长一智，这回胡适心如止水，不再上当，他郑重表示，他的心脏病史已长达十五年，连人寿保险公司都不愿意给他开具保单，还如何担当得起“总统”的职责？有好事者问他，假若他果真被提名，然后当选，又该怎么办？胡适的答复颇为率性：“如果有人提名，我一定否认；如果当选，我宣布无效。我是个自由主义者，我当然有不当总统的自由。”

胡适由美赴台就任“中央研究院”院长之后，常要填表，一遇“职业”栏，就颇费踌躇。有一次，他笑着说：“我活到今天，还不知道我的本行是哪一行，还不知道我的职业怎样填法。”但有一点是肯定的，那就是他身上毫无官僚气息，从来不喜欢别人称呼他为胡院长，而希望别人叫他胡先生或胡博士，他说："我们是一个学术机关，称官衔，让做官的人去称吧。"他愿做政府的诤友，也只有他这样无党无派的社会贤达做诤友才有价值。

三、真正的自由主义者

应该说，胡适对中国社会的解剖和批判一直是不遗余力的，即使与鲁迅相比，也不遑多让。1918 年 6 月，《新青年》推出一期"易卜生专号"，胡适写下了《易卜生主义》的长文，我们不妨看看他写的这段话："明明是男盗女娼的社会，我们偏说是圣贤礼仪之邦；明明是赃官污吏的社会，我们偏要歌功颂德；明明是不可救药的大病，我们偏说是一点病也没有，却不知若要病好，须先认有病；若要政治好，须先认现今的政治不好；若要改良社会，须先知道现今社会实在是男盗女娼的社会。"胡适要想在中国提倡"健全的个人主义"，这当然是一桩望山跑死马的事情，也是一道既缺土壤又缺水源的难题。他讲过这样一则寓言："一个人捉到一只雁，把它养在楼上半阁里，每天给它一桶水，让他在水里打滚游戏。那雁本是一只海阔天空逍遥自得的飞鸟，如今在半阁里关久了，也会生活，也会长得胖胖的，后来竟完全忘记了它从前那种海阔天空来去自由的乐处了！个人在中国社会里，就同这雁在人家半阁上一般，起初未必满意，久而久之，也就惯了，也渐渐地把黑暗世界当做安乐窝了。"但胡适显然是一个典型的例外，他一辈子都是奉行自由主义的学者，不肯曲学阿世，不肯随波逐流，即使是当着独裁者的面，他也敢发出自己洪亮的心声。在他看来，科学和思想若要发皇，至少言论自由不可缺席。

1925年秋，孙中山尸骨未寒，由诗人徐志摩主持的《晨报》副刊即连篇累牍地讨论苏俄问题，虽然正方反方的意见全摆了出来，却不成比例，报社也隐然站在了反对联俄的立场上，与孙中山的新三民主义适相抵牾。当时，陈独秀担任中国共产党总书记，对《晨报》的所作所为自然很难满意。同年11月29日傍晚，位于北京宣武门大街的《晨报》馆被激进的游行者联手捣毁并纵火焚烧，此举震惊中外。事后，胡适与身居上海的陈独秀通信，围绕这桩突发事件交流看法，陈独秀拍手称快，认为烧得应该。胡适的内心顿起波澜，他维护言论自由，对陈独秀的态度深感失望。这位从不讲狠话的学者平生第一次也是平生唯一的一次发出了与好友绝交的严重警告："五六天以来，这一句话常常来往于我脑中。我们做了十年的朋友，同做过不少的事，而见解主张上常有不同的地方。但最大的不同莫过于这一点了。如果连这一点最低限度的相同点都扫除了，我们不但不能做朋友，简直要做仇敌了。"胡适所讲的"这一点"就是言论自由。他担心，一旦用暴力摧残舆论的恶行成为惯例，激进分子动辄以非民主的方式强求民主，以反自由的方式硬争自由，现实的黑暗将会更加深不可测，自由和民主的萌芽将会惨遭践踏，"这个社会要变成一个更残忍更惨酷的社会，我们爱自由争自由的人怕没有立足容身之地了"。后来的事实证明，胡适的担心不是多余的，更不是杞人忧天。

二十世纪二十年代末，胡适膺任上海公学校长，他准许学生各抒己见，无分左、中、右，人人皆可畅所欲言。当时，有人捕风捉影，捏造事实，散布谣诼，说什么胡适讲过这样的大话：数年前，苏联派人来中国商洽成立中国共产党，第一个点名要见的就是胡适，由于当日有事，胡适让陈独秀去了，结果陈独秀成为中共创始人。假如那天胡适前去接洽，十有八九他就是中共创始人了。许多学生愤愤不平，为了维护胡适的清誉，要将这份充满不实之词的匿名揭帖当众撕去，胡适却一笑置之，不准他们打压舆论，他提倡民主和自由，要以身作则。何况身正不怕影子斜，谣言止于智者，胡适认为没必要生这份闲气。

在中国，明哲保身是基本的生存法则，古今并无大异，胡适敢独持异见，对自己不赞成的主张坚决说“不”，这份胆量是一般人所没有的。胡适首肯美国的民主政治，对共产主义和三民主义两不买账。他具有怀疑精神，从不服膺终极真理，而所谓“主义”全是“绝活”，不容许任何人质疑。有趣的是，胡适一辈子没写过批判共产主义的重磅文章，批判三民主义的重磅文章倒是写过好几篇。1929 年，胡适数弹齐发：先后发表《人权与约法》《知难行亦不易》《我们什么时候才可以有宪法》《新文化运动与国民党》。

特别值得一提的是，针对孙中山的重要学说“知难行易”，胡适在《新月》二卷四期上发表《知难行亦不易》的述评文章，公然高唱反调，指出孙说的错误和危险，同时发表异议：“‘行易知难’说的根本错误在于把‘知’‘行’分的太分明。中山的本意只要教人尊重先知先觉，教人服从领袖，但他的说话有很多语病，不知不觉地把‘知’‘行’分做两件事，分做两种人做的两件事，这是很不幸的。”胡适认为社会科学的许多知识都要求知行合一，最可疑的是，孙中山是学医出身，却不举医生治病为例，医疗关乎人命，知非容易，行亦大难。胡适指出知行分离的危险有两点：“第一，许多青年同志便只认得行易，而不觉知难，于是有打倒知识阶级的喊声，有轻视学问的风气。这是很自然的：既然行易，何必问知难呢？第二，一班当权执政的人也就借着‘行易知难’的招牌，以为知识之事已有先总理担任做了，政治社会的精义都已包罗在三民主义、建国方略等书之中，中国人民只有服从，更无疑义，更无批评辩论的余地了，于是他们就揹着‘训政’的招牌，背着‘共信’的名义，钳制一切舆论出版的自由，不容有丝毫异己的议论。知难既有先总理任之，行易又有党国大同志任之，舆论自然可以取消了。”此文颇具洞见，胡适明里批孙（中山）的刚愎武断，暗里批蒋（介石）的专制独裁，文章的后半部分更加锋芒毕露，可谓一针见血：“治国是一件最复杂最繁难又最重要的技术，知与行都很重要，纸上的空谈算不得知，鲁莽糊涂也算不得行。虽有良法美意，而行之不得其法，也会祸民殃国。……今日最大的危险是当国的人不明白他们干的事是一件绝大繁难的事。以一帮没有现代学术训练的人，统治一个没有现代物质基础的大国家，天下的事有比这个更繁难的吗？要把这件大事办的好，没有别的法子，只有充分请教专家，充分运用科学。然而，‘行易’之说可以作一帮不学无术的军人政客的护身符！此说不修正，专家政治决不会实现。”国民党不容外人对国父发难，先是教育部对他下达“警告令”，然后就是各地党部要求中央严惩胡适，以儆效尤。

差不多同一时期，胡适发表的《人权与约法》和《我们什么时候才可有宪法》二文，竟有点与虎谋皮的意思，他要求国民政府在训政期间制定约法和宪法，明确国民的权利和义务，制约政府对人权的恣意摧残，对舆论的肆意打压，对财产的任意掠夺，从根本上收敛“只许州官放火，不许百姓点灯”的恶政、虐政和酷政。胡适对孙中山的《建国大纲》亦颇有微词，他的言论立刻引发了报章上的大讨论，当局也不得不作出一些妥协和让步，于1931年制订了一部训政时期的约法。

胡适痛贬不学无术的军阀政客，已涉足雷池，他意犹未尽，竟敢大不敬，在太岁（孙中山）头上动土，这就触犯了蒋介石的忌讳。那些嗅觉灵敏的御用党棍炸开了锅，刺激之后必有反应，果然一犬吠影，众犬吠声，胡适遭到围攻，被迫辞去中国公学校长一职，回到书斋，撰写《四十自述》。

胡适既是一位世界主义者，也是一位爱国主义者，他一生最急切的愿望就是提高中国的国际地位，迎头赶上西洋的进步。他爱好和平与秩序胜过爱好自由与民主，始终反对以暴力争取自由。胡适并不是因为怕事而崇尚和平，是因为服膺民主的精神而崇尚和平。他极注意言论自由，就是要保住民意的孔道。毫无疑问，和平、民主、自由是构成其信仰的三元素。

1937年7月，国民党政府召集各界名流学者到庐山开谈话会，会上胡适照例掏心窝子讲老实话，邻座胡健中即席作旧体打油诗一首相赠："溽暑匡庐胜会开，八方名士溯江来。吾家博士真豪健，慷慨陈词又一回。"胡适则以白话打油诗戏答之："哪有猫儿不叫春？哪有蝉儿不鸣夏？哪有蛤蟆不夜鸣？哪有先生不说话？"在胡适的人生词典中，是没有"噤若寒蝉"和"韬光养晦"这两个成语的，他在任何场合都从不隐讳自己的见解，而且只说实话，不讲谎言。他这样做，岂止需要勇气，还需要元气和底气。

1956年，蒋介石七十寿辰，《中央日报》征文为蒋祝寿，该报发行人和社长胡健中向旅居美国的胡适约稿。胡适遵嘱寄上一文，其中用了一个洋典故，说的是美国总统艾森豪威尔打高尔夫球时，幕僚前来请示，某个问题有两种解决方案，您想采用哪一种？艾森豪威尔挥杆不辍，让幕僚去找副总统尼克松定夺。胡适用典的意图昭然若揭，那就是劝蒋介石无为而治。胡适随文附信，对胡健中使出激将法："我量你也不敢登！"结果呢？胡健中硬着头皮将文章登出来了，这一回蒋介石居然雅量宽宏，未予计较。

迄至晚年，胡适认识到自由重要，容忍更重要，他把"容忍就是自由"变成了口头禅，自有其深意存焉。他追求了几十年，何尝在蒋家王朝的地盘上见过真民主真自由？他讲这句话，说明他对政治的残酷性和残忍性已认识到位，不再抱有天真的幻想。

1958 年圣诞节前夕，胡适去康奈尔大学拜访年近八旬的史学大师伯尔，伯尔很健谈，讲了许多话，令胡适铭记不忘的是这样一句："我年纪越大，越感觉到容忍比自由还更重要。"此后，胡适将这句话奉为圭臬，他原本认为"容忍就是自由，没有容忍就没有自由"，伯尔则更进一层，这种人文情怀真不可及，唯有超常的容忍，才能化干戈为玉帛，化暴戾为祥和。

台湾新儒家徐复观在其短文《一个伟大书生的悲剧》中写道："就我的了解，即使是以他的地位，依然有他应当讲，他愿意讲，而他却一样地不能讲的话。依然有他应当做，他愿意做，而他却一样地不能做的事。……我深切了解，在真正的自由民主未实现以前，所有的书生，都是悲剧的命运；除非一个人的良心丧尽，把悲剧当喜剧来演奏。"在专制扼喉的时代，自由艰于呼吸，民主难于生存，胡适身上的悲剧色彩自然是非常浓厚的，他一辈子面对无物之阵，大声呼吁也好，竭力奔走也罢，由于土壤贫瘠，种下龙种，收获的却多半是跳蚤，岂不悲哉！

1958 年 4 月 10 日，胡适就任"中央研究院"院长，他的就职典礼颇为隆重，蒋介石和陈诚亲临现场。蒋介石称赞胡适"个人之高尚品德"，并号召"发扬'明礼义，知廉耻'之道德力量"。胡适居然不领蒋介石的盛意隆情。他当众提出异议："刚才总统对我个人的看法不免有点错误，至少，总统夸奖我的话是错误的；我们的任务，还不只是讲公德私德；所谓忠信孝悌礼义廉耻，这不是中国文化所独有的，所有一切高等文化，一切宗教，一切伦理学说，都是人类共同有的。总统年岁大了，他说话的分量不免过重了一点，我们要体谅他。我个人认为，我们学术界和"中央研究院"应做的工作，还是在学术上。我们要提倡学术。"胡适的话令蒋介石怫然变色，也让台下的听众大眼瞪小眼。耿介书生老而弥笃，你说他全然不通世故，是不对的。他遵从自由主义的基本原则，尽可能不说违心的话，不做违心的事，不向权贵的谬论脱帽致礼，这就是胡适。

四、“箭垛式的人物”

新文化运动发轫之际，刀枪如林，箭矢如雨，有人指责胡适不分青红皂白打倒孔家店，实属罪大恶极，罪不容诛。打倒孔家店的头号猛将明明是吴虞，这笔烂账却算在胡适头上，他不予置辩。胡适对于人身攻击向来不作公开回应，1919 年，林纾在上海《新申报》发表文言小说《荆生》和《妖梦》，攻击胡适和新文化运动诸将帅，连涵养功夫顶好的蔡元培都忍无可忍，回信辩驳了，胡适却未予理睬。

有一件事值得一提，胡适固然遭遇了林纾、章士钊、黄侃等保守派和国故派的阻击，章士钊以白话诗挑衅甚至逼迫胡适表明了“但开风气不为师”的态度，但胡适也得到了一些较为开明的老辈文人的赞赏和支持，其中最为突出的有长篇小说《孽海花》的作者曾朴，后者谦称自己是“时代消磨了色彩的老文人”，他写信给胡适，表达自己的同情：“你本是……国故田园里培养成熟的强苗，在根本上，环境上，看透了文学有改革的必要，独能不顾一切，在遗传的重重罗网里杀出一条血路来，终究得到了多数的同情，引起了青年的狂热。我不佩服你别的，我只佩服你当初这种勇决的精神，比着托尔斯泰弃爵放农身殉主义的精神，有何多让！”这封信使胡适既感动又感慨，因为青年人可能会盲从盲信，但像曾朴这种见过大场面的老辈文人若非对白话文学心悦诚服，是绝不会写这封信来致敬的。

章太炎的大弟子、北大教授黄侃对新文学不存好感，对胡适抱有敌意，他曾在中央大学课堂上戏称胡适为“著作监”，学生不解其意，请他解释，黄侃的回答颇为阴损：“监者，太监也。太监者，下部没有了也。”学生这才恍然大悟，原来黄侃是存心讽刺胡适的著作只有上部，没有下部。此喻遂传为笑谈。胡适的《中国哲学史大纲》和《中国白话文学史》均只有上部，下部长期付之阙如，倒也是事实。林语堂曾幽默地夸赞胡适是“最好的上卷书作者”，这一“美誉”则多少有些令人尴尬。

相比较而言，梁漱溟评价胡适就要客观得多，他的那篇《略谈胡适》有褒有贬有分析：“……提倡语体文，促进新文化运动，这是他的功劳。他的才能是擅长写文章，讲演浅而明，对社会很有启发性。他的缺陷是不能深入；他写的《中国哲学史大纲》只有卷上，卷下就写不出来。因为他对佛教找不到门径，对佛教的禅宗就更无法动笔，只得做一些考证；他想从佛法上研究，但著名的六祖慧能不识字，在寺里砍柴、舂米，是个卖力气的人，禅宗不立语言文字，胡先生对此就无办法。”胡适为了考证禅宗七祖神会和尚的身世，收集其遗著，往来于英伦和日本，花费了许多精力，在《水经注》的考证研究上更是倾注大量心血，至死而不休，却听任自己最重要的著作长期处于未完成状态，被胡中健批评为“尽走偏僻的老路”。究竟是因为胡适缺乏把握规律的宏观论点，还是因为他缺少完成巨制的学术后劲？这着实是一个令人百思不得其解的谜。

1923年5月15日，胡适曾在致郭沫若、郁达夫的信中写道：“我是最爱惜少年天才的人；对于新兴的少年同志，真如爱花的人望着鲜花怒放，心里只有欢欣，绝无丝毫‘忌刻’之念。但因为我爱惜他们，我希望永远能做他们的诤友，而不至于仅做他们的盲徒。”他做青年人的诤友是未必讨好的，曾因为在一篇关于翻译的短评中径直批评郁达夫“不通英文”，而被郁达夫辱骂为

"粪蛆"，弄得双方极不愉快。郁达夫揪住胡适当靶子，猛攻一气，甚至悬空指斥胡适所极力主张的考据学，显然是由于伤及自尊而出离了愤怒。

左翼文学青年百般挑怒胡适，无所不用其极，胡适却一概宽容，完全是一副"老僧不见不闻"的态度。1930年，胡适写《介绍我自己的思想》，其中有两三百字批判唯物史观的辩证法，这一页就让叶青等人骂了几年，胡适一直不回应不理睬。在抗战前夕，胡适寻求和平的举动遭到学生的误解，曾在集会上被骂为汉奸，但他休休有容，仍苦口婆心地作出规劝。胡适屡遭围剿，他说自己"毫不生气"，未必尽然，但他化怒气为和气的功力确实是天下无几人能抗手匹敌的。

"万物相生而不相害，道并行而不相悖"，反胡适的人枉读圣贤书，从来就不曾明白过这个道理。1934年，胡适受邀去广东中山大学演讲，一位老教授竟然跪倒在中大校长邹海滨面前抗议胡适来校，此公出尽洋相，阻挠却并未成功。

自成名之日起，胡适就是众矢之的，他被人射得浑身是箭，犹如刺猬，煞是醒目。尽管如此，胡适从不赞成自己的朋友或学生意气用事，去对论敌实施无情无理的人身攻击。女作家苏雪林是反鲁急先锋，1936年11月，鲁迅尸骨未寒，苏雪林即在《与胡适之先生论当前文化动态书·自跋》中写道："以鲁迅一生行事言之，二十四史儒林传不会有他的位置，二十四史文苑、文学传，像这类小人确也不容易寻出。"这样的措辞属于谩骂，已超越了文学批评的正常范畴，立刻遭到胡适的严肃批评："我同情你的愤慨，但我以为不必攻击其私人行为。鲁迅狺狺攻击我们，其实何损于我们一丝一毫？我们尽可以撇开一切小节不谈，专讨论他的思想究竟有些什么，究竟经过几度变迁，究竟他信仰的是什么，否定的是什么，有些什么是有价值的，有些什么是无价值的。如此批评，一定可以发生效果。余如你上蔡公书中所举……皆不值得我辈提及。至于书中所云‘诚玷污士林之衣冠败类，二十四史儒林传所无之奸邪小人’——下半句尤不成话——一类字句，未免太动火气，此是旧文字的恶腔调，我们应该深戒。”胡适还特别提醒苏雪林：“凡论一人，总须持平。爱而知其恶，恶而知其美，方是持平。鲁迅自有他的长处，如他的早年文学作品，如他的小说史研究，皆是上等工作。”这里顺便提及，1943年元旦，胡适花费二十美金购获三十大本的《鲁迅三十年集》，然后连夜挑灯细读集中没有读过的文章，这是胡适在交卸了驻美大使职务后购读的第一套书，由此可见他对鲁迅心无芥蒂。时隔多年，1961年10月10日，胡适在复信中劝苏雪林息一息“正义的火气”，“想想吕伯恭的那八个字的哲学，也许可以收一点清凉的作用罢”。胡适所提到的吕伯恭，是南宋思想家吕祖谦，他在《东莱博议》中提出八字方针：“善未易明，理未易察。”这八个字的意思是说，“善”是不容易弄明白的，“理”也是不容易弄清楚的。既然“善”和“理”不容易弄明白弄清楚，宽容就变得不可或缺，唯其如此，才有所谓的言论自由。当然，人身攻击则超越了言论自由的底线。

中国文化界有一个非常耐人寻味的现象，数十年不变，批判鲁迅的必揄扬胡适，反之亦然，鲜有调和者，更鲜有兼爱者。鲁迅与胡适的旗下各有千军万马，双方杀来杀去，阵地数易其手，至今未分胜负。鲁迅倾向革命，胡适倾向改良；鲁迅倾向破坏，胡适倾向建设。以中国社会而论，改良显然比革命更温和一些，更迟缓一些；建设显然比破坏更紧要一些，更迫切一些。苏雪林是坚定的拥胡派，却偏偏具有鲁迅的愤疾，她崇敬胡适老而弥笃，实为奇事。苏雪林自称一生只曾痛哭过两次，一次是母亲去世，另一次便是胡适去世。她奋勇反鲁，务为驱除，虽在情理之中，却得不到胡适的赞同，此事最堪寻味。

作为文化界的当然领袖，胡适动辄获咎。1946年，他在《文史周刊》上发表了一篇论述曹魏校事制度（特务制度）的文章，即被上海的“进步作家”抓住“辫子”，说他为蒋介石的特务统治大张其目，制造舆论。二十世纪五十年代，胡适变成了浑身是箭的箭靶，大陆的“义士勇夫”万箭齐发，胡适隔洋观战，岿然无所损伤，闹剧煞是荒诞。

胡适中西学问俱粹，既热情讴歌现代文明（主张充分世界化），又维护农本社会（不主张革命）。一生如他自己所言，确实“左右为难”。他自诩为世界主义者，却未能完全丢掉孔孟之道的包袱，无论是在“以小人始，以君子终”的西方社会，还是在“以道义为名，以乡愿为实”的中国社会，他自始至终都是一位文质彬彬的君子，天真而又本色。偏激的人嫌他的言行常常折中，不够诡异刺激；保守的人呢，又恨他离经叛道，为异端邪说树帜张目，铺路搭桥。共产党批评胡适对国民党是“小骂大帮忙”，国民党却批评胡适对共产党是“姑息养奸”，他落了个两面不讨好。

1946年平安夜，北平发生震惊中外的“沈崇案”，胡适非常气愤，一度支持北大学生的抗暴游行，但他自始至终坚持法律解决此案的理性态度。尽管蒋介石授意外交部部长王世杰劝阻胡适，胡适还是毅然出庭作证，迫使美国军事法庭判处美兵皮尔逊有罪。纵然如此，胡适的态度和做法仍然难以令全国为数众多的激进人士满意，不能获得他们的谅解。国格尊严他要维护，国家的和平安定他也要维护，夹在二者之间，胡适怎能不左右为难？

胡适晚年，健康状况堪忧，但令他极感窒息的并非疾病，而是关涉其好友雷震的《自由中国》案，一些人公然倾泼脏水，无中生有地造谣和暗地里放冷箭，以围剿风烛残年的胡适为快事。胡适那么有绅士风度的人，也忍不住要骂他们“真是下流”。李敖在《文星》上发表《播种者胡适》，立刻招来反胡斗士徐道邻、胡秋原、任卓宣、郑学稼等的恶攻。李敖自诩为“五百年来白话文的第一名”，目高于顶，目空一切，乃是他的“固有风格”，他对胡适也并非衷心服膺，在文章中常以讥刺、调侃为快事。胡适不计微嫌，倒是赏识和爱护李敖，凡事能帮则帮。

1957年11月，“中央研究院”第三届第三次评议会以全票（十八票）推选胡适为“中央研究院”院长。翌年4月8日，胡适将存放在美国的书籍悉数运往台湾，作永久定居计，他不管天气潮冷潮热的台湾是否宜于健康，也不管那些抱有敌意的人如何不待见他。胡适到了台北，表面上热闹，骨子里却只有寂寞和冷清。台湾大学教授徐子明、中国医药研究所所长李焕荣撰小册子《胡适与国运》，极尽人身攻击之能事，嘲骂胡适有领袖欲，讥笑胡适在美国混不下去了，回台湾是为了组织新政党，与政府为难。暗箭加毒镖，攻讦之凶恶，面目之狰狞，殆无以复加。面对汹汹之议，胡适处之泰然，不予理会，而且不无幽默地调侃道：“大陆已印行三百万字，清算胡适思想，台湾还得加把油，否则不成比例。”尽管人在美国，大陆的动静胡适是知道的：他欣赏的社会学家、清华大学教授吴景超写了《我与胡适——从朋友到敌人》，使用的批判方式与泼污水无异；小儿子胡思杜则干脆宣布与他脱离父子关系，还要骂他为“帝国主义的走狗”。

在中国历史上，有些人物很有福气，胡适先生在《〈三侠五气〉序》中列举黄帝、周公和包拯三人为代表，称他们为“箭垛式的人物”，意思是：许多弄不清账户的荣誉最终都归集到了他们名下。其实，也不尽然。周公就险些被矢如雨下的谤议射得千疮百孔，差点被丑化为一个觊觎侄儿周成王御座的大奸臣，要知道，管公和蔡公作乱，打出的幌子就是“清君侧”。白居易赠好友元稹的《放言》五首之三这样写道：“赠君一法决狐疑，不用钻龟与祝蓍。试玉要烧三日满，辨材须待七年期。周公恐惧流言日，王莽谦恭未篡时。向使当初身便死，一生真伪复谁知？”可惜世人是不可能有足够的耐心去明辨是非真伪的。古今圣贤的账户多得一些分外的荣誉，也难免要多吃一些额外的苦头，其代价并不低。所以说，胡适所讲的“箭垛式人物”，一方面固然有福气，另一方面也有祸祟。福兮祸兮，倚伏其间。他们有可能由稻草人变成神圣不可侵犯的神，也有可能由神圣不可侵犯的神变成稻草人。

胡适尝言：“我受了十年的骂，从来不怨恨骂我的人。有时他们骂的不中肯，我反替他们着急。有时他们骂得太过火，反而损害骂者自己的人格，我更替他们不安。如果骂我而使骂者有益，便是我间接于他有恩了，我自然很愿挨骂。”胡适的雅量真不可及，相比某位“八十万禁军教头”的睚眦之怨必报，其差别真不可以道里计。“名满天下而谤亦随之”，既然他命中注定要做“箭垛式的人物”，将荣名和谤议集于一身，就得容许别人瞄准和射击，让别人练出一流的眼法，然后扣动扳机。胡适很有人情味，他最懂得中国传统恕道的要点和妙处，虽一生遭受各种恶毒批判和疯狂攻讦，却从来不知道恨人，更不会因主张不同、见解各异而恨人。

五、旧学邃密，新知深沉

当年，严复一针见血地指出：中国学人崇博雅，“夸多识”；而西方学人重见解，“尚新知”。由于在学术价值上的取向差异，中国学人善记诵而少发明。蔡元培曾夸赞胡适“真是旧学邃密而且新知深沉的一个人”。在学术上，胡适“不立异，不苟同；不自立门户，也不沿门托钵”，他只开风气。当年，有一位联坛高手将“孙行者”对仗“胡适之”，堪称工切。胡适确实就像“唐僧小分队”中的孙悟空，是向西方取经的头号主力，他扫清妖氛迷雾，为中国文化界取来了几部真经。

现代政治活动家、历史学家左舜生认为，学人有两大类别：“其一是以学力见长，往往冥心独往，不轻于立说，可是一说既立，却也不容易动摇。这一类的学者，对于肯作精密研究的人，确也贡献甚大，但影响不会怎样广泛。其一则造端宏大，启发的力量极强，往往敢于批评，勇于假设，也时有创获，而影响力之大，则真是无远弗届，无孔不入。前一类的学者，如章太炎、王静安近似；后一类的学者，如梁任公、胡适之近似。”

胡适曾大声疾呼：“盲目跟着孔夫子走的不是好汉，盲目跟着朱夫子走的不是好汉，盲目跟着马克思走的不是好汉。一切要有证据，用大胆假设、小心求证的科学方法，去打倒一切教条主义。”

胡适的《文学改良刍议》之“八事”虽是一副良药，亦颇有可议之处，如不用典，不要对仗，就几乎让人无法开口。有人指出，胡适说自己所倡导的“文学革命”是“逼上梁山”，一句话中就有三个典故，中国的成语更是布下“地雷阵”。对仗是汉文独特之美，如深文周纳、眉开眼笑、财大气粗、人穷志短，太多了，如果全都摒除掉，汉文就将不成其为汉文。胡适的《文学改良刍议》难免矫枉过正，大醇之中有微疵也是正常的。白话文比文言文更加明白晓畅，在普及科学和传播文明时能收百倍之利，早已是不争的事实。

哲人必定留下哲言，精妙哲言较之长篇大论更具有穿透力和影响力。胡适的许多哲言（他自谑为“胡说”）丝毫不逊色于《论语》中孔子及其弟子的哲言。比如“大胆的假设，小心的求证；认真地做事，严肃地做人”，“有一分证据，说一分话”，“只认得事实，只跟着证据走”，“要小题大做，千万不要大题小做”，“做学问要在不疑处有疑，做人要在有疑处不疑”，“多研究些问题，少谈点主义”，“呐喊救不了国家”，“真正自由平等的国家不是一群奴才建立起来的”，“生命本没有意义，你要能给它什么意义，他就有什么意义。与其终日冥想人生有何意义，不如试用此生做点有意义的事”，“不做无益事，一日当三日，人活五十年，我活百五十”。胡适勤者多获，以他的三倍乘法计，他在世间活了七十二岁，即相当于绝大多数人活足二百一十六岁，其实又岂止此数呢？

一位学者真要做到“大胆的假设，小心的求证”，并不容易，“胆欲大而心欲细”乃是必要条件。胡适在美国留学期间，读到柏拉图的《斐多篇》，苏格拉底对弟子们讲的临终遗言中有一句：“我欠下阿斯克勒庇俄斯一只公鸡，尚未清还。我死了之后，第一件事你们早些替我清还，以了却我的心愿。”当时，胡适猜想债主阿斯克勒庇俄斯是鸡鸭店的老板，或者是苏格拉底的亲戚或邻居。事隔多年后，胡适从一本书上偶然发现正确答案，阿斯克勒庇俄斯既不是鸡鸭店的老板，也不是苏格拉底的亲戚或邻居，而是希腊神话中太阳神阿波罗的儿子，一位肉眼看不到的神祇，苏格拉底曾经向这位主司医药的神祇许愿，祭品为一只公鸡。由此，胡适更相信“小心的求证”之大有必要。

胡适有考据癖，丁文江去世之初，外界传闻有几种死因，胡适痛失至友，悲不自胜，却仍然当着叶公超的面做了一番客观的推理分析，而且以冷幽默自嘲：“在君一定会说，你又在做考据了。”胡适主张“没有证据不说话，有几分证据说几分话”，他有时也会做过头，留下话柄。他曾大胆地假设商朝是新石器的末期，没有青铜器，顾颉刚作《古史辨》时也持此见。可是河南安阳殷墟的发掘充分证明商朝已有成熟的文字和青铜器。二十世纪三十年代初，千家驹办《北大新闻》杂志，刊物中有篇文章断言法西斯主义就是“独裁”。胡适阅后不以为然，即在《独立评论》上撰文，考证法西斯主义源于意大利棒喝团，谓法西斯主义与独裁风马牛不相及，痛心于北大学生浅薄无知，妄意为文。殊不知，政治的逻辑完全不同于学术的逻辑，事实雄辩地证明，法西斯主义简直可以与最疯狂的专制独裁画上等号。

具体问题具体分析，是没错的。胡适治学如老吏断案，极其重视证据，最烦他人轻作断言，什么“西汉务利，东汉务名；唐人务利，宋人务名”，什么“明代士大夫重气节”，诸如此类，他统统斥之为“胡说”。他在致弟子罗尔纲的信中写道：“名利之求，何代无之？后世无人作《货殖传》，然岂可就说后代就无陶朱、猗顿了吗？西汉无太学清议，唐与元无太学党锢，然岂可谓西汉唐元之人不务名耶？要知杨继盛、高攀龙诸人固然是士大夫，严嵩、严世蕃、董其昌诸人以及那无数歌颂魏忠贤的人，独非‘士大夫’乎？”罗尔纲作《太平天国史纲》，外界赞为民间良史，胡适却感到很不满意，他责备罗尔纲：“你写这部书，专表扬太平天国，中国近代自经太平天国之乱，几十年不曾恢复元气，你却没有写。做历史学家不应有主观，须要把事实的真相全盘托出来，如果忽略了一边，那便是片面的记载了。这是不对的。你又说‘五四’新文学运动，是受了太平天国提倡通俗文学的影响，我还不曾读过太平天国的白话文哩。”如此严切的批评无异于当头棒喝，令罗尔纲知而改进。

胡适研究先秦诸子，他考证出的老子的年代与钱穆不相合，有人批评他有成见，胡适又好气又好笑，他对学生说：“老子又不是我的老子，我哪会有什么成见呢？”有的同学问他要不要去听钱穆的课，他说：“在大学里，各位教授将各种学说介绍给大家，同学应该自己去选择，看哪个更言之有据，更合乎真理。”

有人评价胡适的文章深入浅出，周正平稳，却少有奇气。胡适自谦他的白话文章就像新放的小脚，不如天足那么自然美观。

在现代学人中，胡适是演讲最多的一位，他在美国留学时即以口才绝佳而著称，获得过演讲大赏。这种出口成章，雄辩滔滔，是要以博学机敏为前提的，旁人轻易学不来。

胡适做北大校长时，壁报上每天都会更新骂他的揭帖，但他在红楼讲"宋朝理学的源流"，能装五百人的大讲堂仍然被撑得满满当当，连讲台上也有人席地而坐。胡适讲课，"字正腔圆，考据博洽，还带上许多幽默，弄得人人叫好，个个满意"，他的魔力真够瞧的。胡适的讲演从来都是要掀掉屋顶，挤破墙壁的，这正应了徐志摩对胡适的那两句赞美词："你高坐在光荣的顶巅，有千万人迎着你鼓掌！"

胡适博闻强记，颇有过人之处。有一次，考古学家李济跟胡适讲起，他从殷墟中掘获商朝的跪坐石像，很想研究一下中国人的跪坐蹲居与箕踞，胡适即指出朱熹的文章中有一篇《跪坐拜说》，里面谈到汉朝文翁的跪坐像，很有文献价值。李济循此路标去查，果然所获不菲。

当然，对胡适的治学方法持批评观点的学者一直不乏其人，冯友兰就曾说："适之先生的病痛，只是过于自信和好奇。他常以为古人所看不出的，他可以看得出；古人所不注意的，他可以注意。所以他常抬出古人所公认为不重要的人物来大吹大擂，而于古人所公认为重要的，则反对之漠然。这是不对的，因为人的眼光不能相差那样的远啊！"冯友兰治学喜欢"顺着讲"和"接着讲"，胡适是考据派，对大人物的定论往往怀疑更多一些，两人的路数迥异，有此批评也是可以理解的。

胡适一生桃李满天下，最得意的弟子却要从物理学的根脉去寻。物理学家饶毓泰、吴健雄是他任中国公学校长时的学生，算起来，诺贝尔物理奖得主杨振宁、李政道是物理学家吴大猷的弟子，是饶毓泰的徒孙，胡适则是他们的太老师。

六、“我的朋友胡适之”

胡适和蔼可亲，总是满面笑容，言谈晏晏，使人如坐春风，与马君武那种盛气凌人、一言不合就用鞋底抽打对方耳光的做法大异其趣。

商务印书馆编译所所长高梦旦曾择定不到三十岁的胡适为接班人，胡适自觉经营业务非己所长，而且他更乐意留在学界，便推荐老成持重的王云五来代替自己。这件事使他看到老辈学人对晚辈学人的爱惜和扶持。胡适提携后进同样不遗余力，最难得的是他不存党派之成见，千家驹是共产党员，胡适推荐他去陶孟和的社会科学研究所做事，陶孟和有顾虑，胡适说：“你管他是不是共产党，你就看他在你这里工作行不行。”

温源宁为胡适作小传，赞其于秋肃冬杀的季节上课，总不忘给衣裳单薄的女生关上教室的玻璃窗，以免她们着凉。当然，胡适不会挑在天热时做这种活计。论绅士风度，他不仅不会输给中国人，也不会输给外国人。

二十世纪五十年代初，张爱玲寓居香港，邮寄小说《秧歌》给胡适，他看得极为仔细，赞赏备至，嗣后将通篇圈点且题写了扉页的原本寄还给张爱玲，使她“看了实在震动，感激得说不出话来”。张爱玲到美国后，颇得胡适的照拂。这两位《海上花》的高级读者，对文学的理解有许多共同之处。胡适呵护晚辈，并非一味地宠爱，也是慈中有严。女兵作家谢冰莹请胡适题词，胡适的话句句都说到心坎：“种种从前都成今我，莫更思量莫更哀。从今后，要怎么收获，先怎么栽。”

胡适爱才，惜才，奖掖后进，乐意做青年人的朋友，他常用易卜生的那句名言——“最要紧的事情，就是把你自己铸造成器”——激励青年人。“平生不解掩人善，到处逢人说项斯”，胡适对许多学者都有知遇之恩，他不在意对方的政治立场，只留意他们的学问。如季羡林、杨联升、沈从文（胡任中国公学校长时，沈上大学讲堂）、毛子水（胡宅行走）、邓广铭、吴晗、千家驹、罗尔纲……许多才俊经胡适提携和培植成为国家的栋梁。但胡适也有看人看走眼的时候，彭明敏曾得胡适的器重和帮助，赴法国学习国际航空法，学成之后任教于台湾大学，三十多岁即为教授。此人精神不健全，参加“台独”，曾公开扬言，要将外省人处死三分之一，放逐三分之一，留下三分之一供他们驱使，丧心病狂以至于此，忘恩负义以至于此，胡适地下有知，会作何感想呢?

当年，徐志摩致梁实秋的信中有“胡圣潘仙”的谑笔。潘光旦腿瘸，像是八仙中的铁拐李，取的是形似。胡适被人尊为圣人，取的则是神似，盖因他在私底下从不说人坏话，有时，他听到一些不相干的流言飞语，就会忍不住喟然而叹：“来说是非者，便是是非人”。至于人有一善，他必口角春风，为之揄扬。

胡适固然是乐天派，也是务实派。他很少大言炎炎，像陈蕃所讲的“大丈夫当扫除天下”那样的豪言壮语，不可能出自他的口中。胡适很和蔼，但他并不是好好先生，更不会人云亦云，随俗从众，他看人全凭自己的判断，“众恶之，必察焉；众好之，必察焉”。叶公超尝言：“有一时期，我们常常有所争论，但是他从不生气，不讥讽，不流入冷嘲热讽的意态。他似乎天生就有一个正面的性格。有话要主动说，当面说，当面争辩，绝不放暗箭，也不存心计。从前上海的左翼作家，在鲁迅的领导之下，曾向他‘围剿’多次。他答复过，有时占点便宜，多半是吃亏，但是他的文字始终是坦率而纯笃的。刻薄是与适之的性格距离最远的东西。他有一种很自然的醇厚，是朋友中不可多得的。”

帮助同行学者，这是胡适的习惯动作。林语堂官费到哈佛研究，由于官费未及时发放，陷入困境，他打电报回国告急，胡适倾尽私囊汇寄两千美金（在当年这是一笔巨款）使其完成研究。林语堂回国后才知就里，胡适却从未向林语堂提起过此事。

1948年，胡适将自己珍藏的孤本秘籍《红楼梦甲戌本》慷慨借给燕京大学的学生周汝昌，他对周汝昌的为人一无所知，借后却从未提及和索还。周汝昌与其兄周祜昌先斩后奏，录下副本，然后写信告知胡适，胡适肯定他们的所为，周要做一些更深入的研究，为曹雪芹的原著恢复本来面目，胡适也愿意鼎力相助，并且借给周汝昌《戚蓼生序本》和《庚辰本》，使三种真本汇齐于周汝昌的手中。

“我的朋友胡适之”绝非浪得虚名。以至于林语堂在他主办的幽默杂志《论语》上宣布：“这本杂志的作者谁也不许开口‘我的朋友胡适之’，闭口‘我的朋友胡适之’。”因为这样的人太多了，以至于鱼目混珠，真假莫辨。

1959年，台北街头一位卖芝麻烤饼的老人袁屣弄不懂美国的议会民主制与英国的君主立宪制有何不同，更拿不准二者孰优孰劣，他鼓足勇气，写信向胡适求教。胡适用公开信作答，极之乐观和欢忭。信中有这样一节文字：“我还可以说，我们这个国家里，有一个卖饼的，每天在街上叫卖芝麻饼，风雨无阻，烈日更不放在心上，但他还忙里偷闲，关心国家的大计，关心英美的政治制度，盼望国家能走上长治久安之道——单这一件奇事，已够使我乐观，使我高兴了。”胡适请袁屣到南港中研院去玩，不仅送书给他，还语重心长地说：“社会的改造是一点一滴累积起来的，只能有零售，不能有批发……许多人做事，目的热，方法盲，我们过去有许多人失败的原因，也是犯了只有抱负而没有方法的毛病。”胡适与一位卖饼的小商贩交流起来尚且没有障碍，能够平等待之，其他的就可想而知了。

另有一位十二岁的少年余序洋患了糖尿病，偶然读到陈存仁的《津津有味谭》，内中记载名医陆仲安治好胡适糖尿病的故事，他出于好奇，写信去向刚赴台不久、百事丛脞的胡适求证。胡适很快就给余序洋回了信，说明那个故事是个谣传，不足取信。在热心写信和复信这一点上，胡适与蔡元培先生是有得一比的。

在二十世纪五六十年代，由台湾赴美国留学是一件难事，两千美元的签证保证金，很多人都无力筹措，胡适有一笔款子，他决定贷给那些有为青年，不要他们付利息，只要他们得款之后归还本金，他再贷给其他有此需要的学生。朋友们不解他为何有此雅兴，他说：“这是获利最多的一种投资。你想，以有限的一点点钱，帮个小忙，把一位有前途的青年送到国外进修，一旦所学有成，其贡献无法计量，岂不是最划得来的投资？”这种仗义疏财的菩萨心肠，在知识分子中是比较少有的，被他提携过的人该如何感念他的恩德呢？

哲人好客，古有成例，南宋理学家朱熹好与客人长谈，病中亦不改积癖，门人劝他少见少谈为妥，他勃然大怒说：“你们懒惰，也教我懒惰！”胡适的脾气比朱熹要温和得多，他极有人情味，好客则丝毫不输给朱熹。胡适觉得向人说“不”字太难，他身上天然有东晋名士王导那样的磁力，使来客皆喜，满座尽欢，不管对方是大人先生，还是社会最底层的引车贩浆之徒。

温源宁在《胡适博士》一文中称赞道：“他颇有真正的民主作风，毫无社交方面和才智方面的势利眼。胡适博士每礼拜日会客，无论何人，概不拒之门外。不管来客是学生或共产主义者，是商人或强盗，他都耐心倾听，耐心叙谈。穷困的人们，他援助。

求职的人们，他给写介绍信。有人在学术问题上求教，他尽全力予以启发。也有人只是去问候他，他便报以零零碎碎的闲谈。各人辞别后，都有不虚此行之感。”当然，有时也会有妄人闯入，提一些莫名其妙的问题，逼他回答，甚至强求胡适再度发动新文化运动，组织反共团体，诸如此类，他为此浪费了不少时间，难免怄些闲气，受些窘迫。但胡适从未向外界关闭过自己的会客之门。蔡元培喜欢写信帮人，胡适也喜欢写信帮人，别人寄赠的书籍，他若喜欢，必定回信，除了感谢，还有讨论，日本学者柳田圣山寄示他所著的《唐末五代河北地方禅宗兴起之历史的社会情形》，胡适耽赏该作，回信竟长达数万言。

胡适“温而厉”，“其心休休然，其如有容”，奇妙的是，在他身上，和蔼与严正并不冲突，他常对朋友“规过于私室，扬善于公堂”。和蔼和正直都是美好的德行，相比较而言，正直比和蔼更难做到。胡适论人多客观少主观，虽为千夫所指的军阀，他也不没人一善，曹锟贿选，臭名昭著，胡适却肯定曹锟于军中选将有公平心，喜欢启用贤能，常得将士之死力。大知识分子普遍具有程度不一的精神洁癖，胡适却独能周旋于各色人等间，与逊帝、军阀、买办之流皆可交接。他相信人都有向善的本能，都有做好事的心力，应该感化他们，而不是与之摈绝交往，将他们推向无法逆转的反面。

常人中十有八九都怕老时受冷落，因此会拿出资格端起架子来倚老卖老，专与年轻人为难，甚至为敌，做些嫉贤妒贤害贤的事情。胡适不怕老，更不喜欢倚老卖老，他与年轻人最合得来，他说：“老虽老，却是河南枣，外面皮打皱，里面瓤头好。”他自信，他的心是不老的，在任何时代，他都不是落伍者。

二十世纪五十年代，胡适在美国做寓公，仍为母校哥伦比亚大学的中文图书馆谋求经费，请友人（很可能是外交家顾维钧）

捐赠两千美金。当时，美国人排华，各大学全然不把胡适当回事，也许是那些汉学家李鬼害怕这位李逵吧。想想看，拥有三十六个荣誉博士衔的胡适尚且不能在美国教授汉学，岂不悲哉！唐德刚谓之“狗可摇尾，而尾不可摇狗”，亦谑虐之至矣。

家在纽约，米珠薪桂，居大不易，胡适捉襟见肘，手头颇感拮据，胡夫人是麻坛高手，常出去赢些散碎美金贴补家用。唐德刚为胡氏夫妇忧心：“长此下去，将伊于胡底？”但胡适依旧热情款待来客，菜式为清炒豆芽菜和红烧豆腐，这位一流的学者大谈豆芽菜中的维他命和豆腐的益胃养胃，实则“司马昭之心，路人皆知”。正因为主人安贫乐道，客人莞尔之余，更增感激。

五四时期，不少人落力提倡新道德，乐意践踏旧道德（将旧道德形象地比喻为“骗娶少女的死鬼牌位”），把快乐建立在别人（尤其是发妻）的痛苦之上，胡适则要善良得多。徐志摩称胡适为“胡圣”，按理说，圣人能敛情不发，胡适却不能，这就是他不作伪的地方。在美国留学时他爱上韦莲司，曾有过感情上的大动荡大恍惚。1923年，他在杭州烟霞洞疗养，也曾与曹诚英朝夕相处，诗文唱和，彼此心心相印，诗中流露至情，“百尺的宫墙，千年的礼教，/锁不住一个少年的心”。然而一旦真要休妻再娶，他则煞费思量，发妻江冬秀是小脚妇女，是弱者，是旧脑筋，没有文化，没有自立的能力，更没有过错，把她变成受害者是一件残忍的事情。胡适以极强的理智割舍了一段深情，这对曹诚英倒是别样的成全，她伤心之下毅然去美国留学，成为了中国第一位农学女教授。胡适属兔，江冬秀属虎，胡适“怕老婆”，可谓名声在外，他成立“怕太太协会”，用刻有“PTT”字样的法国铜钱做会员的证章，可发一噱。他在中国驻美大使任内忙里偷闲，收集世界各地有关怕老婆的故事、笑话和漫画，数量相当可观，也是一大趣闻。最令人绝倒的是，他反弹琵琶，一改“三从四德”的旧腔老调，把昔日套牢在女人脖子上的绳索套到男人的脖子上来，主张男人要“三从四德”：“‘三从’是：一、太太出门要跟从；二、太太命令要服从；三、太太说错要盲从。‘四得’是：一、太太化妆要等得；二、太太生日要记得；三、太太打骂要忍得；四、太太花钱要舍得。”在男权至上的社会，怕太太也许是一件不光彩的事情，与此相反，在男女平等的社会，男人向自己的夫人“示弱”，才真叫文明行为，真有绅士风度，胡适是名副其实的绅士，身上不乏西方色彩和中国气息，在这方面，其幽默感从未衰减过一丝一毫。胡适和风细雨，较之辜鸿铭老头“不怕老婆，岂有王法”的疾言厉色，更合现代人的脾胃。

胡适虽非书家，但向他求字的人却不少，他素以不潦草为自律，这也是负责任，讲道德，不愿让收信人费猜寻，让排字工费眼力。平时，他最喜欢写王安石《登飞来峰》中的两句诗，“不畏浮云遮望眼，只因身在最高层”，视此超凡入圣，襟怀自见矣。“得刘公一纸书，贤于十部从事”，这是古之雅谈，若改一字，用在胡适身上，也是再恰当不过的，“得胡公一纸书，贤于十部从事”，胡适平生写信甚勤，得其片言只字而欢忭久之的人不在少数。

唐德刚说：“胡适的伟大就伟大在他的不伟大。他的真正过人之处，是他对上对下都不阿谀。……他说话是有高度技巧的，但是在高度技巧的范围内，他是有啥说啥！通常一个有高度清望的人，对上不阿谀易，对下不阿谀难，而胡氏却能两面做到。”唐德刚称道胡适：“他可以毫不客气地指导人家如何做学问，他有时也疾言厉色地教训人家如何处世为人。但他从无‘程门立雪’那一派的臭道学气味，被他大教训一顿，有时受教者还往往觉得满室生春，心旷神怡！”这就是胡适的不传之绝技。

陈之藩的回忆文章《在春风里》结尾处写道：“并不是我偏

爱他，没有人不爱春风的，没有人在春风中不陶醉的。”胡适就是这样的春风，教人如何不想他。

七、一杯在手，含笑而终

胡适曾为英年早逝的《学术》杂志创办人刘伯明作挽联：“鞠躬尽瘁而死，肝胆照人如生！”若将这副挽联移用在他自己身上，同样切合。

有人说，胡适是世间最幸运的书生，二十多岁即暴得大名，而后四十多年，获得过世界一流大学颁赠的三十六个荣誉博士学位，一直维持清名而不坠，虽在大陆受到过口诛笔伐的围剿，却无损其毫发。也有人说，胡适高处不胜寒，五四时期，他旗下猛将如云，健卒如雨；其后，他麾下将多兵少；及至暮年，几乎无兵无将，比诸葛亮六出祁山更恓惶。

梁实秋在《怀念胡适》一文中写道：“他重视母命，这是伟大的孝道，他重视一个女子的毕生幸福，这是伟大的仁心。……五四以来，社会上有许多知名之士，视糟糠如敝屣，而胡先生没有走上这条路。”诚然，有些人利用新思想、新文化、新道德做护符，干些荡闲逾检的事。鲁迅、郭沫若、郁达夫、徐志摩等人都未能免俗，争先恐后地追赶休妻的潮流，胡适却忠于“父母之命，媒妁之言”，不忘故剑，依然得到俗世的幸福，创造了一个不大不小的奇迹。

迄至晚年，由于精力透支过度，胡适积劳成疾，诸病缠身，他患有严重的胃溃疡，胃被切除五分之三，还患有肺炎和心脏衰弱。

1962 年 2 月 24 日，“中央研究院”举行第五次院士会议，胡适主持会议，选出六名新院士。会前，医院方面对胡适的健康状况颇感忧虑，打算派出医护人员陪在他身边，胡适坚决反对，他说："今天的会是喜事，他们一来，像是要办丧事。"结果一语成谶。下午五点在蔡元培馆举行酒会，胡适请凌鸿勋、李济、吴健雄三位院士讲话，科学家们对"科学生根"的问题意见不一，胡适病体支离，情绪受到困扰，他作总结时说："他们围剿我，我很欢迎，这是学术自由。……我挨骂了四十多年，我从来不生气。"他最后说的一句话是："好了，好了，今天就说到这里，大家请再喝点酒，再吃点点心，谢谢大家！"六点多钟时，客人离去，胡适与凌鸿勋夫妇握手时，心脏病猝发倒地。胡适尝以"路远不需愁日暮"勖人兼自勉，无奈病魔来袭，遽归道山。他曾说，"医生的话不可不信，不可全信"，终因不全信医嘱，心情过于激动而陨谢。一杯在手，含笑而终，可算好死法。七十二岁终其天年，也较新文化运动中的其他主将和健将刘半农（四十四岁）、钱玄同（五十三岁）、鲁迅（五十六岁）、陈独秀（六十三岁）为殊胜。不少人认为：胡适死得其所，他生平最敬重蔡元培，如今死在"中央研究院"的元培纪念堂，与蔡元培同寿；而且有这么多朋友、学者为他送行。一个不平凡的人，终有不平凡的死。

胡适死后，家人清点遗物，好衬衫只有一件，好袜子只有一双，其他的衬衫和袜子皆曾打过补丁，身无长物，一寒至此，真是不可思议。他一生廉而不狷，贫而乐道，苟非吾之所有的非义之财，一介不取，他倾囊待客，为周济他人甘于胼手胝足，摩顶放踵。

毛子水撰写的《胡适墓志铭》中有这样几句话，值得一录："这个为学术和文化的进步，为思想和言论的自由，为民族的尊荣，为人类的幸福而苦心焦思，敝精劳神以致身死的人，现在在这里安息了！我们相信形骸终要化灭，陵谷也会变易，但现在墓中这位哲人所给予世界的光明，将永远存在。"

通观胡适一生，他是孝子、慈父、好丈夫、忠实的朋友、诲人不倦的良师，这是公认的。“学问深时意气平”，胡适居处则恭，执事则敬，治事则勤，治学一丝不苟，待人无所不容。别人撰文批评他，甚至谩骂他，他反而会心平气和地夸赞对方“颇能读书”、“很有才气”、“可做研究”。蒋梦麟挽胡适：“新文化中旧道德的楷模，旧伦理中新思想的师表。”他能将此四者调和于鼎鼐之中，被世人奉为楷模和师表，诚大不易，确属实至名归。

不管做一个好人有多难，胡适都努力做成了，这比成仙成佛更有意义，也更有价值。

本文首发于《同舟共进》2011 年第 2 期
《读者》2011 年第 13 期摘选

书生有种最多情

——“北大功狗”蒋梦麟

蒋梦麟（1886 - 1964），字兆贤，号孟邻，浙江余姚人。教育家，学者。1919 年至 1926 年任北大总务长、三次代理校长。1930 年至 1937 年任北大校长。1938 年至 1945 年任西南联大校务委员会常委、北大校长。著作有《西潮·新潮》（岳麓书社）、《孟邻文存》（台湾正中书局）。

历史学家吴相湘作《民国百人传》，其中，笔歌墨舞地盛赞蒋梦麟“在民国教育史上的地位仅次于蔡元培”，此言近乎盖棺论定。当然，事情并没有这么简单，许多人会不遗余力，为清华老校长梅贻琦力争“榜眼”，而不是“探花”。推崇蒋梦麟的学者、作家大有人在。曹聚仁曾与三五好友围炉夜话，有人问他最敬佩的同时代人是谁，曹聚仁以“蒋梦麟”作答。座中诸位或惊讶不置，或疑惑不解。曹聚仁见状当即表白，他向来不愿做违心之论，也绝无攀龙附凤的媚骨，更不是北大出身，之所以敬佩蒋梦麟，是因为这名北大老校长有种，是纯爷们。什么叫“有种”？有胆气、有骨气之谓也。面对日寇的威逼利诱，蒋梦麟“临难不苟免”，胆气和骨气均发挥出超常水平。曹聚仁强调：“这男子汉的气度，并非胡适、鲁迅诸氏所能及的。”罗家伦对蒋梦麟只身入日本大使馆武官处与敌寇斗智斗勇的壮举同样心生敬意，赞不绝口，他说：“蒋梦麟先生是郭子仪第二，大有单骑退回纥的精神！”

一介书生，能够得到“有种”的评价，已足堪欣慰。除了有种，蒋梦麟还有料，他肯办事，敢办事，能办事，对北大，对教育，无不竭智尽能，抱有强烈的责任心和热诚的服务态度。蔡元培曾经坦承：“综计我居北京大学校长的名义，十年有半；而实际在校办事，不过五年有半。”蔡校长在职而不在校期间，蒋梦麟以总务长之身，行“影子校长”之实，他三度代理校长职务，确保北大始终在“兼容并包”、“学术至上”的轨道上加速运行。北大之为北大，首功当归蔡元培，次功呢？则非蒋梦麟莫属。

当年，中国有一文一武两位蒋校长，都是很抖的人物。众所周知，武的蒋校长是蒋介石，出身于黄浦军校的赳赳将士都是他的学生。文的蒋校长是蒋梦麟，出身于北大的青青子衿都是他的弟子。若论门生出息之大，文的蒋校长远不如武的蒋校长（将帅遍国中）；若论门生人数之多，武的蒋校长则不如文的蒋校长（桃李满天下）。蒋梦麟多次打赌（他的学生无处不在）均轻松胜出，所到之地，经常会有昔日的弟子欢快地跑过来向他行礼，他那份得意劲儿就不用提了。

陈平原教授曾经感叹道："很可惜，在大量有关北大的出版物上，蒋校长的地位相当尴尬。……校方组织撰写的校史中，称蒋梦麟为'典型的国民党新官僚'，'在北大是不得人心的'。"他还说："几年前，偶然得到若干三十年代（蒋梦麟任北大校长期间）老北大的课程表及教学规划，比照一番，令我辈后学汗颜不已。"曾几何时，对历史人物带有政治偏见和陋见的各路"酷评"轮番行使话语霸权，他们罔顾事实，极尽抹黑涂污之能事，现在看来，这类"酷评"竟连一嗤一哂的价值也荡然无存了。

一、有功：功在北大

人与人的交集很偶然，但这种偶然的交集可能种下善因，结出善果。

1898年秋天，蔡元培辞官（翰林院编修）回乡（绍兴），出任中西学堂监督。这是蔡元培任职于新式学校的"试笔之作"。事隔多年，蒋梦麟的回忆依旧鲜活："一个秋月当空的晚上，在绍兴中西学堂的花厅里，嘉宾会集，杯盘交错。忽地有一位文质彬彬、身材短小、儒雅风流、韶华三十余的才子，在席间高举了酒杯，大声道：‘康有为，梁启超，变法不彻底，哼！我！……’大家一阵大笑，掌声如雨打芭蕉。”“说到激烈时，他高举右臂大喊道：‘我蔡元培可不这样。除非你推翻清朝，否则任何改革都不可能！’”就在那一年，蒋梦麟幸运地成为“革命翰林”蔡元培的弟子。

二十一年弹指一挥间。1919 年，五四学潮如同惊涛拍岸的海啸，浩大的声浪席卷全国，北洋政府迁怒于北大校长蔡元培，一时间谣言满天飞，甚至有炮轰北大和刺杀蔡校长的极端说法在市井流传。蔡元培救出被捕的学生之后，以不与政府合作的断然态度采取主动，辞职南归，打算在西湖边息影林泉。不久，国内形势由寒趋暖，北大师生和社会各界的热忱挽留使蔡元培回心转意，但他当初离开京城时信誓旦旦，总不能就这样径直北还。汤尔和是蔡元培的老友，此公多谋善断，乐为智囊，他想出一个新鲜主意，由蒋梦麟代理北大校长，作为缓冲环节，蔡元培在杭州养病一段时间后再回北大掌校不迟。如此一来，既可以打通窒碍，多方面照应周全，又可以静观其变，进退自如。当时，蒋梦麟是江苏教育会理事和《新教育》杂志主编，他以抽身不易为由，婉拒再三。汤尔和则许以“半年在京，半年在沪，可兼顾而不至偏废”的香饽饽，遂一鼓成擒。

1919 年 7 月 14 日，蔡元培邀请蒋梦麟、汤尔和一起游览杭州花坞。游山玩水只是一个巧妙的铺垫，在那个雨后黄昏，蔡元培在餐桌上“决请梦麟代表至校办事”。蔡元培用一贯温和的语气说：“大学生皆有自治能力者，君可为我代表到校执行校务，一切印信皆交君带去，责任仍由我负之。”具体的方案是，蒋梦麟以总务长的名义代理校长职务。蒋梦麟思忖再三，提出两点要求：一、只代表蔡公个人，而非代表北京大学校长；二、仅为蔡公的督印者。蔡元培颔首表示同意。

1919年7月20日，蒋梦麟偕汤尔和从杭州启程前往北京，陪同的还有北大学生会代表张国焘。翌日，蔡元培在《北京大学日刊》上发表《蒋梦麟代办北大校务启事》："元培因各方面督促，不能不回校任事。惟胃病未瘳，一时不能到京。今请蒋梦麟教授代表，已以公事图章交与蒋教授。嗣后一切公牍，均由蒋教授代为签行。校中事务，请诸君均与蒋教授接洽办理。"教育部即行批准蔡元培的请求，同意由蒋梦麟代理北大校长职务。程序完全合法，北大评议会的部分教授也顾全大局，收起种种先入为主的成见，下一步就看蒋梦麟如何拿出他的看家本领来串演这台大戏了。

1919年7月22日，北大全体学生齐集理科楼欢迎蒋梦麟。这次集会与其说是北大学生欢迎他代理校政，还不如说是欢迎蔡元培的影子重返校园。蒋梦麟即席演讲，先介绍蔡元培的近况，然后进入主题，他强调：蔡元培先生的美德和集中西文化于一身的精神是从学问中得来的，诸君当以学问为莫大的任务。他特别强调：西方先进国家拥有今天的文化成就，是长期积累的结果。"故救国之要道，在从事增进文化之基础工作，而以自己的学问功夫为立脚点，此岂摇旗呐喊之运动所可几？……故救国当谋文化之增进，而负此增进文化之责者，唯有青年学生。现在青年作救国运动，今日反对这个，明日反对那个，忙得不得了，真似苦恨年年压针线，为他人补破衣裳。终不是根本办法。吾人若真要救国，先要谋文化之增进。日日补破衣裳，东补西烂，有何益处？深望诸君，本自治之能力，研究学术，发挥一切，以期增高文化，又须养成强健之体魄，团结之精神，以备将来改良社会，创造文化，与负各种重大责任。总期造成一颗光明灿烂的宝星，照耀全国，照耀亚东，照耀世界，照耀千百年而无穷。”演讲结束后，北大师生报以热烈的掌声，既然他们信任蔡元培，蔡元培又信任蒋梦麟，他们就决定暂时给予蒋梦麟一个尽兴表演的舞台。

蒋梦麟在北大毫无根基，他临危受命，面对的“烂摊子”颇为棘手。“半年的欠款，六百饥饿的教职员，三千惹祸的学生，交到我手里，叫我怎么办？”他出言谨慎，亮出低姿态，在教职员会议上说：“我只是蔡先生派来代捺印子的，一切仍由各位主持。”蒋梦麟安戢人心，恢复秩序，谨守蔡校长余绪，继续提倡德先生（民主）和赛先生（科学），“把学术自由的风气，维持不堕”，使北大重新回归到宁谧的书香氛围之中。有趣的是，蒋梦麟代理北大校长后不久，孙中山给他写了一封信，其中有“率领三千子弟，助我革命”之语，真是哪壶不开提哪壶了。

1919年8月，蒋梦麟写信给《时事新报》主编张东荪，谈及他在北大的短期经历，字里行间洋溢着欣慰感和成就感：“我21日到北京以来，吃了不少的苦，好像以一个人投在蛛网里面，动一动就有蛛子从那屋角里跳出来咬你。唉！若无破釜沉舟的决心，早被吓退了。人人说市中有虎，我说我任凭虎吞了我就罢了；没有吞我以前，我不妨做些做人应该做的事。我记得王守仁有句话：‘东家老翁防虎患，虎夜入室衔其头；西家儿童不识虎，执策驱虎如驱牛。’我又记得《四书》里有句话：‘不忮不求，何用不臧？’我本了这个精神，向前奋斗，过了半月，诸事已有端倪。我对于校内校外帮我忙的人，终身感激他们——他们不是帮我的忙，是帮中华民国的忙。现在大学里面，教务、事务都积极进行，新生取了四百人，上海投考的结果亦已揭晓，取了九十一人。下半年的课程，已经起首安排。教职员方面，精神一致，都天天兴高采烈地做事。你若来看一看，必以为大学这回并没有经过什么风潮。学生方面更不必说了，这班青年，个个是很可爱的。

并不是说空话，我实在爱他们。他们对我说，此后他们要一心尽瘁学术，定要把这个北大建成中国的文化最高中心；这班青年的眼光是很远的。我有一句话，要给在上海的诸位先生讲，北大学生是全体一个精神的，并没有分迎甲、迎乙的派别。”

1919年9月，蔡元培返回北大，蒋梦麟交还权杖，专任总务长。他在回忆录《西潮·新潮》中写道：“北大再度改组，基础益臻健全。新设总务处，由总务长处理校中庶务。原有处室也有所调整，使成为一个系统化的有机体，教务长负责教务。校中最高立法机构是评议会，会员由教授互选；教务长、总务长，以及各院院长为当然会员。评议会有权制订各项规程，授予学位，并维持学生风纪。各行政委员会则负责行政工作。北大于是走上教授治校的道路。学生自治会受到鼓励，以实现民主精神。”对此变盘，蒋梦麟还有一个更形象的说法：“北京大学为新思潮发源地。既有新精神，不可不有新组织，犹有新酒，不可不造一新壶。”

蒋梦麟的教育思想与蔡元培一脉相承，他发扬光大，给“兼容并包”四字加上了个性化、团体生活、个人自治和感情化导的色彩。1920年9月，在北京大学开学典礼上，蒋梦麟发表演讲，其中一段画龙点睛：“本校的特色，即在人人都抱个性主义。我尝说，东西文明的不同，即在个性主义。比如希腊的文化，即以个性为基础，再加以社会的发达，方能造成今日的西方文明。……北大这么大的一个学校，研究学问、注重品行的件件都有，就是缺少团体生活。所以我希望大家，一方各谋个人的发达，一方也须兼谋团体的发达。从前严厉办学的时代，是‘治而不自’，现在又成杜威先生所说的‘自而不治’，这都不好。我们要‘治’同‘自’双方并重才好。因为办学校用法律，决计不行的，只可以用感情化导，使得大家互以良好的情感相联络。这就是我最后的希望。”教导学生自治而不是私心自用的“治自”，学校要依靠感情化导而不是严格的法纪，这是蒋梦麟坚持的办学理念。

1920年10月，蔡元培赴欧洲考察教育。蒋梦麟再次代理北大校长一职。他非常重视中西结合，文理贯通，要求入外文系者须有国文功底，入国文系者须有外文成绩。《科学概论》成为所有文学院一年级学生的必修课，国文则成为理科各系一年级学生的必修课。当年，军阀混战，国家风雨飘摇，北大的教学、科研能够始终维持不堕，并且平稳有序地发展，"蔚成全国最高学术中心"，由中国第一流大学向世界第一流大学的目标切实迈进，显然得益于一系列行之有效的新措施。

1923年1月，教育总长彭允彝干涉司法，蹂躏人权，北洋军阀政府非法逮捕财政总长罗文干，蔡元培愤然辞职，拂袖而去，蒋梦麟第三次代理北大校长职务。1926年，三一八惨案发生后，蒋梦麟支持北京各校学生的爱国行动，段祺瑞政府怀恨在心。1926年4月26日，《京报》主编邵飘萍被奉军逮捕，杀害于天桥刑场。当晚，蒋梦麟从北京政府的前总理孙宝琦处获悉自己的名字已经上了黑名单，魔爪逼近，生命危在旦夕，恰巧王宠惠来访，他便跳进好友的红牌汽车，离开北大，径直驶向东交民巷使馆区的六国饭店。第二天，他到美国使馆找一位美国朋友，自我解嘲："我天天叫打倒帝国主义，现在却投入帝国主义怀抱求保护了。"三个多月后，他脱离险境，抵达上海，转赴杭州，结束了第一阶段长达七年的北大生涯。

蒋梦麟在北大任职，共分三个阶段，每个阶段长约七年：从1919年到1926年，是第一个七年，蒋梦麟的角色是北大代理校长兼总务长；从1930年到1937年，是第二个七年，蒋梦麟的角色是北大校长；从1938年到1945年，是第三个七年，蒋梦麟的角色是西南联大校务委员会常委、北大校长。在第一个七年中，军阀政府拖欠教育经费是常有的事，北大学生醉心于政治是大概率的事，蒋梦麟三度代理北大校长，要掌稳舵盘、认准航向，殊非易事。他在回忆录《西潮·新潮》中写道：“虽然政治上狂风暴雨迭起，北大却在有勇气有远见的人士主持下，引满帆篷，安稳前进。图书馆的藏书大量增加，实验设备也大见改善。国际知名学者如杜威和罗素，相继应邀担任客座教授。”

1930年1月，蒋梦麟出任北大校长，较之以往，这一次他由二东家升为大东家，他抱定中兴北大的决心，放手一搏，在体制上大动手术，取消评议会，改设校务会议为学校最高权力机关，将学术和事务划分开来，强调层层分工，各司其职，校长的权限有所增强。他明确提出“教授治学，学生求学，职员治事，校长治校”的方针，将教政分开，评议会遂成为空架子，教授治校便沦为了明日黄花。蒋梦麟还针对教授兼职过多的现象，实行教授专任制度，提高专任教授的薪酬待遇，规定在他校兼课者薪金较专任者少，兼课时数较多者，则改教授为讲师。同时，他改变过去教授第二年续聘后无任期限制的办法，规定新教授初聘订约一年，续聘订约两年。“师资不尊，不足以言重学术；待遇不丰，不足以言志；故崇教授之座位，而厚其俸给，二要也。研究学术而有所顾忌，则真理不明；故保障学术自由，三要也。”蒋梦麟相当实在，一点也不空疏。当时北大的经济状况如何？差不多已到了山穷水尽的地步。“车到山前必有路，船到桥头自然直”，“一道篱笆三根桩，一条好汉三个帮”，艰难时刻，好友胡适、傅斯年、丁文江向蒋梦麟伸出援手，一同筹措办学经费（获得中华教育文化基金董事会的研究合作费国币一百万元），网罗人才，他们齐心协力，“维持北京大学生命不使中断”。蒋梦麟大胆放权，对文学院、法学院、理学院的三位院长说：“辞退旧人，我去做；选聘新人，你们去做。”革故鼎新，蒋梦麟不怕得罪人，他有魄力，敢担当，是天生的实干家。

1934年，北大国文系教授林损、许之衡被解聘。林损是北平教育界一位著名的酒鬼和狂人，他教唐诗，居然喋喋不休地讲陶渊明（不满沈尹默在北大讲陶诗），又好出新解，罔顾本义而妄加附会穿凿，再加上目无余子，骂人取乐，以课堂为个人秀场，学生听他讲课如听评书，固然好玩，却很难受益。胡适出任北大文学院长后，林损即被解聘，此公不服，将事情捅到媒体，放出狠话："蕞尔胡适，汝本礼贼。……盍张尔弓，遗我一矢！"公开向胡适叫板挑衅，闹得沸沸扬扬，胡适付之一笑，并不应战。现在回头来看这桩旧案，蒋梦麟和胡适完全秉公办事，并无挟私嫌打击老教授的成分。

从"教授治校"到"校长治校"，再加上辞旧聘新，打破终身教授的金饭碗，蒋梦麟被一些北大教授批评为"独裁者"。客观地说，蒋梦麟执掌北大，确实加强了校长的权重，而且运用权力游刃有余，毕竟他与胡适同为美国实用主义哲学家杜威的高足弟子，受过正宗民主思想的熏陶和训练，校长治校的目的是要建立起一个效率更高的行政体制，他并没有因此钻入校长独裁的死胡同。

蒋梦麟"用人也专，待人也恕，不以察察为明，所以许多人乐为所用"，罗家伦的这个判断是准确的。理学院的丁文江、李四光、曾昭抡，文学院的周作人、汤用彤、徐志摩，法学院的刘志扬、赵乃抟，诸多精英云集影从，汇聚在他的麾下，惟其马首是瞻。蒋梦麟用人不拘一格，钱穆没有学历，他聘其为北大教授，比当年蔡元培礼聘梁漱溟为北大讲师更给力。

在蒋梦麟治校期间，北大教授能够享受到校方很高的礼遇。通过钱穆的回忆文章，我们可以窥豹一斑："在北大任教，有与燕京一特异之点。各学系有一休息室，系主任即在此办公。一助教常驻室中。系中各教师，上堂前后，得在此休息。初到，即有一校役捧上热毛巾擦脸，又泡热茶一杯。上堂时，有人持粉笔盒送上讲堂。退课后，热毛巾、热茶依旧，使人有中国传统导师之感。”即使校方经费拮据，对教授依然礼遇有加。北大的尊师重教之风，于是乎绵绵不断。

蔡元培重人文，蒋梦麟重科学，这不是对立，而是二元互补。蒋梦麟在任期间，十分重视自然科学的教学和研究，不吝重金装备物理系，大力发展理学院，以自然科学为骨干，进而发展其他相关部门。

乱世八风劲吹，狂潮迭起，为了确保学生专心于学业，蒋梦麟主持制定《国立北京大学学则》，其主要内容为：取消选科单位制，实行学分制；在管理环节上，遵循北大传统，自由宽容，个性发展不受限制，师生之间达成“只有陶冶，而无训练”的共识；建立学术团体，营造学术氛围，开展中外学术交流，期以“教育救国”、“学术救国”。

在第二个七年，蒋梦麟的改革收获奇效，“科学教学和学术研究的水准提高了。对中国历史和文学的研究也在认真进行。教授们有充裕的时间从事研究，同时诱导学生集中精力追求学问，一度曾是革命活动和学生运动漩涡的北大，已经逐渐变为学术中心”，这份成绩单拿出来，不服气的人是不多的。

无奈形势不尽人意，日寇步步进逼，华北已放不下一张宁静的书桌，北大、清华、南开三校南迁，整合为国立西南联合大学。北京大学率先迁到长沙，南开大学校长张伯苓和清华大学校长梅贻琦尚在途中。有人担心三所大学合并在一起难免同床异梦，便向蒋梦麟提议：“假使张、梅两位校长不来，我们就拆伙好了。”听完这些议论和主张，蒋梦麟一改平日的温文尔雅，声色俱厉地批评道：“你们这种主张要不得，政府决定要办一所临时大学，是要把平津几个重要的学府在后方继续下去。我们既然来了，不管有什么困难，一定要办起来，不能够因为张伯苓先生不来，我们就不办了。这样一点决心都没有，还谈什么长期抗战？”

西南联大因抗战而创立，其体制相当特殊（由北大、清华、南开三所大学的校长出任校务委员会常委，轮流执政，因蒋梦麟兼任红十字会中国总会会长，张伯苓在政府也另有兼职，两人长期不在昆明，梅贻琦实负全责），独立中有融合，融合中有独立。从一开始，蒋梦麟就对联大事务采取不争和无为的立场，当北大与清华的利益发生冲突时，外界的印象多半是北大吃瘪、清华吃香，在众人心目中，西南联大的实际掌舵人也是梅老板，而不是蒋老板。久而久之，那些习惯于顾盼自雄的北大教授郁积了难以宣泄的愤懑之情，蒋梦麟遂成为众矢之的和众怨之薮。谢兴尧即严厉批评蒋梦麟以“整齐划一”的清华精神改造“独立自由”的北大精神。1945 年，北大教员暗中联合，一场“倒蒋迎胡”的风潮不可遏止，在他们心目中，卸职大使、尚在美国养病的胡适乃是北大校长的不二佳选。同年 6 月，蒋梦麟出任行政院秘书长，等于倒提宝剑，授人以柄，北大教员的攻击“武器”更为犀利。1929 年，蒋梦麟在国民政府教育部部长任内，亲手制定《大学组织法》，其中有一条刚性规定：大学校长不得兼任政府官员。此时，他任职行政院秘书长，触犯了自订的禁条。

1945 年 8 月，蒋梦麟退出西南联大，辞去北大校长之职，继任者果然是众望所归的胡适，后者因病滞留美国，由傅斯年代理北大校长职务。

蔡元培奠基，蒋梦麟造房，胡适封顶，北大的传统续续而不断，那三十多年，是北大最辉煌的时期。蒋梦麟承上启下，掌校时间最长，自然功不可没。蒋梦麟的特点是什么？勇于负责，锐意进取，任劳任怨，务实求真，此为世所公认。蒋复璁将蒋梦麟一生心得概括为：“以儒立身，以道处世，以墨治学，以西办事。”

郑逸梅在《学林散叶》中的记载则更加有趣："抗战中，蒋梦麟当北大校长，曾说自己平生做事全凭三子，'以孔子做人，以老子处世，以鬼子办事'。所谓'鬼子'者，洋鬼子也。指以科学精神办事。"陈雪屏则看重蒋梦麟的用人不疑和超脱的处世态度，"他尊重个人自由：凡个人行为之不涉及公众权益者，他绝不过问或批评；凡他的同事在分层负责的范围内所决定的事项，他从不挑剔或干预。他信服老庄的道理，对于屑细的是非之争与成亏之辨看得很淡。因此他能够超脱于复杂的人事纠纷之上。"

1950年12月17日，北大建校五十二周年纪念会在台北举行，傅斯年登台演讲，实话实说：蒋梦麟的学问不如蔡元培，办事却比蔡元培高明。他的学问比不上胡适，但办事却比胡适高明。傅斯年演讲完毕，蒋梦麟笑着应和："孟真，你这话对极了！所以他们两位是北大的功臣，我们两人不过是北大的功狗。"自谦归自谦，在蒋梦麟内心，能做北大的"功狗"，何尝不是一样的快惬和满足。何况做这样的"功狗"，不会遭遇"飞鸟尽，良弓藏；狡兔死，走狗烹"的悲剧下场，他又何乐而不为。

有人说，蒋梦麟的学问不是顶尖级的，但他的知识面宽，口才好，处事公平，待人热忱，往往能以德服人。他担任北大校长多年，深知山外有山，天外有天，晚年他回忆自己在北大的经历，自谦是个万金油样的角色："有人说北京大学好比是梁山泊，我说那么我就是一个无用的宋江，一无所长，不过什么都知道一点。因为我知道一些近代文艺发展的历史，稍有空闲时，也读他们的作品，同时常听他们的谈论。古语所谓：'家近通衢，不问而多知。'我在大学多年，虽对各种学问都知道一些，但总是博而不专，就是这个道理。"但凡读过蒋梦麟的回忆录《西潮·新潮》的人，都会承认他学养深厚，文笔潇洒，具备繁茂的感情和丰沛的理智，大事小事均能娓娓道来，史识既出众，见地也非凡，不愧为美国哥伦比亚大学的哲学博士、教育学博士，不愧为实用主义哲学家杜威的入室弟子。姑举《西潮·新潮》中的一段妙论为例：

> 中国对西方文化的反感，正像一个人吃得过饱而闹胃痛以后对食物的反感。1998 年的康梁维新运动，只是吃得过量的毛病；1900 年的“义和团之乱”，则是一次严重而复杂的消化不良症，结果中国硬被拖上手术台，由西医来开刀，这些西医就是八国联军。这次医药费相当可观，共计四亿五千万两银子，而且她几乎在这次手术中丧命。

匪夷所思的是，蒋梦麟躲空袭警报时用英文写成《西潮》的初稿，由于他在防空洞中经常只能席地而坐，光线颇为幽暗，英文比汉字更易对付，闭着眼睛都可下笔。洞中文思如泉，洞外炸弹如雨，如此潜心著书的人怕是绝无仅有吧。

蔡元培没有把北大校长当成官来做，蒋梦麟也没有把北大校长当成官来做，这就对了。他做官是根本不行的，悬鹄甚高，求治过急，被人认为刚愎自用，一意孤行。他在教育部部长任上时，国民党元老吴稚晖当面批评他“无大臣之风”，刘半农听说此事后，特意赠给他一方“无大臣之风”的图章，以为雅谑。

有人说，蒋梦麟是北大精神坚定不移的捍卫者，北大之为北大，没有蔡元培不行，没有胡适不行，没有蒋梦麟同样不行，在北大完整的龙骨架中，他对腹背的支撑作用绝对不可低估。当初，蔡元培毅然选定蒋梦麟代理北大校长，使北大幸运地收获到一位杰出的行政干才，知人之明实非浅显。

二、有种：正气凛然

蒋梦麟渴望实现“新北大”的梦想，注定要经受几番波折。九一八事变之后，中国北方的局势急剧恶化，日本侵略者觊觎华北的狼子野心路人皆知，战云笼罩之下，北平岌岌可危。蒋梦麟曾加入“低调俱乐部”，虑及中国军力不济，财力不足，“忍痛求和”（放弃东三省，承认伪满洲国）是当时蒋梦麟和胡适共同的想法。他们主张与日本和谈，避免国家一朝瓦解和玉碎的危险局面。蒋梦麟代表北方知识精英与英国公使蓝浦生多次会晤，请后者居中斡旋。结果由于国民政府外交部部长罗文干出面阻止而使整个计划胎死腹中。此举并不证明蒋梦麟是媚日的软骨头，毕竟在战前（哪怕是最后一刻）寻求和平的愿望和努力都是值得尊重的。蒋梦麟是北大校长，北大是中国的精神堡垒，众耳所闻，众目所视，其一言一行牵动甚广。日本人怎么会不清楚蒋梦麟的地位、名望和价值？若能拉拢他，建立“深厚的友谊”，必定收得攻心为上的奇效。然而蒋梦麟对日方暗示和明示的种种“美意”均嗤之以鼻，弃若腐鼠。在文化方面，蒋梦麟认为日本人过分迷信神佛，学习中国传统文化很不彻底，因而只知忠，不知恕，弄成瘸腿跛足，变为偏执狂。曾有一位日本学者到北大侃侃而谈中日文化关系，结果蒋梦麟告诉对方：“除了日本的军事野心之外，我们可看不出中日之间有什么文化关系的存在。”这句话将那位日本学者的假面具一把撕了下来。对于中国，日本在文化上不能反哺，在军事上却要反噬，蒋梦麟清醒地认识到，日方大唱赞歌的“东亚共荣圈”被美化为“珍珠项链”，实则是勒紧中国脖颈的绳索。

1935年秋，由蒋梦麟领衔，北大教授发表宣言，誓死反对华北的“自治运动”，痛斥这一卑劣行径“脱离中央，乃卖国的阴谋”。这篇宣言义正词严，在全国上下赢得了广泛的响应，蒋梦麟因此被誉为“北平正气的代表者”，成为日本军方的眼中钉和肉中刺。

1935年11月29日，日本宪兵登门造访，“敬请”蒋梦麟去东交民巷日本大使馆武官处“谈话”，迫蒋就范的真实意图昭然若揭，此行的凶险程度则不言而喻。

关公单刀赴会是小说家刻意编造的情节，蒋公只身入营，则是真实的故事。家人和朋友为他担心，他却若无其事，神色从容淡定，将虎穴狼窝视为酒吧茶室。

蒋梦麟在回忆录《西潮·新潮》中对此行有极具现场感的描写，不比任何小说情节逊色。

> 我走进河边将军的办公室之后，听到门锁咔嚓一声，显然门已下了锁。一位日本大佐站起来对我说：“请坐。”我坐下时，用眼睛扫了旁边一眼，发现一位士官拔出手枪站在门口。
>
> “我们司令请你到这里来，希望知道你为什么要进行大规模的反日宣传。”他一边说，一边递过一支香烟来。
>
> “你说什么？我进行反日宣传？绝无其事！”我回答说，同时接过他的烟。
>
> “那么，你有没有在那个反对自治运动的宣言上签字？”
>
> “是的，我是签了名的。那是我们的内政问题，与反日运动毫无关系。”
>
> “你写过一本攻击日本的书。”
>
> “拿这本书出来给我看看！”
>
> “那么，你是日本的朋友吗？”

“这话不一定对。我是日本人民的朋友，但是也是日本军国主义的敌人，正像我是中国军国主义的敌人一样。”

“呃，你知道，关东军对这件事有点小误会。你愿不愿意到大连去与坂垣将军谈谈？”这时电话铃声响了，大佐接了电话以后转身对我说，“已经给你准备好了专车。你愿意今晚去大连吗？”

“我不去。”

“不要怕，日本宪兵要陪你去的，他们可以保护你。”

“我不是怕。如果我真的怕，我也不会单独到这里来了。如果你们要强迫我去，那就请便吧——我已经在你们的掌握之中。不过我劝你们不要强迫我。如果全世界人士，包括东京在内，知道日本军队绑架了北京大学的校长，那你们可要成为笑柄了。”

他的脸色变了，好像我忽然成了一个棘手的问题。“你不要怕呀！”他心不在焉地说。

“怕吗？不，不。中国圣人说过，要我们‘临难毋苟免’，我相信你也一定知道这句话。你是相信武士道的。武士道绝不会损害一个毫无能力的人。”我抽着香烟，很平静地对他说。

电话又响了，他再度转身对我说：“好了，蒋校长，司令要我谢谢你这次的光临。你或许愿意改天再去大连——你愿意什么时候去都行。谢谢你。再见！”门锁又是咔嚓一响。大佐帮我穿好大衣，陪我到汽车旁边，还替我打开汽车门。这时夜色已经四合了。我独自到日本兵营，也有朋友说我不应该去的，听日本人来捕好了。他们敢么？

第二天下午，宋哲元将军出于好意，派一位少将到北大来劝蒋梦麟尽快离开北平，从长计议，他怕日本人还有更狠更黑的后手，而他爱莫能助。蒋梦麟表示谢忱之后，告诉来使，这回他将留在北平负起自己的责任，哪儿都不去。

不久，陈诚将军北上，代表蒋介石委员长慰问蒋梦麟。古人有所谓血勇、脉勇、骨勇、神勇之别，蒋梦麟无疑是神勇之人，赢得世人的敬意实在情理之中。

到台湾后，蒋梦麟继续担任“中国农村复兴联合会”主任，孔席未暖，墨突不黔，极力推动农村社会改革，以期实行“公平分配”，体现“社会公道”。有件事特别值得一提，蒋梦麟对节制人口极尽宣传和推动之力。1957年，马寅初发表《新人口论》，在海峡两岸，北大的老校长和新校长都想到一块儿去了，这是不是巧合？蒋梦麟曾经对力主节育的性学家张竞生缺乏好感，他的思想转变很大。当时，谁若主张节育，就好像变着法子要使大家断子绝孙，会招惹不少愤怒的詈骂和恶毒的攻讦。某些无知的人认为节育是“基于极端个人快乐主义之邪念”，是“主张性交自由，而以人为的方式或性交技术以遂其快乐”。更有甚者，直斥蒋梦麟比秦桧、汪精卫更可恶，更可耻，更可恨，疯狂叫嚣要“杀蒋梦麟以谢国人”。面对众口铄金的汹汹之势，蒋梦麟不变其言，不辍其行，不易其理。1959年4月13日，他在记者招待会上公开表示：“我现在要积极地提倡节育运动，我已要求政府不要干涉我。如果一旦因我提倡节育而闯下乱子，我宁愿政府来杀我的头，那样太多的人口中，至少可以减少我这一个人。”事实胜于雄辩，蒋梦麟做了一桩十分正确的事情。国民党元老王世杰称赞蒋梦麟提倡节育是“一件最不平凡的功业，……将来影响一定是很深远的”。

蒋梦麟有种，也有谋，他不是蛮干的人，而是在顺境和逆境中都能有所作为的智者。做正确的事情，辅之以血性和头脑，如果还不成功，那就真叫天意难违了。

三、有义：义薄云天

在左右为难的年代，谁担任大学校长，都会领教到学生运动的厉害。蔡元培性情温厚，为了保护教员，也曾被闹事的学生逼急了，不禁怒从心头起，捋袖出拳，要与闹事者决斗。蒋梦麟同样遭遇过学生的多次围攻，甚至在校长办公室里被闹事学生关了近两个小时禁闭。北大学生最发飙的一次，从天津运来三颗炸弹，要炸掉“猪仔议员”成窝的国会大楼，蒋梦麟劝阻学生的过激举动后，长时间心有余悸。后来，北大学生将这三颗炸弹偷偷地丢入城外的小河里，其中一颗要了某位渔夫的性命。有一次，辜鸿铭对蒋梦麟说：“你相信民主，这实在是民狂！”这位老爷子性情怪僻，他并不是站在“猪仔议员”那边讲话，只说明他对学生运动非常反感。抗战前夕，全北平各校的学生代表还做了一件特别出格的事情，他们抬了一口棺材放在北大三院开大会，蒋梦麟气坏了，却无可奈何。

在回忆录《西潮·新潮》中，蒋梦麟分析“学生势力这样强大而且这样嚣张跋扈”的原因，见解相当明晰：“这些学生多半是当时统治阶级的子女。学生的反抗运动，也可以说等于子女对父母的反抗。……学生运动在校内享有教师的同情，在校外又有国民党员和共产党员的支持，因此势力更见强大。”蒋梦麟曾赴总统府为教师讨取欠薪，亲眼看到武装宪警动枪动刀的可怕场面，马叙伦教授被枪托打得额头红肿，鼻孔流血，住进医院。蒋梦麟说，他当大学校长，经常会做噩梦，辗转难以安枕，不是梦见青年男女横尸北京街头，就是梦见武装宪兵包围北京大学要他交出学生领袖。那时风潮迭起，当大学校长绝非美差，真是伤透了脑筋。

1926 年，北平学界为三一八惨案的遇难者举行追悼会，北大代校长蒋梦麟担任主祭，他痛心疾首地说："我任校长，使人家之子弟，社会国家之人才，同学之朋友，如此牺牲，而又无法避免与挽救，此心诚不知如何悲痛！"言至于此，蒋梦麟潸然泪下，全场为之动容。在追悼会上，他将个人安危置之度外，义正词严地抨击军阀暴行："处此人权旁落、豺狼当道之时，民众与政府相搏，不啻如与虎狼相斗，终必为虎狼所噬。古人谓'苛政猛于虎'，有慨乎其言矣！"追悼会一结束，蒋梦麟的名字就上了通缉名单。

1931 年，九一八事变之后不久，蒋梦麟、梅贻琦联合北平各大学校长发表《告同学书》《第二次告同学书》，大声疾呼，"赤手空拳的群众活动只有荒废学业，绝非有效的救国方法"，"马上复课吧！先尽我们的责任"。不用说，这些呼吁效果甚微。蒋梦麟是中华民国国立大学校长，不得不服从中央的命令，他打击过进步教授许德珩、马叙伦，开除过学生领袖韩天石，但这些权宜之计、无奈之举都是做给政客们看的，一俟局势稍稍缓和，他就亲自向马叙伦道歉，送还聘书，他还出面与北平市长秦德纯交涉，保释因反日游行被捕的二十八名学生。

1933 年，蒋梦麟以"不缴纳学费"为由，开除九名"左倾"学生，千家驹便是其中之一。可奇怪的是他们很快就各自收到一封匿名的同情信，随信附有一张支票，数目不菲，整整三百块大洋。千家驹直到晚年都拿不准这笔钱是谁馈送的。据他分析，共产党想送，没钱；社会上好义之士肯送，却不知受罚学生的姓名和地址。千家驹猜测道："我判断这是蒋梦麟校长要的'两面派'手法。蒋一面开除学生，一面又怕他们留在北京铤而走险，对他发生不利行动，干脆花一笔钱叫他们早早离开。果然，九位同学得了钱后，有的东渡日本，有的去了德国，各奔前程去了。”如果千家驹的猜测没错，蒋梦麟的这步棋确实是出神入化的妙着，形成多赢的局面。

北大有好几位“左派”教授，许德珩、侯外庐和马哲民很难与蒋梦麟同气连枝，他们策动学生运动，令蒋梦麟头痛不已，二者不说水火难容，针尖对麦芒，也算各异其趣，各行其志，道不同不相为谋。但身为北大校长，蒋梦麟胸襟宽阔，海量包容。七七事变后，许德珩、侯外庐、马哲民被警方拘捕，蒋梦麟毫不迟疑，立刻联合胡适，多方奔走，设法营救，奋力将他们捞出黑牢。

蒋梦麟最仗义的举动是为周作人出具证词。周作人因汉奸罪被捕受审之时，作为文化界的巨奸大憝，已到了“世人皆曰杀”的危险边际，与他撇清干系的人有之，冷眼旁观的人有之，落井下石的人有之，蒋梦麟却实事求是，不打马虎眼，不讲违心话，有一说一，表现出独立知识分子的正直品格。

1946年7月19日，国民政府首都高等法院公审周作人，媒体密切关注。周作人在诉状中声称：“学校南迁，教授中年老或因家庭关系不能随行者，有已故之孟森、冯祖荀、马裕藻及被告四人，由校长蒋梦麟特别承认为北大留平教授，委托保管校产。”1946年8月13日，首都高等法院院长赵琛致函蒋梦麟，请蒋梦麟再次核实他出具的证明文书“是否即为台端手笔”。蒋梦麟回信表示无误，其中有这样一句话，颇为关键：“查本人在前北京大学校长任内，于华北沦陷时，确曾派已故之孟森、冯祖荀、马裕藻及现在押之周作人保管北京大学校产。”这句证词在很大程度上使周作人得以从轻发落。当时，舆论汹汹，人言可畏，蒋梦麟基于事实，挺身“为汉奸洗刷罪名”，其非凡的勇气和义气令人钦佩。

四、有情：为情所困

世间的大智者也往往会被一个“情”字绊翻在地，为情所苦，为情所困，甚至为情所毁。

蒋梦麟悟性甚高，他将男女关系概括为三种类型：一曰狗皮膏药，二曰橡皮膏药，三曰氢气球。所谓狗皮膏药，贴时不易，撕开也痛，旧式婚姻之谓也。橡皮膏药贴时方便，撕开也不难，普通婚姻之类也。至于摩登者流，男女双方均得时时当心，稍有疏忽即行分离，正似氢气球然。至于他本人的婚姻，有“狗皮膏药”型，也有比“狗皮膏药”型更难办的“强力胶贴纸”型。

1933 年，北大校长蒋梦麟迎娶陶曾谷，婚礼在北平举行，证婚人是胡适。蒋梦麟自有他的盘算，由胡适证婚，这位大学者的社会名望可以堵住悠悠之口，给他减轻舆论压力。殊不知，胡适的妻子江冬秀极其反感蒋梦麟休妻另娶，她关上家门，不准胡适去扮演证婚人的角色。江冬秀与蒋梦麟、陶曾谷素无过节，她阻拦胡适，并非出于私怨，而是出于公愤，这话怎么讲？原来事出有因，蒋梦麟为了迎娶陶曾谷，不惜伤筋动骨，毁家再造，毅然决然与原配孙玉书协议离婚，他力求稳妥，在蒋家宗族内保持孙玉书的地位及一切人际关系，他在老家的产业悉归孙玉书所有，三子一女的教育费用仍由蒋梦麟承担，此事能见谅于孙玉书和蒋梦麟的子女，却无法见谅于社会。在江冬秀心目中，蒋梦麟道德上既有亏又有愧，他的示范作用可大可小，如果胡适受到启发，类似的遭遇就会落在自己头上。然而胡适有胡适非去证婚不可的理由：蒋梦麟是他的校长和师兄。情急之下，他只好爬窗而遁。久而久之，这段笑谈变成了佳话。

当年，蒋梦麟与原配孙玉书离异，算不上轰动全国的新闻，但他迎娶陶曾谷，另有一层说不清道不明的关系，被无聊小报逮个正着，沦为恶搞的话题。蒋梦麟和高仁山是莫逆之交，陶曾谷是高仁山的遗孀。高仁山先后执教于北京大学、北京师范大学，是北大教育系的创立者。1928 年，由于政治嫌疑，高仁山被奉系军阀戕杀于天桥刑场。高仁山遇害之后，蒋梦麟同情陶曾谷的凄凉处境，对她呵护有加，照顾备至。1928 年，蒋梦麟出任国民政府首任教育部部长，陶曾谷成为他的秘书。一个使君有妇，一个空闺守寡，虽有关碍，但无妨彼此日久生情，双双坠入爱河。

在婚礼上，蒋梦麟答谢宾客，当众剖白心迹："我一生最敬爱高仁山兄，所以我愿意继续他的志愿去从事教育。因为爱高兄，所以我更爱他爱过的人，且更加倍地爱她，这样才对得起亡友。"这番话至为诚恳，却有懈可击，让无聊小报偃旗息鼓并不容易。蒋梦麟爱屋及乌娶亡友的遗孀为妻，通达之士称赞他身上具有魏晋名士的流风余韵，保守分子则贬斥其所作所为是无法谅解的伤风败俗之举。

蒋梦麟与陶曾谷的爱情基础坚实，婚姻堪称美满。不过美中也有不足之处，陶曾谷为人处事欠缺圆通，据北大数学系教授江泽涵讲，蒋梦麟的夫人陶曾谷与多位教授"谈不来"，傅斯年更是直言不讳地指出，蒋梦麟"与北大教授感情不算融洽，总是陶曾谷女士的贡献"。1944 年，北大教员"倒蒋迎胡"，显在的原因是蒋梦麟以行政院秘书长身份兼任北大校长，与《大学组织法》中大学校长不得兼任政府官员的刚性规定相抵牾，潜在的原因则是陶曾谷的表现令一些北大教授心生抵触。陶曾谷爱夫而不旺夫，是公认的事实。1958 年，陶曾谷去世，胡适忠告蒋梦麟"勿续弦"，起初两年，虽有不少人说媒作伐，蒋梦麟的心旌不为所动，然而在 1960 年台湾圆山饭店的一次宴会上，蒋梦麟初见徐贤乐，就着了魔，缴了械。

徐贤乐年轻时风华绝代，曾与陆军大学校长杨杰有过一段婚姻，杨杰被国民党特务暗杀后，她成了寡妇，也成了香饽饽。蒋梦麟七十四岁，徐贤乐四十八岁。徐娘半老，风韵犹存，年龄的差异，并不妨碍蒋梦麟对徐贤乐的钟情若醉，他写信给后者，如此坦诉衷肠：“在我见过的一些女士中，你是最使我心动的人。”蒋梦麟的书法出色，几个月后，他用金边皱纹水色纸书写五代艳词高手顾琼的一阙《诉衷情》：“永夜抛人何处去？绝来音。香阁掩，眉敛，月将沉。争忍不相寻？怨孤衾。换我心，为你心，始知相忆深。”他特别注明“敬献给梦中的你”，倾慕之情溢至言词之外。

蒋梦麟“老房子着火”，很快就与徐贤乐谈婚论嫁，消息一经传出，诧异之声和质疑之声不绝于耳。当局者迷，旁观者清，不睇好的亲友占绝大多数，宋美龄、陈诚、张群这样的重量级人物亦在其列，反对最力的当属胡适，他抱病寄来长信，劝导蒋梦麟，直陈利害，道明就里：“这小姐的手法，完全是她从前对待前夫某将军的手法，在谈婚姻之前，先要大款子，先要求全部的财产管理权。孟邻先生太忠厚了，太入迷了，决不是能应付她的人。某女士已开口向你要了二十万元，你只给了八万：其中六万是买订婚戒指，两万是做衣裳。这是某女士自己告诉人的，她觉得很委屈，很不满意。关心你幸福的朋友来向我说，要我出大力劝你‘悬崖勒马’，忍痛牺牲已付出的大款，或可保全剩余的一点积蓄，否则你的余年绝不会有精神上的快乐，也许还有很大的痛苦。”徐娘的不诚信记录摆在那儿，其前欢后好均怵于她的贪财好货，虽一时堕入笼中，无不忍痛割爱。胡适有感于此，奉劝蒋梦麟破财消灾。蒋梦麟聪明一世，糊涂一时，他竟然对徐贤乐的虚情假意信以为真，外界的一致反对倒是激起他的强烈反弹，他抗议道：“结婚是我个人的私事，我有我个人的自由，任何人不能管我！”世间经典的爱情都是叛逆者手中的果实，即使是苦果，是恶果，也似乎值得尝试。蒋梦麟执迷不悟，一意孤行，他将女儿的恳求当成耳旁风，将老友的绝交视为寻常事。年轻人盲目追求爱情，铸成大错，还有许多时日去补救；老人飞蛾扑火，就只怕连仅剩的本钱都会蚀空。

1961 年 7 月 18 日，蒋梦麟力排众议，迎娶徐贤乐，举行了一个简单而又秘密的家庭式婚礼，有情人终成眷属。不受祝福的婚姻会破例幸福吗？这个疑问很快就有了答案。一年后，热情骤冷，红灯炫亮。令蒋梦麟特别寒心的是，他跌断腿骨，住院治疗，徐贤乐却不肯悉心照料，托言回家做年肴，偷偷地迁移户口，搬走东西。稍后，蒋梦麟出院回家，徐贤乐杳然黄鹤。夫妻情分遂降至冰点。

早知今日，何必当初？ 1963 年 1 月 13 日，蒋梦麟写下一纸休书（“分居理由书”），说明他与徐贤乐意见不合，无法共处，决定分居。徐贤乐岂肯善罢甘休？她将蒋梦麟往昔写给她的情书和艳词一一公诸报端，强调两人原本亲密无间，恩爱无隙，弄成目前劳燕分飞的情势，全是别人挑唆造成。此后，蒋梦麟向徐贤乐摊牌，请律师，打官司，离婚大战全面爆发，台湾媒体一哄而上，如同鳄鱼闻到了血腥味。蒋梦麟提出的离婚理由是：“受到人所不能忍受的痛苦，家是痛苦的深渊，后悔没有听胡适之先生的忠告，我愧对故友，也应该有向故友认错的勇气，更要拿出勇气来纠正错误。”蒋梦麟的诉讼书中写道：“……被告乖张之迹，即行暴露：诸如凌辱吾女，侵渎先室；需索敛聚，恶老嫌贫……”徐贤乐则装成弱女子和受害者，反而在舆论上占得上风。此时，蒋梦麟已是风烛残年，腿伤未愈，体质孱弱，精神委顿，接受媒体采访，当场老泪纵横，他颤颤巍巍地说：“我坚决要和徐女士离婚，我有道理，也有原因的。我已是望百之年的老人了，在社会上做了几十年的事，也不是小孩子，岂会这么容易受人挑拨？”

1964年1月23日，这场旷日持久的离婚官司经过调解而息讼，蒋、徐二人协议离婚，由蒋梦麟支付给徐贤乐赡养费五十万元。高价钱却换不回内心的宁静，四个多月后，蒋梦麟因肝癌逝世，终年七十八岁。

蒋梦麟晚年婚变，闹得满城风雨，同情和取笑他的文字甚多，有一副对联构思巧妙之极，也许是流传最广的：

蒋径全荒，孟母难邻之矣！
徐娘半老，贤者亦乐此乎？

上联嵌的是“蒋孟邻”（蒋梦麟号孟邻），下联嵌的是“徐贤乐”。这副对联肆意调侃，极端谑虐，死者泉下有知，不踢烂棺材板才怪。

蒋梦麟是饱学之士，一部《论语》背诵得滚瓜烂熟，他不可能不记得孔子的谆谆教诲：“君子有三戒：少之时，血气未定，戒之在色；及其壮也，血气方刚，戒之在斗；及其老也，血气既衰，戒之在得。”临到暮年，他仍然倾情以赴，兢兢求娶美妻，这道情关不幸成为了鬼门关，不仅他本人沮丧不已，悔之无及，因此殒命，所有敬重他的人莫不扼腕欷歔。这位有功、有种、有义、有情的北大老校长，一生都喜欢讲有趣的笑话，过有味的生活，但他在愤懑中逝去，“趣味”二字，就难免虎头蛇尾，这真是没有办法的事情。

本文首发于《同舟共进》2012年第3期

竖起脊梁做人

——钱玄同任性不恣情

钱玄同（1887—1939），原名师黄，字德潜，改名夏，别号中季，复改名玄同，别号疑古，自称疑古玄同，浙江湖州人。语言学家，文学家。1915年任北大文科教授，1922年任北大研究所国学门导师。著作有《钱玄同文集》（六卷，中国人民大学出版社）。

“文章真处性情见，谈笑深时风雨来”，这是新文化运动中说话最有胆色的“冲锋健将”、“霹雳火”钱玄同赠燕京大学国文系教授马鉴的一副对联（此联的作者是翁同龢）。若论真性情，在现代学人中，钱玄同不遑多让，可能他没有辜鸿铭那么疯，没有章太炎那么狂，没有黄侃那么傲，没有鲁迅那么硬，但他将这四大家疯、狂、傲、硬的个性集于一身，形成自己非凡的特质，追求真理，全力以赴，既不曾荷戟彷徨，也不曾屈膝妥协。难能可贵的是，钱玄同的幽默感比鲁迅的热度更高，讽刺少，而谐谑多，颇具亲和力。

一、极端分子

钱玄同原名“师黄”，一改为“夏”，复改为“玄同”，是因为他“妄希墨子”，“想学墨子的长处”，墨子为追求“兼爱”、“非攻”的理想摩顶放踵，钱玄同也有这股子以身殉道的劲头。

年轻时，钱玄同就好说过头话，好走极端，“四平八稳”的圆滑世故压根与他无缘。1903 年前，他欣赏梁启超的政治主张，一度同情保皇派人士，认定谭嗣同的《仁学》、邹容的《革命军》和章太炎的《訄书》是“叛逆之论”。1903 年，《苏报》案后，他开始转向“排满革命”。1905 年冬，钱玄同留学日本，入读早稻田大学师范科，嗣后结识章太炎，加入同盟会，醉心于无政府主义，主张“保存国粹”，“光复旧物”，视汉字冠绝世界，复古之情溢于言表。1909 年 9 月 30 日，他在日记中写道：“凡文字、言语、冠裳、衣服，皆一国之表旗，我国古来尽臻美善，无以复加，今日只宜奉行者。”王照和劳乃宣遵从清廷学部之命，拟简化汉字，他将他们骂为“獠”和“王八蛋”。后来，他在《三十年来我对于满清的态度底变迁》一文中，自承当时保存国粹“比太炎先生还要顽固得多”。

1906年，钱玄同拜章太炎为师，民族主义思想从此根植于大脑深处，站稳排满立场，义不帝清。他渴望参加翻天覆地的革命，但蒲柳弱质，手无缚鸡之力，不可能上战场去冲锋陷阵，他用笔确实要比用枪顺手得多。在东京留学期间，钱玄同与恩师章太炎合办《教育今语杂志》，以开启民智为己任，《章太炎的白话文》一书收录的文章多半即出自钱玄同的手笔。

1917年，胡适在《新青年》发表《文学改良刍议》，陈独秀发表《文学改良论》，这两篇文章拨云见日，钱玄同的神经根根过电，思想发生了九十度的急转弯。此后，他在《新青年》上发表通信，为白话文鼓与呼：“玄同对于用白话说理抒情，极力赞成独秀先生之说。亦以为其‘是非甚明，必不容反对者有讨论之余地，必是吾辈所主张者为绝对之是，而不容他人之匡正’。此种论调虽若过悍，然对于迂谬不化之选学妖孽、桐城谬种，实不能不以如此严厉面目加之。”钱玄同与刘半农联袂唱双簧，一石激起千层浪，引发了文化界的大论争（这出大戏在拙作《教人如何不想他》中有细述，此处不赘）。钱玄同指责那些“说得客气一点，是泥美人，说得不客气一点，简直像个金漆马桶”的美文是“有害文学之毒菌”，其负面影响“更烈于八股、试帖及淫书秽画”。他不仅痛批儒家，对道家也毫无网开一面的意思，其《随感录》中有这样的判决词：“汉、晋以来之所谓道教，实演上古极野蛮时代‘生殖崇拜’的思想。两千年来民智日衰，道德日坏，虽由于民贼之利用儒学以愚民，而大多数之心理，举不出道教之范围，实为一大原因。”儒教之愚民与道教之骗人相互作用而彼此包瞒，均为钱玄同所深恶，他看不惯汉文古书中“发昏做梦的话”，因此主张废弃孔学，剿灭道教，不读中国典籍，“样样都该学外国人”，甚至主张废除汉文字，代之以外国语（或世界语），态度极端偏激。相比于陈序经的“全盘西化”论和胡适的“充分世界化”论，钱玄同不仅独着先鞭，而且走得更远。

1918 年 3 月 14 日，钱玄同致信陈独秀，憎恶旧文学的态度跃然纸上：“旧文章的内容，不到半页，必有发昏做梦的话，青年子弟，读了这种旧文章，觉其句调铿锵，娓娓可诵，不知不觉，便将为文中之荒谬道理所征服。”起初，《新青年》中的文章也都是用文言做的，钱玄同率先倡议，《新青年》同仁用白话写文章，此议得到众人的一致赞许。为了使白话文在最大限度上有别于文言文，钱玄同在《论应用文之亟宜改良》中提出文章应加标点符号，数目字可改用阿拉伯数字，纪年可改用全世界通行的公元纪年，书写方式“改右行直下为左行横移”。在当时，他的这些主张确实很有创意，令人耳目一新，只不过实行的时间有快有迟。《新青年》杂志从第 4 卷 1 号起刊登白话文，使用标点符号，在国内树立了顶好的标杆。以前，只有小说可用白话写，现在白话论文也能跃登大雅之堂。“自古无的，自今以后必定会有”，钱玄同的预言成了现实，他的努力初见成效。

在新文化运动诸将士中，钱玄同是一位公认的勇往直前的急先锋。尽管率先发难的是陈独秀和胡适二人，但作为一支劲旅，钱玄同大张旗鼓地驰援陈独秀、胡适的孤营，新文化运动的声势为之一壮。1917 年初，胡适在《新青年》第 2 卷 5 号发表《文学改良刍议》，钱玄同即在第 2 卷 6 号《新青年》上发表《通信》，毫无保留地声援胡适：“顷见 5 号《新青年》胡适之先生《文学刍议》，极为佩服。其斥骈文不通之句，及主张白话体文学说最精辟。……具此识力，而言改良文艺，其结果必佳良无疑。惟选学妖孽、桐城谬种，见此又不知若何咒骂。”钱玄同拍马助阵，陈独秀、胡适在寂寞中深受鼓舞。对于钱玄同的“崇论宏议”，陈独秀表示“钦佩莫名”，复信中有这样的话：“以先生之声韵训诂学大家而提倡通俗的新文学，何忧全国不景从也。”胡适在美国留学时就竭力提倡白话文，他的朋友圈中却觅不到几位同调者，梅光迪等人不以为然，当成笑话看，他不期在天壤间遇到钱玄同这位学识渊博的知己，喜幸之余，竟有点“受宠若惊”，自信心陡涨，仿佛打了鸡血针一般。“钱教授是位古文大家。他居然也对我们有如此同情的反应，实在使我们声势一振。”胡适这话出乎至诚，一点也没掺假。钱玄同将“桐城谬种”和“选学妖孽”确定为文学革命的重点打击对象，刺中了旧派文人的要害（须知，曾国藩亦曾挂靠桐城派）。钱玄同说：“新文学以真为要义，旧文学以像为要义，那便除了取消自己，求像古人，是没有别的办法了。”取消自己，不用自己的大脑思想，不用自己的喉咙说活人话，也许正是那些假古董们最快意的事情，创造和发明太难了，他们更喜欢因循，更喜欢照葫芦画瓢。

白话文学能够在全国迅速风行，钱玄同居功至伟。说来好笑，当时胡适等人还在尝试做白话诗和白话文，钱玄同却一骑绝尘，走向极端。“我再大胆宣言道：欲使中国不亡，欲使中国民族为二十世纪文明之民族，必以废孔学、灭道教为根本之解决，而废记载孔门学说及道教妖言之汉文，尤为根本解决之根本解决。”钱玄同主张废掉汉字，用罗马字母来替代，这一革新主张使保守派惊惶失措，于是两“害”相权取其轻，他们放过较为平和的文学革命，重点对付钱玄同。钱玄同放出的重磅烟雾弹使白话文学减少了许多敌人和阻力，余下的路障就可以忽略不计了。

当年，钱玄同狂飙激进，视唤醒民众为知识阶级唯一之使命，主张“白话是文学的正宗”，废除汉字，将六经与孔子分家，将古书束之高阁，“将东方文化连根拔去”，这并不是因为他的国学功底差，吃不到葡萄就说葡萄酸，而是纯粹为后人着想，使他们学知识更方便。凡事矫枉过正必有隐忧，过激之举难以见谅，钱玄同对极端手段（毁文造文）的后果明显估计不足，外界认为他瞎胡闹，非难十分强烈，同情新文化运动的人也因此消减了热情。1919年1月，陈独秀在《新青年》上发表《本志罪案之答辩书》，郑重声明："钱先生石条压驼背的医法，本志同人多半是不大赞成的。"民间笑话，治驼背，用门板压住驼子的上身，十人在门板上用力蹬踏，可立竿见影，驼子背直了，人当然也死翘翘了。压石条是同一方法的运用。这类"疗法"省事固然省事，却并不省心。其实，钱玄同并不缺乏自知之明，他曾在写给胡适的信中这样说："钱玄同是'银样镴枪头'，心有余而力没有（还配不上说'不足'），尽管叫嚣跳突，发一阵子牢骚，不过赢得一帮猪猡冷笑几声而已，所以不得不希望思想、学问都很优越的人们来干一下子。"中年之后，钱玄同对于自己早年所抱持的虚无主义观点深感不惬，屡次想撰文有所匡正，终因体衰多病而未能成篇。

钱玄同文风豪迈，犹如长鲸吸水，猛虎下山，读之令人神爽。不过，优点与弱点、长处和短处总是相伴而生，钱玄同得人肯定的地方也正是他遭人诟病的地方，"发挥尽致，吐泻无余，而无一句含糊语"，钱玄同乐得承认自己的偏激，他的主张常涉两个极端，十分话常说到十二分，殊少含蓄和蕴藉，不带半点绅士气。他认为新旧不可调和，曾委婉地批评好友胡适的议论过于节制，"对于千年积腐的旧社会，未免太同他周旋了"。钱玄同的"偏谬精神"包含了合理的内核，批判愚昧和专制，崇尚科学和民主，愈少含混愈显透彻，但他的理性往往被狂热的激情所遮蔽，不能不说是一大缺点。在旧中国，挪动一张神龛、搬走一个香炉就可能流血，与凶悍顽固的保守派进行文化鏖战，非开碑巨手难拓新天地，非敢死队员摧毁不了旧堡垒，钱玄同扮演的正是文化烈士的角色。

1921年12月7日，钱玄同致函胡适，郑重表态，不仅要辨别伪经，而且要用全世界公有的“赛先生”（科学）打掉笼罩在儒学著作上的神圣光环，为世人解除精神枷锁：“我们是决心要对于圣人和圣经干裂冕、毁冕、撕袍子、剥裤子的勾当的，那么，打‘经字招牌’是很要紧的事了。”没有钱玄同这种大无畏的劲头，新文化运动也就不可能轰轰烈烈地开展。

周作人与钱玄同是多年推心置腹的朋友，在他看来，钱玄同的性格是个矛盾统一体，为文与为人是硬币的两面，“谨严峻烈，平易诙谐，集在一起”。钱玄同的言论和文章十分偏激，但为人平正通达，这是他同时代友人一个大致接近的印象。

在大是大非的原则问题上，钱玄同毫不含糊，没得商量，总是那么决绝。1932年1月20日，钱玄同在国语讲习所讲演“汉字革命”，开讲之前，有人提出，“革命”二字骇人听闻，不如用更平和的词语替换，钱玄同没接受这个“不情之请”，他的演讲火药味更足了。在当天的日记中他写道：“我想，鼓吹汉字革命，难道就会被枪毙吗？何以他竟吓得如此？若果因此事而被枪毙，这真是为主义而牺牲，是最光荣的牺牲，是最值得的。”

1933年，日寇侵入华北，钱玄同将眷属送往沪上，若非不良于行，体衰多病，他早已离开北平。他写信给好友，痛心于自己缺乏“执干戈以卫社稷之能力”，不知“究竟该做什么事才对”，只能教书，深感“骗钱糊口，无聊极矣！可耻极矣”。七七事变后不久，北平沦陷，北平师范大学迁往陕西。钱玄同因病未能随校西迁，也未能南下，不得已滞留在北平。

1936年，钱玄同与北平文化界七十余人联合签名，要求国民政府抗日救国。

1938年春，他恢复旧名，意在严“夷夏之辨”，决不做日本侵略者的附庸。他请高足弟子魏建功为他篆刻一方“钱夏玄同”的新图章。魏建功欣然受命，在离开北平前两天将这方图章亲手交给恩师。养病期间，钱玄同闭门谢客，不与日本人交往，即使是日本学者踵门求见也一概挡驾。他致书黎锦熙，以实情相告：“缘国难如此严重，瞻念前途，忧心如捣，无论为国家为身，一念忆及，便觉精神不安，实无赴宴之雅兴也。”一位最喜欢雅聚，最喜欢清谈的名士，毅然放弃平生爱好，可见其爱国心压倒一切。他曾间接寄语异地朋俦，反复表明态度：“玄同绝不污伪命。”他曾当面批评侄儿钱稻孙（清华大学日语教授）的中国必败论，不仅义形于色，而且怒形于色。

当年，乐颜在进步刊物《文献》上发表《悼钱玄同先生》一文，评价之炫，无以复加：在五四时期新文化运动中，钱玄同“斗争精神的表现几在任何一位同时代的斗士之上”，“在中国学术思想史上是现代转变期的代表人物”，“平津沦陷以后，北方文化界处于暴日的铁蹄之下，居境非常悲惨；但钱先生始终保持着高洁的节操，虽和钱稻孙有叔侄之亲，和周作人等有友好之谊，仍然不受包围，不被污辱，这种难能可贵的民族精神的表现，也是使得我们感动兴奋的。壮年以斗士领导青年，中年以学者努力学术，晚年以义士保持名节，钱先生总算是对得起自己，对得起国家民族的一位完人了”。

乐颜称赞钱玄同是“完人”，这个词未免溢美，但他决意不与敌寇合作的表现确实是周作人、钱稻孙、容庚等同辈学者无法望其项背的。

二、雅人必有深致

民国初肇，许多人都琢磨着如何将旗服改造为汉服这件事情，但毫无眉目和头绪。钱玄同决定做复古的表率，他参阅《礼记》、司马光的《书仪》、朱熹的《家礼》等书，精研细考确证之后，发现深衣是诸侯、大夫、士的休闲装，上衣和下裳相连，于是他撰成《深衣冠服说》，绘成汉服图，请裁缝依样制成套装。1912年3月，钱玄同头戴玄冠，身穿深衣，腰系大带，去浙江军政府教育司上班，大家见到他，如同突然见到外星怪物，惊诧之余，个个笑不可仰。钱玄同认定这套汉服足够正宗，但复古的花样不受社会欢迎，他做完这回尝试，就算秀完了一场行为艺术。

钱玄同谈锋极健，是典型的"话痨"，起初朋友们称他为"话匣子"，后来觉得这个称呼既缺乏新意，也不够准确。钱玄同话多而性急，喜欢指手画脚，仿佛在榻榻米上乱爬，于是鲁迅和许寿裳给他取了个"爬来爬去"的雅号（实为诨名）。钱玄同特别喜欢与朋友们聚堆儿，他风趣地称之为"生根"，意思是既来之、则安之，屁股生了根，不再挪窝。因此，他在家就餐反而少于在外搭餐，要么与朋友相约去"雅"（上馆子找雅座吃饭），要么到朋友家去"骗"（他把上朋友家蹭饭称为"骗饭吃"），要么就有人"赏"（请他吃酒席）。他常去"骗饭吃"的范围收得比较窄，只有黎锦熙、周作人、刘半农、胡适、马氏兄弟、魏建功几家。他们在一起侃大山，海阔天空，话题极广，钱玄同既是个学问篓子，又是个掌故篓子，讲什么都诙谐幽默，妙趣横生，这类聊天多属智慧的碰撞，颇具兴味，易生灵感，各位斫轮高手的文章底料和学术新见常因此唾手而得。

四十四岁时，钱玄同想到自编文集，搜集工作真是不做不知道，一做绊一跤。他早年笃信古学，现在提倡新知，岂不是自相矛盾？于是他确定一个总原则：五四以前的，一概削除。从《新青年》上发表的文章选起，应该八九不离十。然而，选来选去，钱玄同的眉头越皱越紧，他把桌子一拍，大声叫道："简直都是废话，完全要不得！”智者学识易进，难免悔少作，钱玄同竟连自己的中年之作也要打倒推翻。昔日的华章变成了今日的废话，文集还怎么编下去？钱玄同灵机一动，觉得编一本《疑古废话》，倒是前无古人，至于来者，也绝不会多。你说他是自谦，他倒认为自己是实事求是。这件事情至此并没有结束，他还想到更深一层去，打算将“疑古废话”作为总集名，以后每过十一年就编辑一本个人文集。恰巧那时他见到《于虞吁喁集》，受到启发，便拿出文字学家的当行本色，将几部文集分别定名为《四四自思辞》《五五吾悟书》《六六碌碌录》和《七七戚戚集》，每本文集的书名都是由叠韵字组成。想法有趣，书名蛮好，然而天不假年，钱玄同于1939年逝世，寿数仅得五十有二，连《五五吾悟书》都无由编成。七七事变真使他心有戚戚然，然而此“七七”非彼“七七”也。

钱玄同原本不拒杯中之物，兴致高时，浮一大白，但中年之后血压骤升，不敢再学玩命酒徒刘伶。他立下《酒誓》，用红格宣纸抄写一式三份，下钤“龟竞”的朱文方印，画上粗笨的“十”字花押。这篇《酒誓》，他自留一份底稿，抄送马衡和周作人各一份。其词为：

> 我从中华民国二十二年七月二日起，当天发誓，绝对戒酒，即对于马凡将、周苦雨二氏，亦不敷衍矣。恐后无凭，立此存照。钱龟竞。

倘若老前辈刘伶九泉之下看到这份《酒誓》，必定笑掉大牙，醉死就地挖坑埋，这是刘伶的典型做派，世间没有几人能够仿学，朋友们对钱玄同当然也不宜苛求了。

敢于向旧礼教宣战的先锋大将，就一定是荡检逾闲、放浪形骸的坏榜样吗？这倒未必。把三纲五常当口头禅的人并非个个都是社会楷模，仁义道德被伪君子当成骄奢淫逸的作战掩体，一点也不奇怪。胡适和钱玄同都是反对旧礼教的斗士，他们却比那些卫道士表现得更遵守传统礼法，这一现象很是耐人寻味。

钱玄同出生时，父亲钱振常已六十二岁，长兄钱恂已三十四岁，钱振常去世之后，钱恂肩起长兄当父的责任，对钱玄同管教綦严。有一次，钱玄同偷看《桃花扇》，大哥钱恂一戒尺劈头盖脸打下来，结果小弟眉心落下一道伤疤。钱玄同随兄嫂生活，凡事必禀命而行，不敢造次。他对兄嫂不减尊敬而深知感恩，逢年过节必阖户倾巢而出，到长兄家欢聚团圆。及至晚年，钱玄同的敬意仍不见丝毫衰减，大嫂单士厘于耄耋高龄编著清代闺媛诗文，他落力帮衬，为她编辑姓名索引，亲任校对之责。少年叔侄如兄弟，他对年龄相差无几的侄儿们一直呵护有加。

五四时期，钱玄同常说他要刻一枚大印章，印文是“纲常压迫下的牺牲者”，他终于只停留在这个想法上。周作人赋《五十自寿》诗，钱玄同也曾酬和，“切齿纲伦斩毒蛇”，此语也只是针对社会而言，并非表明他对个人遭遇有了不得的愤激。挣脱纲常枷锁理应是他的急务，事实如何？钱玄同痛恨包办婚姻，主张自由恋爱，他在儿子钱秉雄的婚礼上称赞自由恋爱是社会的一大进步。然而他的婚姻是由长兄一手包办的，他与妻子徐婠贞的关系相当和谐。徐婠贞是多愁多病身，他嘘寒问暖，寻医觅药，不曾懈怠过。在旧社会，男人纳妾、嫖妓均属司空见惯的事情，有人劝钱玄同讨一房姨太太，他严词峻拒：“《新青年》主张一夫一妻，岂有自己打自己嘴巴之理。”当年，北大教授去八大胡同作狭邪游，就跟现在 K 歌一样寻常，钱玄同却不肯到风月场放松筋骨，游戏人生，“如此便对学生不起”，这句话他言出由衷，毫无作伪的痕迹。钱玄同终身不交女朋友，自承不喜欢看电影，难于奉陪，又不习惯献殷勤（给美女送花，替美女拿外套），实则是自律所致。他偶尔在太太面前“掉了车轮”（即闹了别扭），也会感觉悲哀，寻求好友黎锦熙的安慰。钱玄同对铲除封建纲伦独出新见，更能见出他的心地光明：“‘三纲’像三条麻绳，缠在我们的头上，祖缠父，父缠子，子缠孙，一代代缠下去，缠了两千年。‘新文化’运动起，大呼‘解放’，解放这头上缠的三条麻绳。我们以后绝对不许再把这三条麻绳缠在孩子们头上！可是我们自己头上的麻绳不要解下来，至少‘新文化’运动者不要解下来，再至少我自己就永远不会解下来。为什么呢？我若解了下来，反对‘新文化’、维持‘旧礼教’的人，就要说我们之所以大呼‘解放’，为的是自私自利，如果借着提倡‘新文化’来自私自利，‘新文化’还有什么信用？还有什么效力？还有什么价值？所以我自己拼着牺牲，只救青年，只救孩子！”钱玄同的这番话绝对不是自我解嘲，而是他的信仰如此，实践也如此。黎锦熙称钱玄同既是“纲伦压迫下的牺牲者”，也是“新文化运动揭幕后的牺牲者”，实则他是新文化和新道德的烈士。他比绝大多数旧派人物和新派人物做得更好更彻底，胡适庶几近之，但胡适偷闲瞅空谈过几次篆烟袅袅的恋爱，道行难免要打些折扣。至于鲁迅、陈独秀这两位《新青年》同仁，他们踢翻旧礼教的长明灯之后，都有休妻再娶的“光辉业绩”，绝对是新文化运动中急不可耐的受益者。

思想勇于冲决旧礼教的藩篱，行为则不肯越雷池半步，这无疑是大勇若怯。为何这样说？因为一个人身陷纲伦的网罗中，他若挥舞着“打倒吃人的旧礼教”这一光鲜旗号冲杀出去，势必会使另一方无辜者（包办婚姻中的女性）沦为悲惨的牺牲品，自救的同时难免伤人。在这一点上，钱玄同对结发妻子徐婠贞表现出了百分之百的善良，而鲁迅的心肠则要硬得多，朱安既是旧礼教的牺牲品，又何尝不是鲁迅的牺牲品。黎锦熙评价道："钱先生自己一生在纲常名教中，可真算得一个'完人'。……他一生安身立命之处，还是'最大多数的最大幸福'之'功利主义'，墨家的人生观。"舍己利人，这也是佛家的精神。

在老北大，讲课讲得传神的教授不乏其人，辜鸿铭讲洋掌故，黄侃用古音诵读文章（被誉为"黄调"），他们都有独门绝活，钱玄同则以诙谐著称。据张中行回忆，当年老北大以口才为标准排座次，是胡适第一，钱玄同第二，钱穆第三。

1936年，钱玄同在北师大中文系讲授音韵学，讲到"开口音"与"闭口音"的区别，他举出的例子相当逗笑：北京有一位京韵大鼓女艺人，形貌秀美，一口洁白整齐的牙齿特别引人注目。有一次，女艺人出了小事故，磕掉两颗门牙。她应邀赴宴侑觞时，坐在宾客中间，浑身不自在，尽可能三缄其口，有人问话便以"闭口音"答腔，回避"开口音"，这样就可以不露"空门"了。双方的对话如此进行：

"贵姓？"

"姓伍。"

"多大年纪？"

"十五。"

"家住哪里？"

"保安府。"

"干什么工作？"

"唱大鼓。"

女方的回答，一律使用"闭口音"，牙齿深藏不露。

数日后，这位女艺人的牙齿修配齐整了，再与人交谈时，她全部改用"开口音"，以便露出自己晶莹的贝齿。因此双方的对话大异其趣：

“贵姓？”

“姓李。”

“多大年纪？”

“十七。”

“家住哪里？”

“城西。”

“干什么工作？”

“唱戏。”

音韵学素以枯燥著称，经钱玄同一番编排，居然妙趣横生，学生莫不捧腹大笑。

名士之为名士，总有些自己的讲究。钱玄同不像黄侃那样“三不来”（“下雨不来，降雪不来，刮风不来”），但他也有一件事做得够绝：他从不批改学生的考卷。钱玄同先后在北京大学、北京师范大学、燕京大学执教，对于他的这个反校规的做法，各校的应对之策不尽相同。北京大学最宽松，为他刻制一枚木质图章，上有“及格”二字。钱玄同收到考卷后，不加区分，打包直接送到教务室，由教务室的职员统一盖上“及格”图章，然后一一记入学分档案，谁都不会掉链子，学生个个开心。北大的宽容，钱玄同享受之余，得意洋洋，竟将这一绝招向外校推广。他到燕京大学兼课，收到学生考卷后，照例盖章了事。孰料燕大校规甚严，不肯给他开方便之门，教务室将他送去的未判考卷原复退回。钱玄同动了脾气，伤了肝火，他不肯让步，又将考卷原封不动地送去教务室，双方打起了拉锯战。校方不愿意为他一人破坏规矩，决定依照规章予以制裁：如果钱玄同执意不判考卷，将扣发薪金。钱玄同吃软不吃硬，他立即答复燕大：“薪金全数奉还，判卷恕不从命。”他随信附上钞票一包，这样就两清了。“不判卷教授”钱玄同的大名从此传遍北平城。

三、“古今中外派”

“考古务求其真，致用务求其适。”这是钱玄同治学的总原则。

钱玄同的学术造诣主要体现于文字学中的音韵部分。他是章太炎的高足弟子，获得恩师的真传，至于清代国学家（顾炎武、江永、孔广森、段玉裁、戴震、严可均）的诸般长处，无不了然于心。难能可贵的是，他运用现代语言学的新方法研究古音韵，创获多多，功效显著。

有人总结道：“在中国近现代的国语运动中，钱玄同的建树至少体现在以下五个方面：一、审定国音常用字汇（历时十年，合计一万二千二百二十字）；二、创编白话的国语教科书；三、起草《第一批简体字表》（计二千三百余字）；四、提倡世界语；五、拟定国语罗马字拼音方案”。此外，钱玄同在大学开设“古音考据沿革”、“中国音韵沿革”、“说文研究”等课程，为中国语言学界培养出大批人才。

钱玄同的学术成就并不仅仅局限于语言学，他对历史学的贡献也是有目共睹的。一位天生的反对派和怀疑者，岂肯人云亦云？他勉人（顾颉刚）亦自勉，要“廓清云雾，斩尽葛藤，使后来学子不致再为一切伪史所蒙”。1908 年 1 月 23 日晚间，钱玄同读罢《史通》中的《疑古篇》，在日记中记下感受：“觉其伟论卓识，独具眼光，钦佩无量。”非圣无法的岂止刘知几，还有李贽，其非议古圣贤的言论，钱玄同不仅赞赏，而且有先得我心之喜。学者善疑才能识别“赝鼎”，这是学术进步的必要条件。钱玄同不赞成“泥古”，也不赞成“蔑古”，辨真伪、审虚实、求真信是他的日常功课。“泥古”是拘泥旧说，墨守前修；“疑古”则是善用自己的脑力，博采科学的方法，就现有的材料，详考历史的真相；“释古”则是将史料融会贯通。钱玄同自号“疑古玄同”，以“六经皆史”为总则，拿历史的眼光审视和研究一切古籍，不肯轻信前人和时人所下的判断和结论。许多人将顾颉刚推崇为古史辨运动的领袖，同时认为钱玄同是顾颉刚的头号军师。1920年，钱玄同对顾颉刚说：“今文家攻击古文家伪造，这话对；古文家攻击今文家不得孔子真意，这话也对。我们今天，该用古文家的话来批评今文家，又该用今文家的话来批评古文家，把他们的假面具一齐撕破。”顾颉刚认为这是一个极锐利、极彻底的批评，是一个如同齐国君王后砸碎秦国玉连环的解决办法。他回忆说：“我的眼前仿佛已经打开一扇门，让我们进去对这个两千余年来学术史上的一件大公案作最后的解决。”钱玄同与顾颉刚讨论今古文，最精辟处在于他以《聊斋志异》上的故事举例，说明他们这一代学人治学所应有的态度。桑生先后接纳两名女子，这两个不安分的女人为了争宠，老是互相攻击，一个说对方是鬼，一个说对方是狐，桑生起初以为她们只是妒忌，说着好玩的，经过一段时间的反复验证，他发现她们果然一个是鬼，另一个是狐，两个女人都没说假话。这个故事确实最能恰当地形容今文学派和古文学派之间难以息讼的争端，今文学家说古文经是由刘歆伪造，固然没错；古文学家说今文经不符合孔子的意思，也是对的。因此，钱玄同认为，现代学人要做的事情，就是用古文经学家的观点来批评今文经学家的观点，用今文学家的观点批评古文学家的观点，从相互指责之中，把各自的假面具戳破，找到事实的真相。

钱玄同坚信凡事总要前进，决无倒退之理，因而能够服膺真理，追赶时代。他论学素无门户之见，尤娴于近代秘闻轶事，他“逃杨而归儒，逃儒而归墨”，晚年以文化大业为念，致书罗常培，引用刘献廷的话做座右铭：“人苟不能斡旋气运，徒以其知能为一身家之谋，则不得谓之人。”钱玄同曾用铁线篆体的注音符号写成一副对联赠予好友黎锦熙，“打通后壁说话，竖起脊梁做人”，这是他的处世原则。比起那些“竖起脊梁说话，打通后壁做人”的智叟来，他可能有些戆，甚至有些愚，但他不虚伪，肯牺牲，力矫时弊，用心总是良苦的。胡适曾批评钱玄同：“玄同议论多而成功少。”意思是他动笔不勤，著作不丰。钱玄同对自己的评价比胡适更苛刻：“岂但少也，简直是议论多而成功‘无’。”黎锦熙据此作成一副谐谑联：“心有余而力不足，议论多而成功无。”如今再看，在同时代学人中，钱玄同的成功并不少，单是开风气之功就不宜低估。

孔子有一句心水话：“三人行，必有我师也。”转学多师，才能博大精深，道理本来应该是这样的。然而自古以来，学者划地为囿，夜郎自大，不少人渐渐退化为井底之蛙。如果谁违反家法，去拜别门别派的学问家为师，就算欺师叛祖，不仅会被扫地出门，还会遭到师兄弟的群起而攻之。钱玄同是古文派大师章太炎的入室弟子，其古文经学造诣非比寻常，然而他不守“家法”，拜在今文派大师崔适的门下，一度宣称“乃始专宗今文”。对于这件事，章太炎倒是看得通透，他一笑置之。钱玄同旧学了得，深知邃密，这样的弟子，做老师的想恨都恨不起来。此外，黄侃执贽拜刘师培为师，也得到章太炎的宽容。这才是一代宗师应有的胸襟。

“吾爱吾师，吾更爱真理”，“吾爱真理，不妨吾爱吾师”，这是学者应有的态度，但说起来容易，做起来难。由于钱玄同“造过反”，章太炎戏封他为“翼王”。钱玄同尊敬章太炎，三十年如一日，章太炎在《民报》社讲学时期、钱粮胡同幽囚时期，自不待言。1925年5月，钱玄同读到章太炎主编的第三十八期《华国》杂志，不禁眉头紧锁，给胡适写信，酷评随笔流露：“敝老师的思想的的确确够得上称为昏乱思想。……其荒谬程度远过于梁任公之《欧游心影录》，不可不辞而辟之。”在他看来，胡适够资格做“思想界的医生”，给思想界注射防毒针和消毒针的重任非他莫属。章太炎最后一次北游燕京，到北大研究所讲《广论语骈枝》，钱玄同差不多天天随侍左右，为恩师做翻译。他还为章太炎用正篆工整抄写《小学答问》四卷和《三体石经考》一卷，颇下了一番考核之功，深得章太炎的首肯。

论恃才傲物，章太炎睥睨一世，旁人难出其右。名师出高徒，他的几位弟子，个个傲劲十足，磕磕碰碰的事情注定不会少。黄侃曾说钱玄同的音韵学讲义是从他家偷去的，趁他上厕所时使出空空妙手，对于这项性质相当严重的指控，钱玄同一笑置之，并未正面回复。二十世纪三十年代初，章太炎带黄侃到北京讲学，钱玄同鞍前马后，如影随形，对老师毕恭毕敬，对师兄黄侃却并不买账。有一天，在章太炎住处，黄侃招呼钱玄同：“二疯，你来前，我告你，你可怜啊！先生也来了，你近来怎么不把音韵学的书好好地读，要弄什么注音字母，什么白话文。”钱玄同听黄侃叫他“二疯”，神经大受刺激，顿时翻脸，拍着桌子厉声呵斥道：“我就是要弄注音字母，要弄白话文，混账！”章太炎闻声而至，哈哈大笑，当面排解道：“你们还吵什么注音字母、白话文啊！都给我念日语字母。”章太炎的意思很明白，念及当年在日本时的同门之谊，他们就不该兄弟阋墙了。反目归反目，钱玄同对黄侃的古韵二十八部，照样称引，始终遵用。黄侃去世后，钱玄同对他的评价是“小学本师传”、“文章宗六代”，称赞他是同门中的“隽才”，有人说他这是讲客气话，其实他讲的是真心话。师兄弟之间有点意气之争，有点学术之辩，太正常了，这并不影响他的基本判断。

钱玄同自称为“古今中外派”，意思是任何派别都有他的份，但任何派别的乾坤袋又都装不下他，他是涵盖一切的，也是独立不羁的。

四、与鲁迅凶终隙末

早在日本留学时，钱玄同就认为“周氏兄弟的思想是国内数一数二的”，他受陈独秀的感召，到《新青年》杂志当了一名摇旗呐喊的小卒后，找周氏兄弟约稿就是题中应有之义。钱玄同与周氏兄弟的私谊曾好到什么程度？一桩逸事最能够说明问题。有一次，钱玄同在八道湾周宅聊天聊到深夜，主人留客在家住上一宿。钱玄同择床，久难成寐，正辗转反侧，忽闻室中有“呱呱呱”的聒噪声，以为闹鬼，遂大呼：“岂明救我！”周作人惊起，披衣而至，发现是蛤蟆进屋，鼓腮而鸣，顿时乐不可支，笑不可仰。钱玄同也因此得了个“蛤蟆”的诨名，时不时被周作人揪住打趣。

1917 年 8 月，在绍兴会馆的老槐树下，钱玄同跟周树人有过一次掏心窝子的谈话。钱玄同翻看周树人书桌上一大沓古碑文抄件，好奇地问道：

“你抄了这些有什么用处？”

“没有什么用处。”

“那么，你抄它是什么意思呢？”钱玄同继续追问。

“没有什么意思。”周树人的语气淡如白水。他颇有点消沉，抄古碑只为打发时间。

当时，周树人处于苦闷的境地，报国无门，救民无路。钱玄同倒是有一个现成的好建议：

“我想，你可以做点文章。”

“假如一间铁屋子，是绝无窗户而万难破毁的，里面有许多熟睡的人们，不久都要闷死了，然而是从昏睡入死，并不感到就死的悲哀。现在你大嚷起来，惊起了较为清醒的几个人，使这不幸的少数者来受无可挽救的临终的苦楚，你倒以为对得起他们吗？”周树人表示自己的疑虑。

“然而几个人既然起来，你不能说决没有毁坏这铁屋的希望。”

钱玄同的这句话切中要害，打动了周树人的心，可能有希望的乐观折服了必定无希望的悲观，他决定抛开隐忍和沉默，尝试呐喊几声，摆脱蜷影彳亍的冷清与荷戟彷徨的孤独，动笔创作白话文小说《狂人日记》，抨击吃人的旧礼教。这篇小说发表在《新青年》1918年4月号上，署名鲁迅，如雷霆万钧，振聋发聩。从此，周树人一发而不可收，小说、散文、杂文源源不断，在同旧世界的激烈斗争中，冲锋陷阵，摧枯拉朽，成为新文化运动的主将。

钱玄同是《狂人日记》的催生者，“鲁迅”因此横空出世，其意义之深远，怎么高估盛赞都不为过。

五四运动之后，《新青年》的同仁在政治与学术的岔路口走向分化。钱玄同选择了学术，他放下斗士的长矛，回归书斋，潜心于文字学研究。鲁迅则疾速左转，用投枪、匕首般的杂文干预时政。情随境迁，昔日的同袍渐成陌路，这是无可奈何的事情。鲁迅认为钱玄同倒退得太多了，是新时代可悲的落伍者。因此，他们疏远起来比当初亲近起来更快，也更完全。

1929年5月25日，鲁迅到孔德学校去看旧书，在马廉的寓所遇到钱玄同，后者看到鲁迅的名片上印的还是“周树人”三字，便不合时宜地打趣道：“你的姓名不是改成两个字了吗？怎么还用三个字的名片？”鲁迅心性敏感，以为钱玄同语带讥诮，面色立刻冷若冰霜，反讽道：“我从来不用两个字的名片，也不用四个字的名片！”这话绵里藏针，直接针对钱玄同的“疑古玄同”而去，可谓势大力沉。钱玄同闻言一怔，脸色潮红，很不高兴。事情竟有这样凑巧的，这两不痛快的当口，钱玄同最要好的朋友也正是鲁迅最不待见的冤家顾颉刚叩门来访，大家都愣住了，遂不欢而散。鲁迅当日写信给许广平，提到这个尴尬的场面，描写钱玄同“胖滑有加，唠叨如故”，印象很差。鲁迅描写顾颉刚“叩门而入，见我即踟蹰不前，目光如鼠，终即退去，状极可笑也”，形象更加不堪。钱玄同与鲁迅早年均师从章太炎，系出同门，又一起在《新青年》的战壕中有过袍泽之谊，临到晚境却凶终隙末。在钱玄同的眼里，鲁迅变成了“左翼公”。在鲁迅的眼里，钱玄同则由战士变成了开倒车的复古者。政见和学理的分歧是他们交恶的显因，钱玄同与鲁迅的对头和冤家（顾颉刚、周作人）做密友，令鲁迅大为不快，则是他们交恶的潜因。

1935年2月19日，马廉在北大上课，突发脑溢血，溘然辞世。外间谣传，同样身患高血压的钱玄同受到惊吓，从此不敢上课，害怕步马廉的后尘。鲁迅据此不实之词在《太白》上发表短评《死所》，揶揄钱玄同：“死在教室里的教授，其实比死在家里的着实少。”事实上，钱玄同在北京师范大学教书，到卢沟桥事变爆发为止，并没有在家中枯守傻待着。流言的力量足够大，再加上文豪的推波助澜，就差不多要变成海啸了。由此可见，鲁迅有时也会听信谣言，率尔操觚，写出急就章，伤及无辜者。

鲁迅去世后，钱玄同撰写《我对周豫才君之追忆与略评》一文，总结出鲁迅的三大弱点：“（一）多疑。他往往听了人家几句不经意的话，以为是有恶意的，甚而至于是要陷害他的，于是动了不必动的感情。（二）轻信。他又往往听了人家几句不经意的好听话，遂认为同志，后来发觉对方的欺诈，于是由决裂而至大骂。（三）迁怒。譬如说，他本善甲而恶乙，但因甲与乙善，遂迁怒于甲而并恶之。”以上的酷评对不对？读者会以各自的判断去认定。应该说，钱玄同并没有厚诬鲁迅，“多疑”、“轻信”和“迁怒”使鲁迅心境大受影响，与旧友交恶，身体大受伤害，其负作用显而易见。

五、一生死过三次

死而复活是人间奇迹，九死一生也是夸张说法，钱玄同死过三次，则是文坛佳话。

章太炎自称为“神经病”，他的弟子也疯得可以，黄侃疯而近于狂，钱玄同疯而近于癫。钱玄同有感于中年人普遍具有固执、专制的毛病，曾将一句咬牙切齿的狠话发表在《国语周刊》上：“凡人到了四十岁，便应该绑赴天桥，执行枪决！”胡适看了，忍俊不禁，他郑重相告：“好！等你到了四十岁，我要送你一首诗，叫做《手枪》。”

1927年9月12日，钱玄同年届不惑，胡适、刘半农决定将玩笑进行到底，张罗着在《语丝》上整一期“钱玄同先生成仁专号”，他们准备了挽联、挽诗、祭文，全是幽默作品。当时，正值张作霖驻军京城，用武器的批判对付新闻界和文化界，邵飘萍、林白水、李大钊等人相继遇害，白色恐怖笼罩着北方，进步教授人人自危，这期专刊胎死腹中，就不足为奇了。但《语丝》的广告已预先与南方刊物交换，要目登出之后，不明内情的人信以为真，互相转告。一时间，钱玄同的朋友、学生纷纷发来唁电，寄来挽联，弄得钱玄同啼笑皆非。

1927年8月11日，胡适从上海致函钱玄同，调侃道：“生离死别，忽忽一年，际此成仁周年大典，岂可无诗，援笔成词，笑不可仰。”这首《亡友钱玄同先生成仁周年纪念歌》极尽戏谑之能事：

该死的钱玄同，怎会至今未死！
一生专杀古人，去年轮着自己。
可惜刀子不快，又嫌投水可耻，

这样那样迟疑，过了九月十二。
可惜我不在场，不曾来监斩你！
今年忽然来信，要做“成仁纪念”。
这个倒也不难，请先读《封神传》。
回家先挖一坑，好好睡在里面，
用草盖在身上，脚前点灯一盏。
草上再撒把米，瞒得阎王鬼判，
瞒得四方学者，哀悼成仁大典。
今年九月十二，到处念经拜忏，
度你早早升天，免在地狱捣乱。

1927 年，钱玄同在贫病交加的境地中颇为苦闷，他写信给胡适，有“回思数年前所发谬论，十之八九都成忏悔的材料”一类话语。胡适回信安慰道：“实则大可不必忏悔，也无可忏悔。所谓‘种种从前，都成今我，莫更思量莫更哀’是也。我们放的野火，今日已延烧大地，是非功罪，皆已成无可忏悔的事实。……此中一点一滴都在人间，造福造孽唯有挺身以肩膀担当而已。”

1935 年，钱玄同眼疾加重，头昏昏而视茫茫，即使在此困境下，他仍对文字改革和国语统一工作倾心而为，倾力以赴，作文以自勉：“一个人，无论事功或学问，总得要干，总得要努力干，不问贤愚，更无问老少。少年固然要努力干，老年因桑榆暮景，更应该趁此秉烛之明努力去干。”胡适也希望钱玄同以一种弘毅的人生观作抵抗力，“切不可存一苟延残喘的悲观”，他译出一句英国名言赠给好友：

明日就死又何妨，（Ready to die tomorrow，）
只努力工作，就好像永远不死一样！（but work as if you

live long！）

误“死”一次，在信息不畅的乱世，不算什么大事故，但误“死”两次，就有点过分了。钱玄同就尝到过祸不单行的滋味。

1938年夏，北平汉奸、伪古物陈列所所长钱桐病故。汉口《楚报》记者误将钱桐写为钱玄同。消息一经传出，在南方的钱门弟子吸取上回的教训，将信将疑，但仍有人信以为真，给沦陷中的北平寄去挽联，发去唁电。钱家收到这些晦气的东西，瞒着钱玄同，一把火烧掉了。事后，钱玄同得知详情，倒是一点也不生气，他已经看淡生死。

1939年1月1日上午，周作人在家中与学生沈启无聊天时，遭到刺客袭击，左腹中枪，子弹竟奇迹般击中毛衣纽扣，他安然无恙。但家中仆人一死一伤，沈启无也流了血。钱玄同非常敏感，这件事使他受到可怕的精神刺激，在写给周作人的信中，他自道“骇异之至，竟夕不宁”。钱玄同原本不相信宿命论，但他偶然在旧书中发现一张早年批好的“八字”，只批到五十二岁就没有了下文，这一年，他正好五十二岁，自然又是心情大恶。1月17日傍晚，钱玄同突发脑溢血，猝然去世，临终前没有受到病痛的折磨。

竖起脊梁做人，终有倒下时，但这样的倒下不是塌台，不是崩盘，不是垮桥，而只是肉身的告别，精神则是不死鸟，它翱翔于天外的青天，盘旋于生者的世界。如此说来，钱玄同又何尝远离和逝去？

本文首发于《随笔》2011年第6期

教人如何不想他

——抬杠专家刘半农

刘半农（1891—1934），名复，字半农，江苏江阴人。文学家，语言学家。1917 年至 1920 年为北大预科教授。1925 年至 1930 年为北大中文系教授，兼研究所国学门导师。1931 年至 1934 年为北大文学院研究教授，兼研究院文史部主任。著作有《扬鞭集》和《瓦釜集》（北新书局）。

半年前，我偶然听到王珺演唱的老歌《教我如何不想他》。这首歌浑然天成，令我久久难忘，原因很简单，两位语言学家妙手偶得，刘半农作词，赵元任谱曲，真就叫珠联璧合。有人说这首歌的主题是爱情，有人说这首歌的主题是爱国，其实不必细加区分，情到深处，顾影低回，爱情和爱国又何尝不可以水乳交融。歌曲传世多年后，赵元任曾给出最为靠谱的解释："（歌中的）'他'可以是男的、女的，代表着一切心爱的他、她、它。歌词是刘半农当年在英国写的，有思念祖国和念旧之意。"

天上飘着些微云，
地上吹着些微风。
啊！
微风吹动了我头发，
教我如何不想他？

月光恋爱着海洋，
海洋恋爱着月光。
啊！
这般蜜也似的银夜，
教我如何不想他？

水面落花慢慢流，
水底鱼儿慢慢游。
啊！
燕子你说些什么话？
教我如何不想他？

枯树在冷风里摇，
野火在暮色中烧。
啊！
西天还有些儿残霞，
教我如何不想他？

1920年8月6日，在英国伦敦大学的留学生公寓里，刘半农诗兴大发，简直如有神助，一气呵成了这首《教我如何不想他》。写白话诗是刘半农的一大嗜好，他是白话诗界最早的几位试笔者之一。在北大，刘半农执教多年，不断向全国各地征集近世民谣，最终集腋成裘，梳理出数百首。他主持歌谣研究会，编辑《歌谣》周刊，无不乐在其中。刘半农的白话诗也因此熏染了民谣的色彩和趣味，适合谱曲和歌吟。

一、半农与双簧

谁没年轻过？刘半农在沪上揾食，也曾油头粉面，戴绅士帽，穿鱼皮鞋，拄文明杖，浑身散发出洋场阔少的滑头气。他卖文鬻字，这笔墨营生由自家做主，创作些侠士豪客才子佳人的故事，如《卖花女侠》《髯使复仇记》等，义胆豪情，芳草玉树，赚取读者的泪与笑，无不绰绰有余。他是“鸳鸯蝴蝶派”作家中才力较高的一位，所用笔名为“伴侬”和“半侬”，拥有固定的读者群，他的真实姓名（刘复）反而鲜为人知。1917年，刘半农受聘为北京大学教授，带有浓厚“礼拜六”气息的“伴侬”和“半侬”的笔名已明显不合时宜，于是他删繁就简，将它瘦身为极素朴的“半农”。好友钱玄同打趣他，白面团团的书生，“半仙”

还差不离，“半农”实在不伦不类。周作人则紧抓一点（刘半农脑子里残留着才子佳人的绮念），不及其余，建议他改号为“半伦”。这可是有典故可查的。清代文学家龚自珍的儿子龚孝拱对五伦（君臣、父子、兄弟、夫妇、朋友）视之蔑如，家中只余一妾，自谑名下仅剩“半伦”。蔡东藩曾在《清史演义》中说，这位龚半伦名声不佳，不仅对父亲不孝，而且做了一桩最可恶最可恨的坏事，引领洋鬼子去火烧圆明园，怎么骂他都不为过。这十足是一桩冤案，无奈坊间乐得以讹传讹。周作人的这个玩笑开得确实有点过火，谑而近乎虐，刘半农却丝毫不着恼，反以诙谐的语言应答：“我从事砚田力耕，难道不算半农？我父辈、祖辈以耕读为本，我自号‘半农’，一可以表明身世，二可以牢记历史。”半农就半农，在朋友们持之以恒的笑骂声中，他的才子佳人梦总算做到头了，他清醒过来，从小说世界踱回到现实世界。

当初，新文化运动的几位主将在《新青年》编辑部安营扎寨，他们将该说的话说了几火车皮，反响只是平平，由于杂志订户太少，几乎门可罗雀，甚至有关张歇菜之忧。于是，轮值编辑钱玄同急中生智，凭空捏造出一个顽固保守的遗老角色“王敬轩”，此公有相当正路的出身，曾在日本学过法政，持守“中学为体，西学为用”的主张。钱玄同还亲自捉刀，炮制出一封《王敬轩君来信》，将旧派人物的各种谬论集合在一起，疯狂恶攻白话文学，大唱复古歪调。此信刊登在《新青年》杂志第四卷第三号“通信”专栏中。另一位轮值编辑刘半农则针锋相对，撰写长达万言的檄文——《奉答王敬轩先生》，对这位守旧者所提出的观点逐条加以批驳，嬉笑怒骂，无所不用其极，将王敬轩和其立场相近、主张相同的遗老遗少悉数钉死在“不学无术，顽固胡闹”的耻辱柱上。刘半农与钱玄同合演双簧，意在捅马蜂窝，引蛇出洞，此招果然尽收奇效。保守派再也按捺不住了，他们掀髯大怒，与文学革命阵营接上了明火。《新青年》一跃而为国内最受瞩目的刊物，新文化运动也因此风生水起，波澜壮阔。有意思的是，胡适对钱玄同、刘半农二位同袍这种为达目的、不择手段的做法颇有微词，对陈独秀等人炮制假信的惯技甚感不惬，他一向主张行正途者不趋诡道，要光明磊落地出牌，不要老千。1922 年，胡适为文学革命撰史，仍视“双簧信”为文学革命的一大污点，竟无片言只字揭橥此事，更别说将它视为“佳话”“美谈”了。鲁迅的看法则迥然不同，他认为双簧信是摧破敌阵的良法，刘半农是“新青年里的一位战士”，“要商量袭击敌人的时候”，他是顶呱呱的“好伙伴”。

二、桐花芝豆堂大诗翁

刘半农喜欢写打油诗，自号“桐花芝豆堂大诗翁”，人皆不解其意。他就在《桐花芝豆堂诗集》的序言中作出总说明：“桐者，梧桐子；花者，落花生；芝者，芝麻；豆者，大豆。此四物均可以打油，而本堂主人喜为打油之诗，故遂以四物者名其堂。”此序若得遇解人，喷茶喷饭乃是必然。刘半农与钱玄同性喜谈笑，庄谐杂出，妙趣横生，免不了时时处处找题材打口水仗。刘半农说：“我们两个宝贝一见面就要抬杠，真是有生之年，即抬杠之日。”抬杠也就罢了，他意犹未尽，居然弄出一首题为《抬杠》的打油诗公告天下：

闻说杠堪抬，无人不抬杠。
有杠必须抬，不抬何用杠？
抬自由他抬，杠还是我杠。
请看抬杠人，人亦抬其杠。

这首《抬杠诗》令人拍案叫绝，击节称奇，世间好抬杠者不可不将它背诵个滚瓜烂熟，使抬杠的水平臻于炉火纯青的境界。这首打油诗的末尾两句肯定受了“请看剃头者，人亦剃其头”的启发，信手拈来，确属异曲同工的妙语。

刘半农与钱玄同抬杠和顶牛，是固定的对手戏，他不同于清初文坛的狂杰毛奇龄，与谁都闹别扭，与谁都唱反调，不仅找今人的岔子，还找古人的茬儿。苏东坡的名句“春江水暖鸭先知”，人人叫好，他却不以为然：“春江水暖，定该鸭知，鹅不知耶？”这样子以鹅杠鸭，结果只可能是满座不悦，闻者不欢。毛奇龄喜欢与人抬杠，你说东，他就说西，你说正，他就说反，倘若他穷舌辩之才不能取胜，就必定拳脚相向，不惜践踏斯文，这尤其令人诟病。刘半农用的显然不是毛奇龄这一路的抬杠法，他抬杠抬得更有绅士风度。

歌曲《教我如何不想他》流行全国后，青年人玩味其歌词而想见其作者，都以为刘半农这位喝过洋墨水的博士是风度翩翩的俊男和风流倜傥的情圣。有一次，音乐会上有人演唱了这支歌，唱完后，博得满堂彩，气氛异常热烈。主持人灵机一动，决定请出词作者与现场观众互动，刘半农拗他不过，“遂如猢狲之被牵上台，向大家一鞠躬而退。退时微闻一女郎言：‘原来是这样一个糟老头儿。’”那位女青年如愿见到了自己崇拜的偶像，却惊讶货不对版，他与自己的想象难以吻合，半旧的长袍裹身，个头矮小，举止与平平常常的中年书生无异，说得挖苦点，甚至像个未老先衰的村夫子。这位文学女青年的脸上瞬间流露出失望之情，刘半农明察秋毫。他回家后，写了一首打油诗来自我解嘲：

> 教我如何不想他，可能相共吃杯茶。
> 原来这样一老朽，教我如何再想他！

这个故事还有另外一个版本，说是一位男青年喜欢刘半农的词作，久欲识荆，苦无机缘，后来总算在赵元任府上见到了自己偶像的庐山真面目，他口无遮拦，脱口就是一句大实话：“原来是个老头啊！”刘半农因此捕获灵感，回家之后不费尽灰之力就写成了以上这首打油诗。无论是哪个版本，都很搞笑。作家与读者会面，见光死的“危险”多半是难免的。

三、幽默过火，触犯忌讳

笑话令人捧腹，幽默使人解颐，它既能显露出一个人的机智，也能展示出一个人的才华，刘半农的幽默还会弄出一些匪夷所思的创意。他借书给好友周作人，一本是俄国小说集《争自由的波浪》，一本是瑞典戏剧作品《滩簧日记》，竟别出心裁，将回信做成奏册的模样，封面题签“昭代名伶院本残卷”，堪称一篇精短的戏文：

（生）咳，方六爷呀，方六爷呀，（唱西皮慢板）你所要，借的书，我今奉上。这其间，一本是，俄国文章。那一本，瑞典国，小《滩簧》。只恨我，有了他，一年以上，都未曾，打开来，看个端详。（白）如今你提到了他，（唱）不由得，小半农，眼泪汪汪。（白）咳，半农呀，半农呀，你真不用功也。（唱）但愿你，将他去，莫辜负了他。拜一拜，手儿呀，你就借去了罢。

这封信唱白俱全，真是才子笔墨，游戏文章，刘半农挥洒自如，读者捧腹而笑。

性情过于活泼的人总喜欢忽发奇想，做些越出常轨的事情。

张竞生向全社会征集性史，试图发动性学的破冰船，结果弄得一身虱。刘半农向全社会征集国骂，作为提倡俗文学的嚆矢，也弄得自己一身腥。他在《晨报》上刊登启事，征求“国骂”和“地方骂”。赵元任是语言学家，对各地方言知之甚详，他看到刘半农的启事，当即心生一计，决定给好友一个天大的“惊喜”。于是他跑到刘半农的寝室，用湖南话、安徽话、四川话将后者痛骂一顿；然后周作人接踵而来，用绍兴话把刘半农骂个狗血淋头；刘半农的衰运还没走完，在课堂上，宁波、广州的学生用方言骂他，在路途中，山东人和山西人也丝毫没有饶过他的意思。一连数日处处挨骂，刘半农受尽语言暴力的酷烈“摧残”，早忘了自己征求国骂和地方骂的初衷，不禁感叹道：“我真是自作自受，自取其辱！”这件事还不算完，后来他去上海访问章太炎，又被章癫子用汉人的国骂和唐人的国骂狠狠地问候了几遍老母，真是哭笑不得。

1925 年 10 月 3 日，《现代评论》二卷四十三期刊出了冯友兰的《国骂》一文，其中有这样一段揭开谜底的话：“如在中国的语言中，含性欲意义的字眼，果为最多……则其所以，亦易说明。盖中国对于性欲之礼教为最严，——性欲受压最甚，故发泄性欲之别路，亦为最多。”中国人的国骂极为发达，洋人自愧不如，其差距正好相当于二者在科技上的差距。

世间有混饭票的先生，也有混文凭的学生，最劣质的那一类甚至连千字文都写不好，错别字扎堆。刘半农是北大招生阅卷官，有一次，他看到一位中学毕业生将“留学”写成“流学”，就顺手拿来做题材，写了一首打油诗：

先生犯了弥天罪，罚往西洋把学流。
应是九流加一等，面筋熬尽一锅油。

末尾一句用的是今典，国民党元老吴稚晖曾打趣留学生是“面筋”，外国是“油锅”，炸油条似的，去时小而归时大。这样的讥笑也只能是苦笑，不必过于较真，但鲁迅对此产生不小的反感。在杂文《“感旧”以后（下）》中，鲁迅认为刘半农嘲笑写错别字的青年是欺负无拳无勇的弱者，一个曾为白话文战斗过的战士，更不该嘲笑和刁难年轻人。结果是刘半农纠错倒反而触犯了忌讳，鲁迅讨好犯错的青年学生却赢得了满堂彩。

刘半农与鲁迅都是新文化运动的干将，一度结为亲密战友，他们失和，全是由一些小处和细节积累而成。1926年春，刘半农重印清代过路人（张南庄）以鬼说事的讽刺小说《何典》，请鲁迅作序。鲁迅敷衍成文，序言简短，言明是“难违旧友的面情”，认为此书“校勘稍迂，空格令人气闷”，后来鲁迅评点章川岛校点的《游仙窟》，又捎带敲打了刘半农一笔：“至于书头上附印无聊之校勘如《何典》者，太‘小家子’相，万不可学者也。”刘半农编《语丝》时，与鲁迅的意见多有相左，在《语丝》的发行问题上更是正相反对。尽管如此，刘半农不计微嫌，向瑞典学人斯文赫定建议，提名鲁迅为诺贝尔文学奖候选人，并请台静农致书鲁迅征求意见。1927年9月25日，鲁迅回复台静农，对此拟议婉言谢绝：“九月十七日来信收到了。请你转致半农先生，我感谢他的好意，为我，为中国。但我很抱歉，我不愿意如此。”1928年2月27日，刘半农在《语丝》四卷九期上发表“杂览之十六”《林则徐照会英吉利国王公文》，他率尔操觚，编辑按语中出现大硬伤，说是林则徐被英人俘虏，“明正典刑，在印度舁尸游街”。史实则是：林则徐被朝廷革职后，充军新疆伊犁，道光三十年（1850年）冬病逝于广东普宁。时隔一个多月，鲁迅编辑《语丝》四卷十四期，刊登读者洛卿的来信，纠正作者的错误。刘半农受此修理，以后就不再给《语丝》寄奉片言只字。

过了几个月，刘半农与鲁迅在宴席上相遇，彼此无话可谈，形同陌路。1930年2月22日，鲁迅写信给章廷谦，说明自己为何不回北京教书，原因之一是："疑古和半农，还在北平逢人便即宣传，说我在上海发了疯，这和林语堂大约也有些关系。"鲁迅疑心重，显然偏信这个谣传。1932年11月20日，鲁迅到北平探望母亲。刘半农听说了，打算去看望老友，冰释前嫌。后来，鲁迅在《忆刘半农君》一文中提及此事："不过，半农的忠厚，还是让我感动的。我前年曾到北平，后来有人通知我，半农是要来看我的，有谁恐吓了他一下，不敢来了。这使我很惭愧，因为我到北平后，实在未曾有过访问半农的心思。"1932年冬，刘半农编选新诗二十六首，集成《初期白话诗稿》，其中收录了鲁迅的《他们的花园》和《人与时》。翌年3月1日，刘半农请台静农转寄五本样书给鲁迅，这可能是他们最后的交集了。鲁迅在《忆刘半农君》一文中写得最温情的一句话是"我佩服陈、胡，却亲近半农"，可惜他的亲近也只是严霜对树木的亲近，这真是悲哀。

真幽默的人未必油滑，真油滑的人未必幽默。刘半农曾接受国民党元老吴稚晖的推荐，校勘张南庄的《何典》，此书的开头语就是"放屁放屁，真是岂有此理"，吴稚晖说他从这十个字得到了做文章的秘诀，刘半农又怎会一无所获。

刘半农能使人笑，也能使人恼，因为他身上有硬骨头，他的讽刺极端热辣，不用投枪匕首，照样使对方在渊谷边缘一脚踏空，万劫不复。南京国民政府考试院院长戴传贤（字季陶）吃斋念佛，不理庶务，刘半农对这位尸位素餐的国民党元老啧有烦言。1932年，《世界日报》主编成舍我找刘半农约稿，怪怨恩师下笔太慎，对昔日的弟子不够照拂。刘半农脑袋里灵光一闪，使出激将法来："我写文章就要骂人，只怕你不敢登！"成舍我当然不服软，应声而答："你敢写，我就敢见报！"刘半农骂戴季陶的那首打油诗《南无阿弥陀佛戴传贤》果然在《世界日报》上亮相，一时间闹得沸沸扬扬，直气得戴季陶一佛出世，二佛生天，悍然动用公权，将《世界日报》封门三日。请看这首诗中传诵最广的一段：

赫赫院长，婆卢羯帝！
胡说八道，上天下地！
疯头疯脑，不可一世！
那顾旁人，皱眉叹气！
南无古老世尊戴传贤菩萨！
南无不惭世尊戴传贤菩萨！
南无宝贝世尊戴传贤菩萨！

坚守正义，不畏强权，在那个时代，不少知识精英都能做到，刘半农的方式则更特别些，打油诗是他最合手的武器，读者解气的同时也往往能够解恨。如果说读鲁迅的诗文我们常会摇头悲叹，读刘半农的诗文我们则总会开怀大笑。

1934年7月，刘半农去世后，林语堂和陶亢德合撰一副挽联："此后谁赞阿弥陀佛，而今你逃狄克维多（英文dictator的音译），仍是重提上面这件事，诙谐意味一扫悲伤气息。

四、矜才使气

刘半农兴趣极广，专业之外，凡诗文、音乐、美术、摄影、交游，他均能从中找到乐趣，不仅眼疾手快，而且创意多多，掌握多项发明的"专利权"，特别值得一提的是，他发明了那个最能体现男女平权的"她"字。1920年6月，刘半农在《新青年》上发表文章《"她"》，核心疑问有二："一、中国文字中，要不要有一个第三位阴性代词？二、如真要有，我们能不能用‘她’字？”嗣后，他在《时事新报》的学灯副刊上重申前议，发表《“她”字问题》。刘半农指出，汉语中的第三人称男女不分，一概用“他”字，读者稍一分神，即莫辩谁何，难免晕头转向。早期白话小说作家有男女平权的意识，不想用“他”来指称女性，却苦于找不到一个合适的替代字眼，鲁迅在《阿Q正传》中用“伊”字指称女性人物，就是有益的尝试。刘半农的这个提议得到读者和学者广泛的认同，从此“她”字进入了汉语常用字库，其地位确立不拔。

文人崇尚高雅而难以免俗，矜才使气是其必然。胡适喜欢别人叫他胡博士胜过叫他胡先生和胡教授，也着实以美国哥伦比亚大学哲学博士头衔为荣，有机会总要显摆一番。当时洋博士的社会地位很高，同为北大教授，学问好不好是一回事，是不是洋博士则是另一回事，有些人甚至认为，造诣深浅与学历高低成正比。辜鸿铭留过洋，却没戴过博士帽，他对崇洋现象嗤之以鼻。钱穆在常州府中学堂读书时与刘半农是同学，他既没有留过洋，也没有中学以上的文凭，照样在北大执教，对“洋博士至高论”，一笑置之。别人能泰然自若，刘半农却无法释怀，何况他还有“鸳鸯蝴蝶”的前科案底，屡屡遭人讥诮，真是死活咽不下这口窝囊气。他与胡适同龄，促狭鬼总喜欢调侃这两只“兔子”（他们都是卯字号的）一洋一土，一是仙界的玉兔，一是凡间的野兔，简直判若云泥，刘半农遭受的精神刺激自然远比旁人更大。

“凡事预则立，不预则废”，刘半农对这句话深信不疑。尚未出国，先要做若干准备，这叫未雨绸缪。刘半农的性情虽浪漫，却并不孟浪。他对国外的情形知之甚少，担心出国后会丢人现眼，便去请教在国外生活过的前辈和同辈。他把留法多年的国民党元老吴稚晖请到寓所，用美味佳肴款待此翁，请教对方出国后要注意的若干事项。吴稚晖是钱玄同最佩服的两位国内知识精英之一（另一位是陈独秀），有名的口才好，素性只喜露智，不愿藏拙，他口若悬河，滔滔不绝，但愈说愈远，离题万里有余，前方就到爪哇国。他老人家好不容易转回本题，却只有一点嘱咐："船到了马赛，预先电约学生会，代买车票，送你上车，'噗'的一声火车开了，就到了巴黎。"刘半农的疑惑未能完全打消，又去请教北大地质系教授朱家骅，这位贵胄公子倒是谈到了置装这类俗务，而且他清楚刘半农手头并不宽裕，就暗暗地打了个低折扣，说是五百元差不多够了。殊不知这个数目一报出，刘半农大吃一惊，无异于晴天霹雳，对他来说，五百元已是天文数字了。

1920 年，刘半农考取公费，径赴欧洲留学，先上英国伦敦大学，翌年转入法国巴黎大学，在法兰西学院主修语言学。刚到法国时，刘半农仍未摆脱名士佻达的习气，他以为法国没有高水平的汉学家，于是大谈古音韵，以己之短露于人前，强不知以为知，结果被法国的汉学家批驳得体无完肤，他面红耳赤，无地自容，卷旗息鼓而逃。陈独秀得悉此事后，甚至用歇后语嘲笑刘半农是"猪八戒的老妈漂洋过海——丑死外国人"。折此一阵，刘半农知耻而后勇，沉潜心思，勤苦研读。1925 年春，刘半农的论文《汉语字声实验录》和《国语运动史》顺利通过答辩，由法国学术机构授予文学博士学位，还被巴黎语言学会吸纳为会员，并获得法兰西学院康斯坦丁·伏尔内语言学专奖，可谓满载而归。这个博士学位的含金量与胡适在哥伦比亚大学获得的博士学位的含金量可以等量齐观，甚至驾乎其上。刘半农意气洋洋，屡屡在众人面前标榜自己是"国家博士"，令人咋舌称羡不已。北大昔有胡博士，今有刘博士，和氏璧与隋侯珠，总算可以互相颉颃，分庭抗礼了。

五、英年早逝，良愿成空

在顶尖级学者中，有学术才能的人往往欠缺行政才干，刘半农则是难能可贵的全才。1929年，刘半农出任辅仁大学教务长，对这所未获教育部立案承认的教会大学实施大刀阔斧的整顿，他在师资的配备方面下足了工夫，不仅亲自授课，还邀请各路名流巨擘来校膺任教职，辅仁大学的气象蔚然一新。不足两年时间，在教育部的部属大学名单中，辅仁大学就争得了一席之地。功成不居，急流勇退，这是刘半农的一贯作风，他辞去了辅仁大学的教务长职务，婉言谢绝了外籍校长给他的重金酬劳，仍旧回到北大，专任研究院教授。

做学者，要有冷静的头脑；做文人，则要有炽热的心肠。刘半农正是冷热调和极合度的容器。同为新文化运动的健将，陈独秀逛八大胡同，是去争风吃醋，打场打掉了自己的北大文科学长；刘半农也逛八大胡同，却是对晚近传奇人物的事迹怀有浓厚的兴趣，去寻找昔日的京津名妓赛金花，为她立传。他与弟子商鸿逵多次拜访赛氏，详谈数周之久，积累了不少笔记，《赛金花本事》的腹稿已经打成，只待生花妙笔一挥而就。可惜他中年即归道山，这本三万多字的小书最终由商鸿逵续成。当初，刘半农曾向赛氏许诺，一旦此书付梓，便将完整版权让渡给她，充作她晚年一笔可靠的进项。可他去世之后事与愿违，赛金花只收到五本新书，除此之外，别无所获。刘半农若泉下有知，必引为深憾。

天才多半精力绝人，能吃常人不愿吃和不能吃的苦。周作人对刘半农的描写是："君状貌英特，头大，眼有芒角，生气勃勃，至中年不少衰，性果毅，耐劳苦。"刘半农眼角略微下垂，相者据此认为他是劳碌辛苦之命。1934年6月，刘半农与白涤洲等一行五人远赴西北地区调查方言，全程二十余天，跑了包头、归绥、百灵庙、大同、张家口等多处地方，顺便收集了大量民歌民谣。然而不幸的是，刘半农在蒙古包里被虱子咬了几口，患上了似感冒而要比感冒严重得多的回归热。这种疾病七日至十日发一转，其螺旋形病毒类似梅毒，比四日两头的疟疾要凶险得多，必须及时注射六零六和九一四，才能保住性命。然而一路折腾，庸医误诊，再加上刘半农心脏亏弱，等他回到北京，已经面色灰黑，精神委顿，病况日益加剧，及至住进协和医院，已然到了医药罔效的地步。1934 年 7 月 14 日，刘半农与世长辞，年仅四十四岁。时论认为："半农先生为学术而牺牲，其价值实与将士用命于战场者相同。"

早在 1915 年，刘半农与夫人朱惠合影，相片背后的题词有这样两句："生无益于时，死无闻于世，头颅空负，七尺徒存。古人之所悲也。"这是"君子疾没世而不称"的古调。刘半农英年早逝了，名山事业仍属梦幻泡影，著作太少是其至死未除的心病。

1934 年 7 月中旬，赵元任在美国获悉噩耗，十分痛心，他为好友刘半农撰写了一副挽联，公认为精切无比：

十载凑双簧，无调今后难成曲；
数人弱一个，教我如何不想他。

刘半农与钱玄同合演双簧是新文化运动史上众所周知的掌故，而那首《教我如何不想他》是刘半农与赵元任合作的文人歌曲中的极品。此联运用今典毫无斧凿的痕迹，举事抒情两得其宜，这样的隽联配得上天才卓异的刘半农。

1934 年 10 月 14 日，上午 10 时，北京大学在二院大礼堂举行刘半农追思会，北平文化界有不少名流赶来。在众多好友的发言中，胡适的一番话最为诚挚：

半农与我相处有二十余年的历史。回忆过去，我等同在北京大学教书时，寓今日第五宿舍之卯斋，当时同室者，计有陈独秀、刘半农、赵元任及余共八九人，每日除读书外，即以谈玄为消遣。在我国干支时辰上讲，卯本属兔，我等所住之宿舍，即卯字斋，而同室多属卯字者，适半农辛卯年生，我亦辛卯年生，陈独秀较我长十二岁，生辰为己卯，故当时同学，皆称我等为一群兔子，而称我等宿舍为“兔窟”。今日回忆斯情，不胜留恋。

半农先生为人，有一种莫名其妙之“热处”。其做事素极认真，其对于学术之兴趣极广博，故彼卒能成为歌谣收集家、语言学家、音乐专家、俗字编辑家，彼之成功，完全由于一“勤”字。兹有一例可证，当彼在世时，对于音乐最感兴趣，然其喉不能唱，耳不能听，手不善弹。由此可见其天资愚笨，但他并不因此灰心，终日以机械之方式，来做声音之探讨，结果不但对音乐能以讲通，且发明各种测量声音之器械。由此一点，足以代表半农一生治学之精神。

刘半农身后得到的评语并非全是溢美之词，鲁迅的那篇《忆刘半农君》虽认为刘半农是打过大仗的战士，胸无城府，为人忠厚，但这位大文豪也指出“半农的活泼，有时近于草率，勇敢也有失之无谋的地方”，举发这位已失和十年的老友曾有“‘红袖添香夜读书’的艳福的思想”，还特别强调刘半农“确是浅”（章太炎也曾认为刘半农的学问只是“半吊子”）。这样的悼念文章打破了只说亡友好话的旧例，读罢令人欷歔。对此，周作人不以为然，他赋诗感叹道："漫云一死恩仇泯，海上微闻有笑声。空向刀山长作揖，阿旁牛首太狰狞。"鲁迅的解剖刀既然不肯饶过活人，又怎肯放过死者？这一回，他的深刻和不讲情面恐怕难得高分。因为在朋友们心目中，刘半农小疵不掩大醇，他的可爱可贵之处并不在于他的"浅"，而在于他的真。顺便说一句，鲁迅与昔日在五四新文化运动中并肩作战过的故友（胡适、陈独秀、刘半农、钱玄同、沈尹默）悉数失和，难道全是对方犯错？全是对方落伍？他永远都显得伟大、光荣、正确，对朋友多疑善猜，对故人吹毛求疵，这才是根本原因，思想上的差异还在其次。倘若刘半农于九泉，读毕鲁迅的这篇纪念文章，他会掩嘴偷笑吗？多半会齿冷三天。可庆幸的是他没有读到。

刘半农曾作《织布》词，由赵元任度曲，其词为："织布织布，朝织丈五，暮织丈五，今人化古，尚余丈五。"称这匹布是锦也对啊，而且是文化之锦，刘半农的目标是织成三丈，留下丈五。可叹天违其志，良愿成空。

本文首发于《随笔》2011年第5期

隐士与叛徒
——周作人的汉奸问题

周作人（1885—1967），字星杓，号知堂，浙江绍兴人。文学家，翻译家。1918 年至 1937 年为北大外文系日文组教授兼主任。抗战期间，任伪北大文学院院长。著作有《周作人作品集》（八卷，岳麓书社）。

在中国现代作家群中，周作人无疑是公认的散文大师，他以欠激烈的笔调写作欠激烈的文章，辅之以超常的学养和清雅的趣味，往往给人以恬淡高明的感觉。他提倡“人的文学”，乐意为妇女和儿童说话，同情因和平请愿而不幸死难的学生。至于水乡的乌篷船、江南的野菜、北京的茶食、希腊的哲人、苍蝇的传说和平安的接吻，他都能涉笔成趣，触手成春。

身为作家，他思想深刻。身为学者，他腹笥丰赡。僻居于北平八道湾十一号宅院里，在乱世久不消停的苦雨时节闲饮苦茶，做个万人如海一身藏的隐士，自由自在地读书会友，这是周作人向往的理想境界。然而，苛刻的时代不容许他善始善终。好端端的隐士一不小心弄了个“汉奸”的标签贴在额头上，由身安名泰到身败名裂，被人唾其面而批其颊，于周作人而言，这真是生生世世无法洗刷的奇耻大辱，一往而不复的蜕变过程比他熟稔的任何一幕古希腊悲剧更加不折不扣。审决者主张疑罪从有，向来就不喜欢留下商量的余地，他们只管猛拍几记惊堂木，抛出一个不容申辩的考题：“卿本佳人，奈何作贼？”这八个字原本是专为汪精卫这等好身段好功架的角色量身订制的，用于周作人是否同样合乎卯榫？汪精卫素以“我不入地狱，谁入地狱”的炎炎大话自欺欺世，周作人也曾有维护北方教育舍我其谁的法庭辩解，表面看去，他们似乎是气味相投的同路人，但彼此合作时并未言欢，“蜜月期”短之又短。不少黉门学者和职业评论家喜欢枕着“公论”呼呼酣睡，这个懒他们可真是偷定了，而且偷得心安理得。

近年来，铁案不铁、掘开史墓启棺重论的事情屡有发生，此案的疑点也逐渐水落石出，新旧史料值得有心人去仔细研寻和甄别。“文化汉奸”这个定性对周作人算不算过于严厉？竟弄成仁者见“智”、智者见“仁”的别扭局面，趋于公允的结论恐怕永难从官方的判断和民间的认识里轻松娩出。

一、“作人极冷”

二十世纪三十年代初，温源宁执教北大西语系，与北平名流旦夕过从，多有交往，他的英文短传结集《不够知己》颇能活画出众位传主的样貌、行为和性格。《周作人先生》就不乏得体传神的描绘：“周先生总是温文尔雅，静若处子，说话有如窃窃私语，走路几乎像老太太；然而，他有那么一种超脱之态，（是不够亲切呢，还是暗中藐视呢，很难说。）人们在他面前，便难以无拘无束，他冷眼旁观，也许不免窃笑。他清谈对客，文质彬彬，正是这种文质彬彬，叫人无法对他亲亲热热。他呵呵一笑（或者不如说，他微笑得出了声）的时候，他那形如枪弹的头一上一下地摆动起来，这就是表示着，你可以跟他亲近，却不要太随便。当然，谁也不能对他毫不客气。刚跟他会面的时候，大家总是尊敬他，这尊敬，若是来自敌手，就会转为害怕，若是来自朋友，就会转为亲近，亲近得如兄如弟，互有好感，不过绝不会到热诚相与的地步。……他大有铁似的毅力。他那紧闭的嘴唇，加上浓密的胡子，便是坚决之貌。他洁身自好，任何纠葛，他都不愿插足，然而，一旦插足，那个拦阻他的人就倒霉了！他打击敌手，又快又稳，再加上又准又狠，打一下就满够了。”最绝的是，温源宁联想到周作人做过海军学院的学员，因此认定“周先生确实像一只装甲军舰，因为他有钢铁的风姿”。但不同的人对周作人的印象会有不小的出入，在谢兴尧看来，周作人“一切举动斯文有礼，说话嚅嚅，如妇人女子，柔巽有余，刚毅不足”。依据周作人长期惧内的表现来推断，温源宁称之为“装甲军舰”，恐怕不够精准，夸张的成分偏大了些。

在周作人的朋友和弟子的回忆文章中指出，周作人讲一口乡味很足的绍兴官话，声音细弱，勉力去听也难听清楚，讲课时他几乎不与学生对视。最传神的描写源于某促狭鬼笔下，将他编派为英国诗魔拜伦笔下的波桑教授：“他讲起希腊文来，活像个斯巴达的醉鬼，吞吞吐吐，且说且噎。”

林语堂与鲁迅、周作人皆有交情，他的《记周氏兄弟》率先提出了“热”和“冷”的鲜明对比，半点不含糊：“周氏兄弟，趋两极端。鲁迅极热，作人极冷。两人都有天才，而冷不如热。……冷热以感情言也。两人都是绍兴师爷，都是深懂世故。鲁迅太深世故了，所以为领袖欲所害。作人太冷，所以甘当汉奸。”张中行在《再谈苦雨斋》一文中对周氏兄弟的评价也沿用了林氏“热”和“冷”的尺度：“关于世道，兄是用热眼看，因而很快转为义愤；弟是用冷眼看，因而不免有不过尔尔甚至易地皆然的泄气感，想热而热不起来。”

据人民文学出版社鲁迅著作编辑室主任王士菁回忆，周作人从容淡定，乃是秉性如此，即使他遇到激动人心、触及灵魂的大题目，“仍若无其事，甚至有点麻木不仁”。他谈到掩护李大钊的子女、保护李大钊的文稿，如话家常，“好像在叙述和自己并无多大关系的往事”；他被问及“落水”的经过，“也只是轻轻地说了一句‘糟了’，并无惋惜，也并无自责，好像谈的是别人的事情一样”。

书法家佟韦的回忆可为佐证，周作人谈及那段出任伪职的不堪经历，既无自责，也无忏悔，只是用平淡的语气说“那也是不得已的事”，或“我和一些老朋友，也需要生活”。其意不再为自己开脱罪责，而是很冷淡地看待过往的烟云。晚年，他孤寒如僧侣，习惯过一种枯寂的生活，一方面是时势使然，另一方面也是性格使然。

周氏兄弟性格的形成与周家的一场大变故密不可分。光绪十九年（1893 年），为了给翌岁慈禧太后六旬万寿预热，全国举行癸巳恩科乡试，周氏兄弟的祖父周福清受绍兴几位乡绅之托，向浙江副主考周锡恩贿买关节，因仆人粗心大意，将信件和银票误投到正主考殷如璋的船上而东窗事发。依照大清律例，科场舞弊属于重罪之列。尽管万寿年刑部循例特赦死囚，各地不兴大狱，周福清还是被判为“斩监候”，即死缓徒刑。周家为了捞救一家之主的性命，只得倾尽囊橐，花费大笔银钱上下打点，四处求人，遂至于家道中落，周氏兄弟的父亲周用吉忧病交煎，不久就撒手宾西了。遭此悲惨家变，周氏兄弟过了一段寄人篱下、横遭白眼的生活，因此身心大受刺激，造成了鲁迅偏激负气、周作人孤傲冷峭的性格。

周氏兄弟的才华和成就与苏氏兄弟（苏轼和苏辙）有得一拼，苏氏兄弟的性格也是大的偏热、小的偏冷。若论手足情深，急难相扶，二周与二苏比较，其差距不可以道里计。周氏兄弟因家事而反目，历来挺兄者多，挺弟者少。周作人有季常惧内之疾，夫人羽太信子将父母弟妹悉数接到北平，东洋妻党在八道湾十一号作威作福，势焰熏天。鲁迅“涓滴归公”，被盘剥一空而遭到驱除（鲁迅一度以晏之敖为笔名，即用拆字法暗示他被家里的日本女人放逐），固然是题中应有之义，周作人也并不好过，他饱受东洋小舅子羽太重九的欺压。羽太信子一犯晕厥症，周作人就乖乖地屈服，他曾经说：“要天天创造新生活，则只好权其轻重，牺牲与长兄友好，换取家庭安静。”这句话后面也许有什么不可公告的潜台词，令人煞费猜疑，千家驹即曾捕风捉影，撰文推断鲁迅对羽太信子充满性幻想，是因为他们有过隐婚关系，此说太过离谱，有点像是天方夜谭。后来，周作人晚节不终，落水投敌，也有人顺手取材，毫不费力地指出：从家变即可看清眉目，东洋妻党尚且可以轻轻松松地制服周作人，使之兄弟失和，萁豆相煎，日本军国主义势力诱使他背叛父母之邦，他又怎能抖擞余勇抗拒得了？这个结论未免失之草率和简单。

周作人对政治兴趣不浓，但他对从事政治的朋友尚能尽心，最典型的例子是他想方设法帮助过李大钊的遗属。1927 年，奉系军阀张作霖在北京大肆捕杀革命党人，造成血腥恐怖的气氛，周作人不仅出面保存了李大钊的遗稿，为李家代卖书籍，还收留李葆华（李大钊的长子）在家里住了一个多月，并且与沈尹默合计经营，将李葆华（化名杨震）送往日本留学。1940 年，周作人动用自己的人脉资源，帮助李大钊的长女李星华、次子李光华办妥通行证，使之顺利投奔延安。对于他的这些功德，李大钊的女婿贾芝曾撰写专文予以翔实地证明。

二、五十自寿惹烦恼

一个人有怎样的历史观就会有怎样的现实态度，这一点不会有太大的偏差。周作人的历史观如何？我们可以从周作人的短文《历史》管窥一斑，他认为“天下最残酷的学问是历史”，自承“我读了中国历史，对于中国民族和我自己失了九成以上的信仰与希望”，相比鲁迅“直面惨淡的人生，正视淋漓的鲜血”，周作人采取的是退避三舍、自求多福的“上策”。他在 1928 年 11 月发表的《闭户读书论》即透露了此中消息。然而在人命危浅的乱世，又哪有象牙塔可供他安居其间？

七七事变前，日寇虎视鹰瞵，华北局势危如累卵。起初，日本人到北大来大谈特谈“中日文化合作”，周作人讥刺对方带着枪炮入我国境，只见武化，不见文化，这一回答十分机智，使对方瞠目结舌，无言以对。随着危机日益加深，他开始强调“第一句话不许说，第二句话说也无用”，虽然消极，尚知洁身自好，爱惜羽毛。其时，他不复有谈龙谈虎的兴致，文章也不再关注现实，而是专抄古书，越抄越冷僻。1934 年初，周作人苦中作乐，吟成两首《五十自寿》诗：

（一）

前世出家今在家，不将袍子换袈裟。
街头终日听谈鬼，窗下通年学画蛇。
老去无端玩骨董，闲来随分种胡麻。
旁人若问其中意，请到寒斋吃苦茶。

（二）

半是儒家半释家，光头更不着袈裟。
中年意趣窗前草，外道生涯洞里蛇。
徒羡低头咬大蒜，未妨拍桌拾芝麻。
谈狐说鬼寻常事，只欠功夫吃讲茶。

此时，周作人正值人生巅峰期，俨然是北方文坛的领袖，他身上“岂尚有五四时浮躁凌厉之气乎”（周作人致俞平伯信中语），闲饮苦茶，其心则甘。《五十自寿》诗二首在林语堂主编的刊物《人间世》上发表后，南北名流（蔡元培、胡适、林语堂、钱玄同、刘半农、沈尹默和郑振铎）纷纷唱和。群公笔墨酣饱，意态闲适，与其时国难当头的危急局势形成鲜明的反差，因而招致一些左翼人士的狂攻痛剿。不用说，周作人首当其冲，成为众矢之的。巴人“刺周作人冒充儒释丑态”，有“充了儒家充释家，乌纱未脱穿袈裟。既然非驴更非马，画虎不成又画蛇”的严厉指责，廖沫沙也有“不赶热场孤似鹤，自甘凉血懒如蛇”和“误尽苍生欲谁责？清谈娓娓一杯茶”的愤怒抨击。“清流误国”的罪名已经呼之欲出。

周作人“五十自寿”以快惬始，而以烦恼终，给外界留下一种自取其辱、自贻伊戚的印象。此后，他的下坡路就走得有点像是泥丸落峻坂了，一发而不可收拾。

三、走与不走是个问题

1936年1月27日，平、津文化界名流联合发表“对时局的意见书”，先于政府公开表达了对日本军国主义觊觎华北的愤慨，强烈呼吁国民政府在内政外交两方面改弦易辙。当时，在这篇救国宣言上署名的中国北方文化界人士多达一百零四位，兼具名望和血性的知识精英差不多悉数登场，这个集体亮相举世瞩目。然而鲁迅留意到，连他最不待见的钱玄同、顾颉刚都署了名，周作人的名字却遍寻不着。他生怕自己看漏了眼，又回过头反复检查，仍旧空无所获。因此他轻轻地叹了一口气，心里颇有些着恼：遇到如此重大的题目，他怎能这么退后？

在古代，乱世寻地而隐，治世择木而栖，这本是文人的常态，不足讶怪，无可厚非。但在现代，人们对文坛领袖的要求和希望显然要高得多，他不该是隐士，而应该是勇士才对，他若避世隐居，自求多福，就必然招致口诛笔伐。

1934年，钱天起在《人间世》发表《隐士》一文，罔顾人间何世的事实，极力称赞周作人“隐于文采风流”，较之陶渊明

"采菊东篱下，悠然见南山"的快惬自得不遑多让。鲁迅读罢此文，甚感不屑，随即撰写了一篇同题杂文，讥刺道："泰山崩，黄河溢，隐士们目无见，耳无闻，但苟有议及自己们或他的一伙的，则虽千里之外，半句之微，他便耳聪目明，奋袂而起，好像事件之大，远胜于宇宙之灭亡者。"周作人要做隐士，确实选错了时间和地点，他的种种做派，且不管外人如何评说，即使在其兄长的眼中也是可笑而不堪的。对于鲁迅的讥嘲，周作人针锋相对，撰《老人的胡闹》一文，讽刺鲁迅"投机趋时，一样的可笑"。周作人将文敌拉到与自己平齐的水准，以为就万事大吉了，这个策略并不高明。

1936年，周作人在《再谈油炸鬼》一文中有个明确的表态："关于秦始皇、王莽、王安石的案，秦桧的案，我以为都该翻一下，稍微奠定思想自由的基础……这里边秦案恐怕最难办。盖如我的朋友（未得同意暂不举名）所说，和比战难，战败仍不失为民族英雄（古时自己要牺牲性命，现在还有地方可逃），和成则是万世罪人，故主和实在更需要有政治的定见与道德的毅力也。"这段文字容易被人忽略，却是周作人敢冒天下之大不韪去与日伪政权合作的思想基础。他讲求"伦理之自然化"和"道义之事功化"，对此信念乐于言说，勇于践行，不怕人唾，不惧人骂。

七七事变后，北大举校南迁，留下来的教授只有周作人、马裕藻、孟森、冯祖荀四位。北大校长蒋梦麟示意周作人："你不要走，你跟日本人关系比较深，不走，可以保存这个学校的一些图书和设备。"此言正中周作人下怀，"家累重"、"老母寡嫂要奉养"也是现成的理由，他留在北平，就天经地义了。八道湾的宅院虽然苦雨，但有书可读，有茗可品，无论如何苦撑苦住，较之南渡的颠沛流离，仍要好得太多。

1938年8月4日，胡适远在英伦，仍惦记国内的朋友，他写信敦劝周作人南下，可谓爱人以德。胡适的信其实不是信，而是一首别致的白话诗：

藏晖先生昨夜作一个梦，
梦见苦茶庵中吃茶的老僧，
忽然放下茶盅出门去，
飘然一杖天南行。
天南万里岂不太辛苦？
只为智者识得重与轻。
梦醒我自披衣开窗坐，
谁知我此时一点相思情。

可惜这真的只是胡适的一个梦。周作人以诗为答，婉谢了好友的厚意。他并未识得对方强调的“重与轻”，所谓“关门敲木鱼念经”的寂寞他耐不住，为家中老小“出门托钵募化些米面”只算借口，“老僧始终是老僧，希望将来见得居士的面”也更像是忽悠。

郑振铎曾当面敦劝周作人离开北平，周作人却摇头说中国的国力根本不足以抵抗日本，这仗打不起来，中国不媾和，就只有灭亡。覆巢之下，焉有完卵？到南方去与留在北方又有什么实质上的不同？郭沫若在南方发表《国难声中怀知堂》一文，其中有“如可赎兮，人百其身”的浩叹，他认为周作人是东瀛敌国尚知敬重的中国文化大师之一，他若能南来，“用不着要他发表什么言论”，就是对日本人的一服“镇静剂”。1938年春，中华全国文艺界抗敌协会在《抗战文艺》上刊登了茅盾、老舍、郁达夫等十八位作家联名的《给周作人的一封公开信》，劝其“急速离平，间道南来”，周作人对此呼吁置若罔闻，未予理睬。1938

年夏，周作人离开北平的最佳时机（也是最后时机）突然出现了，中央研究院和国立西南联大委派叶公超到北平敦促陈垣和周作人前住昆明，路途上可有照应，但周作人依旧坚执初衷，决意留在北平，不愿拖家带口间关数千里远赴西南边陲。他回绝的借口并无新意，其中一项是他要养活“鲁迅的母亲和女人（朱安）”，这句话让在场作陪的常风听去，感觉十分刺耳。嗣后，叶公超叹息着对常风说：“苦雨斋将来不知要变成什么样子了！”

四、跳进黄河洗不清

1939年元旦，周作人与弟子沈启无在八道湾家中聊天，猝然遭到入户的刺客枪击，沈启无虽起立声明“我是客”，但还是吃了一粒“花生米”，车夫和仆人闻声来救，结果一死一伤。周作人倒是福大命大，子弹击中他毛衣上的铜纽扣，仅仅形成皮外伤。这次刺杀行动是平津一带“抗日杀奸团”的爱国青年下的狠手，周作人先入为主，将矛头直指日本军部，一口咬定是日本宪兵所为。遇刺之后，周作人开始考虑何去何从，在抉择个人命运的关口，怯懦占据上风，屈服成为主调。辅仁大学校长陈垣及时察觉苗头，曾奉劝周作人“清名不要毁于一旦”。可惜这句忠告只是秋风射马耳。此后两年间，周作人觍然接受伪职，超越了北大校长蒋梦麟要他维护校产的权限，竟为日寇效犬马之劳，身着和服与戎装的照片相继登上敌占区的报纸，故交好友的期望全然落空。值得一提的是，周建人的儿子周丰三是热血的爱国青年，他寄住在八道湾十一号，察觉伯父周作人有附逆的迹象，即以死谏的方式开枪自杀，年仅二十岁。周作人非但没有吸取这个血的教训，对此也从未有过片言只语的忏悔，周丰三白白牺牲了自己年轻的生命。

当初，为了回应外界的规劝和质疑，周作人的姿态摆得蛮高，他在写给陶亢德的信中强调：“请勿视留北诸人为李陵，却当做苏武看为宜。”他还托人将这句话带给北大校长蒋梦麟。他若真能做抗节不屈的苏武当然不赖，可惜他最终做的仍是李陵，甚至远不如李陵，李陵毕竟是杀敌过当，矢尽援绝，才降入匈奴，周作人却没有进行过任何必要的抵抗，就入幕为僚，做了日伪政府的高官。泉壤之下，不仅苏武要为他犯羞，李陵也肯定对他着恼。

周作人是留日出身，对东洋文明抱有不可替代的好感和敬意。1933年，日本侵略军的铁蹄初践热河，在国内，失败主义的悲观情绪即如同病毒般蔓延，当时的文化名流趴下认输者并非个别。汤尔和赋诗《哀热河寄黄任之上海》三首，其一是：“国到将亡百事哀，惯从沙上筑楼台。谁令朽木支危屋？早识庸医种祸胎。只恐人心今已去，料应天意久难回。老瞒命断黥彭醢，降格犹无乱世才。”汤尔和一早弹出亡国调，有此预期，后来他沦为汉奸也就少了些令人吃惊的成分。说起来，汤尔和肺癌死后，周作人为其接班人（伪华北政务委员会常委兼教育总署监督），落水的时间正好前后脚。汤与周都是铁杆的亲日分子，周作人起始就坚持“日本必胜，中国必败”的陋见，视当时的国势如同晚明，大有颓厦欲倾、昏灯将灭之感。因此他内心原本就并不炽盛的民族大义和爱国热忱统统被眼前愈演愈烈的局势狠狠地打压下去，被蹂躏得不成样子。认识主导行为，他对出任伪职的后患也就不可能产生足够的怵惕和顾虑，何况此时在他背后，还有另一只幕后推手很是给力。

许宝骙在《周作人出任华北教育督办伪职的经过》一文中写得明明白白：

1940年11月初，伪华北政务委员会教育总署督办汤尔和病死，这个职位出了缺。我当时在伪组织的高层政治圈中活动，消息比较灵通，得知一些情况。缪斌当时在日方一派力量的牵线支持下，钻营此缺甚力，颇有相当的呼声。另一方面，在伪政权中也有人（如王揖唐）属意于周作人，这当是出于日方另一派力量的授意。在我们的一次“三人碰头会”上（那时王定南同志和我还有张东荪约每半月总要聚会一次，多数在弘通观四号我的家里，汇集情报，研究工作），我报告了这些情况，提出问题并商讨如何运用如何应付的对策。我们认为，缪斌这个国民党党棍、现新民会混混儿，若任其抓住华北教育肆行奴化，那毒害青年真不知伊于胡底，所以应该把他排掉，不能让他得逞。……这时我们要抵制缪斌，很自然地就想到同时也有所酝酿的周作人。但我们又考虑到，以周作人的清望而出任伪教育督办，竟是为日伪捧场，这又是不好的一面。我们继而又转念想到，反正周作人已经当上了伪北大文学院院长，用我们当时的话说就是他一条腿已经下了水（至于他之出任伪文学院长一举又是与蒋梦麟的托付有关，那是另一码事，我当时也不知道），那么我们就无妨顺水推舟，让他进一步出任伪督办，以抵制为祸最烈的缪斌。权衡利害，按“两害相权取其轻”的道理，这事是可以做应当做的。……

“三人碰头会”既经谈出结论，当然是由我去找周作人进行游说。我设身处地为周作人着想，在打谈话腹稿中想出了两句话。我对周作人说：尔叟（指汤尔和）去世，督办出缺，逐鹿者大有人在，而缪斌呼声颇高，其人如何，士所不齿（周听至此，插话问了一两句，我便告诉他，缪斌原是国民党党棍，现为新民会会匪），若任其得逞，则毒化教育，奴化青年，为害不堪设想（周听至此，似乎动容）。为文化教育计，为青年学子计，先生（指周）若以文学院长进而出仕，只要排掉了缪斌，就是一种功德（周听至此，表情倾注，似乎微笑领首）。我更接着说：如果出仕，则在日方督迫下，在职责上当然不免有些要积极去做的事，我方对此可以尽量保持消极——这是积极中的消积；而这种消极正起着抵制奴化的积极作用——这又是消极中的积极（周听至此，又频频领首，似乎有所理会）。

以上所述就是我游说周作人的大意和谈话的情景。我现在完全回忆不起周作人当时对我说过些什么话，此时自然是一句也不敢以己意作想当然的编写。我却记得一点：周作人当时曾表示，书生做官，性格不宜；且当局诸公都不熟识，也恐落落难合（这也只是大意）。……

几个“转念”使一件相当棘手的事情变得顺理成章了，许宝骙的游说非常成功，周作人见猎心喜、跃跃欲试也是事实。华北伪政府的主脑王克敏不待疏通，乐得选择温文尔雅、易于掌控的对象，何况周作人的名望能给华北伪政府的脸面贴金。周作人上任后一段时间，见到许宝骙，曾苦笑着说过一句话：“我现在好比是站在戏台上场门边看戏的看客。”离戏台越近，看得越清楚，好处也就只有这一桩，至于那台戏由谁主演，怎么个唱法，他是做不了主、定不了调的。

我们该怎样看待“三人碰头会”推动周作人出任伪职这件事呢？王定南是中共北方特委的负责人之一，他行使决策权，这算不算中共党组织的决定？对此，许宝骙说“我不清楚”。他也不知道王定南是否向上级党组织汇报过。当时地下党组织的运作就是这样的，大家的口风很紧，不该说的绝对不说，不该问的也绝对不问。许宝骙游说周作人时，他为自身和地下党组织的安全着想，并没有亮出底牌，这完全可以理解，因此也就不能坐实周作人出任伪职是由中共直接授意。然而许宝骙的回忆文章几乎被王定南全盘否定了，王定南发表严正声明，其中有这样一段话："我既没有委托任何人去游说周作人出任伪教育督办，更不可能交代给委托人任伪职的两句话：'积极中消极，消极中积极。'如果说我说过两句话，就是我写给华北伪政权头子的两句话：'依附敌人既为当代人所不齿，也贻后代子孙羞。'"这件事至此又成悬案，谜团反而越滚越大。究竟是赤裸裸的谎言，还是记忆之误？许宝骙与王定南各执一词，读者就只能凭感觉（而非理性）去作出自己的判断了。

1943年春，周作人随伪华北政务委员会联名请辞而解职下台，许宝骙和张东荪（此时王定南被日本宪兵逮捕入狱了）故伎重演，用伪北大工学院院长王谟顶掉了他们十分反感的政客何庭流。王谟在伪华北教育总署督办任上仅待了两年多时间，并未干过祸国殃民的坏事，光复后，却被国民党政府以汉奸罪处决了。这件事一直令许宝骙耿耿于怀。与王谟的死于非命相比，周作人只被国民党政府判处十年徒刑，应该说是冰火两重天了。

许宝骙的证词极具史料价值，许多人正是据此推断周作人不该定性为汉奸，而应平反为打入敌伪政府高层的进步人士。周作人对许宝骙的地下党员身份是否知情？我们已经无从考稽。但周作人确实帮助过李大钊的遗属，知道此事的人比较多，这是他手中紧握的一根救命稻草。于浩成的《关于周作人的二三事》证实了这一点：日军战败投降之初，周作人为避祸计，曾有意投奔解放区，他委派伪北大教授赵荫棠到张家口与于力（于浩成的父亲，晋察冀边区参议会副议长）接洽，算是投石问路。此事被晋察冀边区参议会议长成仿吾一口否决，毫无通融的余地。赵荫棠有辱使命，就留在张家口的一所中学教书，没有及时返回北平。解放区不肯接纳周作人是不愿沾惹包庇汉奸的嫌疑，以免授人以柄，在舆论上处于被动地位，这一点是不难理解的。周作人帮助过李大钊的遗属是实，但功不抵罪，资不抵债。

周作人出任伪华北政务委员会常务委员兼教育总署督办，有何作为？外界盛传，日本人将进步青年关在北大文学院地下室，使之沦为撒旦治下的恐怖地狱，夜半拷打号哭之声惨不忍闻，周作人装聋作哑，漠然视之。此说最令人切齿寒心。事实如硬币，当然还有另外一面。据《庸报》记者郭健夫（中共地下党员，与周作人私交不错）证实，周作人营救过中共地下党员高炎和一些因抗日活动被捕的国共人士。这当然是周作人手中的政治本钱。

1941 年 12 月 8 日，太平洋战争爆发后的第二天，日军迅速进驻燕京大学，将代校长陆志韦和教授张东荪、赵紫宸、邓之诚等人集中起来，准备治以“通敌”之罪，将他们打入大牢。陆志韦急中生智，赶紧叫人去通知周岂明（周作人），请他援手施救。周作人在敌占区的缓冲和维护作用显然被不明真相的外界低估和抹煞了。

抗战胜利之初，周作人理应杜口防嫌，闭门思过，但他却抱有幻想，希望国府文教部门的接收大员沈兼士派他到东瀛去接收被日本军方劫掠的珍稀文物。如此天真确实令人咋舌。当时，胡适尚未归国，傅斯年代理北大校长，他对北平学界的汉奸（尤其是在伪北大任职的教授）深恶痛绝，务为驱除，周作人即被傅斯年亲手开除教职，因此他对傅胖子恨之入骨，多年后笔下仍要肆其楚毒，鞭尸而后快。

1946 年 7 月 19 日，国民政府首都高等法院公审周作人，媒体密切关注。周作人在诉状中声称：“学校南迁，教授中年老或因家庭关系不能随行者，有已故之孟森、冯祖荀、马裕藻及被告四人，由校长蒋梦麟特别承认为北大留平教授，委托保管校产。”1946 年 8 月 13 日，首都高等法院院长赵琛致函蒋梦麟，请蒋梦麟再次核实他出具的证明文书“是否即为台端手笔”。蒋梦麟回信表示无误，其中有这样一句话，颇为关键：“查本人在前北京大学校长任内，于华北沦陷时，确曾派已故之孟森、冯祖荀、马裕藻及现在押之周作人保管北京大学校产。”这句证词在很大程度上使周作人得以从轻发落。

五、什么选择最理想

1949 年 7 月 4 日，周作人给中共中央领导人写了将近六千字的长信，为自己洗刷罪名，他踌躇良久，迟至翌年才付邮寄出。唐弢看过周作人的那封亲笔信，有关苦茶先生的“丑表功”，他在《关于周作人》一文中是这样叙述的：“周作人为自己辩解的最根本的一条，便是说自己反对‘说空话’、‘唱高调’，主张‘道义之须事功化’。因此与其‘跑到后方去，在那里教几年书，也总是空话，不如在沦陷中替学校和学生做得一点一滴的事，倒是实在的。我不相信守节失节的话，只觉得做点于人有益的事总是好的。名分上顺逆是非不能一定，譬如受国民政府的委任去做戡乱的特务工作，决不能比在沦陷区维持学校更好’。”周作人在信中列举了自己的多项功劳：出面保全了北大理学院的房子，收回了北大图书馆、文史研究所和北平图书馆。他忠实践履了“勿怕死是要拼命做事”的一贯主张。最可见他四两拨千斤之功力的辩解是关于自己出任伪华北教育总署督办一职的那段文字：“及汤尔和病死，教育总署一职拟议及我，我考虑之后终于接受了。因为当时华北高等教育的管辖权全在总署手里，为抵制王揖唐辈以维护学校起见，大家觉得有占领之必要。”好一个“占领”，简直就有“灭此朝食”的气概。值得注意的是，他在信中引出儒家的三大叛徒——汉朝的王充、明朝的李贽、清朝的俞正燮——来为自己辩护，他说这三人都反对封建礼教，“疾虚妄”，“离经叛道”，与自己的思想十分合拍。他的意思不言而喻，所谓“贞士守节”，那只是封建糟粕，他既然是儒家的叛徒，不守节又有何不可，有何不妥呢？太奇怪了，周作人是淹通群学的文化精英，对中国人的心理痛点不会不清楚，国难当头，归附外寇，即使是将以有为，事后也绝对不可能得到国人的原宥和宽恕。他要做儒家的叛徒，却变成国民的公敌。这样的逻辑推导一点也不复杂，倒是他的自我辩解在主流文化背景下显得过于苍白。

建国后，新政府该如何对待周作人？这个问题，胡乔木和周扬都请示过毛泽东，伟人的意见是：“文化汉奸嘛，又没有杀人放火。现在懂古希腊文的人不多了，养起来，让他做翻译工作，以后出版。”人尽其才，物尽其用，有了最高领袖的这句话，周作人如获大赦，一度槁木逢春。另有一种说法是，章士钊在毛泽东面前能讲上话，他不止一次为周作人缓颊，还从毛泽东“还”给他的稿费中匀出钱来救济周作人，使周作人受益匪浅。据文洁若（周作人译稿的责任编辑）回忆，周作人着手翻译古希腊的经典著作，定期从人民文学出版社预支稿费（起初是每月二百元，后来提至每月四百元），但出版时只准署名周遐寿或周启明，不许署名周作人，这一刚性规定令周作人的自尊心很受伤害，他认为官方对他实施了默杀的手段。周作人的生活待遇可算优厚的了，比当时的普通老百姓强出一大截，但他仍将自己收藏的文物字画寄到香港去售卖，与海外友好通信，也多半是叹老嗟悲，诉苦道穷，自谓“乞食为生”。他还用“长年”（绍兴称地主家的长工为长年）的笔名在小报上发表文章，暗示外界他只不过是在做一份苦工而已。周作人是鲁迅的胞弟，他吃鲁迅饭的优势举世无双，无人可望其项背，他撰写了大量的回忆文章，结集出版，仰仗生前失和的兄长又找回了昔日文豪的一点落日余晖。他回忆从前兄弟反目，有过这样的表白：“我也痛惜这种断绝，可是有什么办法呢，人总只有人的力量。我很自幸能够不俗，对于鲁迅研究供给了两种资料，也可以说对得起他的了。”周作人应该清楚，伤口一旦形成，别人牢牢盯住的就永远只是那道刺目的疤痕。尽管从客观上来讲，他所提供的原始回忆和独到见解价值远远超过许多鲁迅研究专家所做的无用功，但他的角色却是最为尴尬的。

林语堂在《两个鬼》一文中说，每个人的心头都住着两个鬼：“其一是绅士鬼，其二是流氓鬼。……这是一种双头政治，而两个执政还是意见不甚协和的，我却像一个钟摆在这中间摇着。”有时，流氓鬼会占据优势，有时绅士鬼会抢得上风。周作人的口头禅是“怪好玩的”，因此得诨名“怪好玩先生”。有两个鬼时不时在心中拌嘴和打架，他是否也觉得怪好玩的？绅士鬼终究敌不过流氓鬼的胡闹，经不起它的怂恿，而至于一同堕落，一齐跳入粪坑，那就半点也不好玩了。周作人素来痛恨奴化，而甘心去做日伪政权的傀儡，最终还是让流氓鬼抢得先机，敲响了得胜鼓。

在《泽泻集》的自序中，周作人说过类似的话：“戈尔特堡批评蔼理斯，说在他里面有一个叛徒与一个隐士，这句话说得最妙；并不是我想援蔼理斯以自重，我希望在我的趣味之文里也还有叛徒活着。我毫不踌躇地将这册小集同样地荐于中国现代的叛徒与隐士们之前。”叛徒的角色似乎比汉奸更周正些许，但也是极其危险的，俟周作人看清隐士和叛徒都不可高调去做时，他已经丧失资格去扮演这两个角色中的任何一个。

南宫博的《于〈知堂回忆录〉而回想》一文中颇有维护周作

人并为之开脱的意思，他这样写道：“要知政府兵败，弃土地人民而退，要每一个人都亡命到后方去，那是不可能的。在敌伪统治下，为谋生而做一些事，更不能皆以汉奸目之，‘饿死事小，失节事大’，说说容易，真正做起来，却并不是叫口号之易也。何况，平常做做小事而谋生，遽加汉奸帽子，在情在理，都是不合的。”这样的辩护于普通人确实有用，而且通情达理，可是周作人不是普通人，其影响力之大超乎寻常，他也不是“做做小事而谋生”，他出任的是伪南京国民政府委员、伪华北政务委员会常务委员兼教育总署督办。

“立身一败，万事瓦裂。”周作人一失足成千古恨，再回首已百年身，他敝屣气节，趋奉敌寇，始终无法取谅于仇日憎日情绪异常炽烈的国人。我们回头细看这幕悲剧，可以肯定的是，周作人的文化理想与主流价值观发生了不可调和的致命冲突，一介书生，当然是处于弱势的一方，他不成齑粉谁成齑粉？儒家讲求恕道，但真能慈悲为怀的恻隐者和大度者永远只是相对沉默的极少数。胡适是不折不扣的自由主义者，其多所包容的海量举世公认，沈兼士曾出面求情，希望他为周作人的汉奸问题向全社会发出谅解的呼吁，对于这个不情之请，他回复的并非“Sorry”，而是一声断然否定的“No”。

相比于“汉奸”的刺眼标签，也许我们称周作人为“叛徒”更为稳妥。叛徒的下场又能比汉奸好到哪儿去呢？“文革”之初，正值周作人生命的暮晚时分，他含垢忍耻，欲求“安乐死”而不可得，遭到非人的折磨（八旬老翁挨红卫兵皮带抽打），爱子致残，图书被毁，手稿被抄，八道湾的大宅院被瓜分，困踡于自家小杂屋内，骨灰下落不明，他所付出的代价足够高昂和惨痛了。钱谦益卑躬降清，后悔无及，早已成为翻不了身的咸鱼。周作人觍颜事寇，自作聪明，盖因心太冷，对国家的前途极度看灰，对日军的战斗力过于迷信。这就很难说他是一位智者。“读书太多，结果脑袋不是自己的了”，用这话去形容他，不会有太大的偏差。从感情上讲，周作人极端亲日。钱钟书的中篇小说《猫》中有个人物叫陆伯麟，影射的笔触百分之八十指向周作人，“除掉向日葵以外，天下怕没有像陆伯麟那样亲日的人或东西”，这样的写照画皮还画骨。周作人至死也没弄明白，日本那么“明净直的民族”何以对中国总拿不出善意，只拿出恶意，“而且又是出乎情理的离奇”。鲁迅一字以骂之“昏”，还真是没骂错。但无论如何，周作人罪不该死，更不该是那种受尽肉体和精神双重折磨的惨死。德国哲学家海德格尔依附纳粹，为希特勒捧场，虽在欧洲臭名远扬，为人所不齿，二战后一度失去教职，但他并未受过任何肉体的折磨，安然活足八十七岁，寿终正寝。两相比较，周作人遭遇之惨，令人叹息。

周作人留下的遗嘱中有一句断言：“人死声销迹灭最是理想。”但对于他来说，肉体的死亡仍不是终结，他长留在世间的精神生命将受到无休无止的拷问，这才是未竟的悲哀。极“左”的“法官”主张因人废文，极右的“法官”甚至称赞他为瑕不掩瑜的“圣哲”，似乎施施然到孔庙去吃冷猪肉也完全够资格。钱穆治史，主张对古人对前人多表两三分同情。说白了，就是要讲点恕道。耶稣死前完全宽恕了那些加害于他的恶人，恕道之难就在于需要这种大悲悯大宽容的宗教情怀作为基石。哪怕他开门揖盗了，认贼作父了，你也要能够宽恕他。因此在周作人的“汉奸问题”上，今人肯用点恕道才行，因人废文大可不必。钟叔河先生在《知堂集外文》序言中写道：“陈婆虽有麻子，所烧的豆腐固未尝不好吃也。”此论堪称公允。然而众口难调，世间也有高手认为周作人的文章并不给力，掉书袋太多，追求趣味而事与愿违。钱钟书曾用小说家而非学者的尖刻笔锋酷评过周作人，可谓极尽揶揄之能事：“他主张作人作文都该有风趣。可惜他写的又像中文又像日文的‘大东亚文’，达不出他的风趣来，因此有名地‘耐人寻味’。……读他的东西，只觉得他千方百计要有风趣，可是风趣出不来，好比割去了尾巴的狗，把尾巴骨乱转乱动，办不到摇尾巴讨好。”钱钟书谑而至于虐，这个“狗摇尾巴骨”的新奇比喻用得是否高明，读者的意见恐怕也不会一边倒吧。

“悲歌自觉高官误，读史应知名士难。”在中国历史上，“半截人”（前半生誉满天下，后半生谤满国中）的名单可以开出一长串，周作人无疑是其中的典型。他原本只想做儒家的叛徒，孰料“方向盘”跑偏之后，竟做成了民族的罪人，南辕北辙，误差何其之大。盛名之累不可小视，过得了生死关的人竟过不了舆论关，强悍的舆论何尝不是起落无情的断头台，根本不由分说。历史的“公正”绝对可靠吗？在这个谜题面前，它也是大犯踌躇的，难下其准确判断。

我想，周作人纵然具有“我不入地狱，谁入地狱”的惊天勇气，也过分高估了自己清空地狱的能力。一旦身心堕入阿鼻之中，再想挣扎着爬出生天，挺直身架，洗净污点，就是要完成一个不可能完成的任务。周作人常在人前和文中自称“我是和尚转世的”，这也无济于事啊，毕竟他不是地藏王菩萨。

本文首发于《随笔》2011 年第 2 期

《中外文摘》2011 年第 15 期转载

《作家文摘》2011 年 8 月 25 日转载

《2011 年度中国思想随笔选》（百花洲文艺出版社）收录

菊残犹有傲霜枝

——辜鸿铭的方向感

辜鸿铭（1857—1928），外文名 Thomson，马来西亚槟城人。翻译家，学者。1915 年至 1923 年任北大文科教授。著作有《辜鸿铭文集》（上下册，海南出版社）。

1921年，日本作家芥川龙之介游历中国，他首途上海，西方友人约翰斯与他握手话别，善意地提醒道："你到了北京，不去看紫禁城也不要紧，但不可不见辜鸿铭啊！"

在西方人眼中，辜鸿铭具有极大的魅力和神秘感，他们视这位古怪老头为北京城内比三大殿更重要的人文景观，到了京城不去见他，简直就跟入宝山空手而归没什么区别。

辜鸿铭自嘲为Crazy Ku，这位辜疯子的魅力和神秘感究竟何在呢？看其晚辈学者和作家对他的描述，单是外表，就令人觉得有些滑稽可笑。

"他生得一副深眼睛高鼻子的洋人相貌，头上一撮黄头发，却编了一条小辫子，冬天穿枣红宁绸的大袖方马褂，上戴瓜皮小帽。不要说在民国十年前后的北京，就是在前清时代，马路上遇见这样一位小城市里的华装教士似的人物，大家也不免要张大了眼睛看得出神吧。"（周作人《北大顶古怪的人物》）

"先生喜征逐之乐，故不修边幅，既垂长辫，而枣红袍与天青褂上之油腻，尤可鉴人，粲然立于其前，不需揽镜，即有顾影自怜之乐。"（梁实秋《辜鸿铭先生逸事》）

"袍作枣红色，衬以无领铜钮，肥大马褂一袭，下着杏黄套裤，脚着挖心式'夫子履'，青云遮头，鼻架花镜。每谈国事，则曰：'你们中华民国！'盖先生发辫长垂，小帽红结，大如小儿拳，迄其天年，从未忘情于清室。"（王森然《辜鸿铭先生评传》）

"枣红色的旧马褂，破长袍，磨得油光闪烁，袖子上斑斑点点尽是鼻涕唾液痕迹，平顶红结的瓜皮小帽，帽子后面是一条久不梳理的小辫子，瘦削的脸，上七下八的几根黄胡子下面，有一张精通七八国语言，而又极好刁难人的嘴巴。脚下，终年一双梁布鞋。”（王理璜《一代奇才辜鸿铭》）

“一个背逆者，宣传君主主义；一个浪漫派，接受孔教作为人生哲学；一个主张专制者，却以佩着奴隶的标记（辫子）为得意。辜鸿铭之所以会成为中国近代最有趣的人物，即是由于上述矛盾。”（温源宁《不够知己·辜鸿铭》）。

“这个小老头，像禁欲者一样瘦削，但面孔很有神采，直着脖子，身体微微前倾，颧骨突起，宽宽的额头下面闪烁着两只带笑意的大眼睛。他穿着中国长袍。在北京人都已剪掉辫子的此刻，他却留着那条象征性的发辫。我们的谈话进行了一个多小时。辜氏口若悬河，我几乎插不上话。其实，这只是一场长长的独白，令我毕生难忘，因为我从未见过如此执著、如此固执地坚持己见、坚持确定信念的人。”（弗兰西斯·波里《中国圣人辜鸿铭》）

从以上的描述中，我们总能看到一个词，那就是“辫子”。中华民国推翻清王朝，最大的成就即是剪掉了辫子，剪掉了被洋人称之为 pig-tall（猪尾巴）的耻辱。辜鸿铭学贯中西，精通英、法、德、意、日等多国语言和古拉丁文，他为何独独对那条不甚雅观的辫子敝帚自珍？辜氏尝言：“许多人笑我痴心忠于清室。但我之忠于清室非仅忠于吾家世受皇恩之王室——乃忠于中国之政教，即系忠于中国之文明。”别人将他的辫子视为前清遗老的残留物，他却将自己的辫子视为“一个标志和象征——几乎是一个宗教符号，一面中国民族性的旗帜”，或者说，是一本中华传统文化的护照，他如此高估一根辫子，这确实有点匪夷所思。

1919年8月间，胡适在《每周评论》第33期上登出一篇随感录，批评辜鸿铭由于“立异以为高”的潜在心理作祟，别人留辫子他偏要剪辫子，别人剪辫子他偏要留辫子，完全是玩世不恭，为了出风头，引人注目。对此，辜鸿铭很生气，要求胡适登报向他正式道歉，否则就要去法院控告胡适诽谤罪，这当然只是威胁之词。

一、学在西洋，回归中土

1857年，辜鸿铭出生于马来西亚槟榔屿，幼而岐嶷，被乡人目为神童。其父辜紫云是华侨的后裔，受雇于当地双溪吕蒙牛汝莪橡胶园，在苏格兰人福布斯·司各特·布朗（Forbes Scott Brown）属下任司里，为人忠厚，深得器重，其次子鸿铭被布朗收为养子。当辜鸿铭十三四岁时，他被布朗带去欧洲大陆，进苏格兰名校爱丁堡大学修习艺术和文学。辜紫云送儿子出洋时，特别叮嘱他两件事：第一，他不可入耶稣教；第二，他不可剪辫子。到了苏格兰，辜鸿铭处处受到歧视，每天出门上街，当地小孩总跟在他身后叫喊：“瞧啊，支那人的猪尾巴！”他牢记父亲的教训，忍耻含羞，不敢剪去辫发。直到某个冬日，辜鸿铭的监护人去伦敦办事，他偷闲去会女朋友，那位苏格兰少女很顽皮，拿着他乌黑的长辫玩赏了好一阵，有点爱不释手。辜鸿铭一时冲动，将父亲的教训抛到九霄云外，就对她说：“你要是真心喜欢，肯赏脸收下这条辫子，我就把它剪下来送给你。”于是，咔嚓一声，那条长辫转瞬间便更换了主人。

在爱丁堡大学求学期间，每逢星期天，辜鸿铭携带纸笔，如同一名大侦探，去图书馆搜寻孤本秘籍，一旦找到，便立刻抄录下来。五六年间，他光是抄书就有数十种。同为爱丁堡大学的高材生，李提摩太最怕与辜鸿铭交谈，因为他读书虽多，在辜鸿铭面前，却显得孤陋寡闻。二十岁那年，辜鸿铭获得文学硕士学位。其后，他游学欧洲多国，在德国莱比锡大学获得工科学士文凭。大约在1880年，辜鸿铭回到马来西亚，入英属新加坡殖民当局任职。人生的重大转变往往是由于某个机缘促成，有时是一件事，有时是一个人。正当辜鸿铭瞻望前途举棋不定之际，他幸运地遇到了《马氏文通》的作者马建忠。当时，马建忠在巴黎获得法学博士，奉李鸿章征召，回国入其幕府襄助洋务，他途经新加坡，寄寓在海滨旅馆。辜鸿铭慕名前往访晤，两人都有欧洲留学的背景，因此一见如故。三日倾谈，马建忠舌粲莲花，极赞华夏文化如何博大精深，源远流长，竟使辜鸿铭恍若醍醐灌顶，其人生观和生活方式陡然作出大转变。他决定前往中国，研究经史。

> 我在新加坡同马建忠相遇……是我一生中的一件大事。因为正是他——这个马建忠，使我再一次变成一个中国人。尽管我从欧洲回来已经三年多，但我还不曾深入了解中国的传统思想和观念世界……自己仍保留着一个假洋鬼子样……
>
> 我同马建忠相遇三天后，即向新加坡殖民当局提出了辞呈，不等其作出答复，就乘坐第一班汽船回到我的槟榔老家。在那里，我告诉我的堂兄，即我们家那位家长，说，我愿意蓄辫并改穿中国服装。

回归中土四十年后，忆及往事，辜鸿铭对马建忠当初给他指点迷津仍感激不尽。

二、幕僚生涯

光绪十一年（1885年），一个偶然的机会，辜鸿铭由两广总督张之洞的幕僚赵凤昌（或谓杨汝澍）推荐，受聘为总督衙门的德文译员。他从此追随张之洞，由广州而武昌，由武昌而京城（中间在南京短暂任职），总计长达二十二年之久。刚入张之洞幕府时，辜鸿铭的洋文虽然出众，国学却尚未入门，一代鸿儒沈增植颇为轻视这位假洋鬼子，对他说：你说的话我都懂，你要懂我的话，还须读二十年中国书。辜鸿铭受此刺激，从此寝馈于中国典籍之中，十余年后他果然遵守前约，向沈增植挑战，沈增植见势不妙，高挂免战牌。

在《张文襄幕府纪闻》一书中，辜鸿铭曾写到张文襄（之洞）对他“虽未敢云以国士相待，然始终礼遇不稍衰”，“余随张文襄幕府最久，每与论事辄不能听”，“张文襄尝对客论余，曰某（辜）知经不知权”，瞧这几句话连皮带馅，实际上是三分感激夹带七分牢骚。张之洞少年得志，掇巍科（一甲第三名，俗称“探花”），点翰林，放学政，其后久任封疆大吏，办洋务，倡新学，标榜“中学为体，西学为用”，这八个字一度风靡国中。但张之洞的骨子里渗透了旧文官的习气，用人首重门第，次重科甲，三重名士，至于喝过洋墨水的人才，仅仅充为译员，很难得到他的举荐。辜鸿铭通晓欧洲多国语文，在外交场合为张之洞挣足了面子，却仍然只是处于养而备用的境地。张之洞是大傲哥，辜鸿铭也是大傲哥，一个是上司，一个是下级，难免会有冲突，会有顶撞，两人居然能长期做到彼此谅解，相互包涵，已属难能可贵。辜鸿铭拥有足够的闲暇，不见得就是坏事，他沉潜于六经子史之中，欣然感叹：“道固在是，无待旁求。”一旦对儒家经典心领神会，他就放开手脚，在英文刊物上发表介绍和评述中国文化精华的文章，欧洲学者正是从他豁开的这扇敞亮的窗口看到中国哲学和文化的精深邃密之处，因而感到惊奇和兴奋，俄国文豪列夫·托尔斯泰与辜鸿铭用书信探讨过中国文化对现实世界所起的作用，丹麦文学与社会评论家勃兰克斯也在长篇评论中对辜鸿铭批判欧洲文化的观点表示激赏。辜鸿铭还做了一桩拓荒性质的工作，他用典雅的英文翻译《四书》中的《论语》和《中庸》，把文化输出这一项目做得风生水起。辜鸿铭歪打正着，因此在欧洲知识界挣得持久不坠的声誉，也可算是失之东隅，收之桑榆。

辜鸿铭静待时来运转，一等就是十七年。张之洞突然想起这位模范幕僚虽然孤傲，倒也精明，却迟迟未获提升，自己做老板的实在有些过意不去。他对辜鸿铭说：“十七年来，我对你有所疏忽，可是你为什么不提出要求呢？我很忙，把你晋升的事给忘记了。”张之洞这回动了真格的，向光绪皇帝举荐辜鸿铭，御旨任命辜鸿铭为上海黄浦浚治局督办，月薪高达 800 两银子，确实是个肥差。辜氏对物质生活没有奢求，做官做得相当清廉，独善其身也就罢了，他在财务上盯得比老鹰还紧，居然揭发并控告洋人的贪赃舞弊行为，妨碍他们的财路，这就等于搬起石头砸烂自己的金饭碗。

1907 年夏，张之洞奉旨进京出任体仁阁大学士兼军机大臣，他在幕僚中精心挑选了两名“洋学生”——梁敦彦和辜鸿铭随同北上。到了北京，梁、辜二人同入外务部，辜鸿铭任员外郎，旋升郎中，做了司长，总算混到出人头地了。

1910 年 1 月 17 日，辜鸿铭获得清廷赏赐的一项荣誉：即以其“游学专门列入一等”，赏给文科进士。在同榜中，严复居首，辜鸿铭居次，伍光建列第三。辜鸿铭对自己屈居第二，深感气闷，一直耿耿于怀，怫然不乐。如果说严复、伍经建将西洋名著输入到国内，使国人眼界大开，算是了不起的本事，他辜鸿铭将中国儒家文化输出到国外，去感化那些野性难驯的洋鬼子，就更是了不起的本事。但严、伍的功绩国人有目共睹，辜的功绩则是在西洋知识界有口皆碑，他显然是要吃亏一些，能点个榜眼，不说心满意足，他也该心平气和了。

三、遗老和教授

张之洞去世后不久，被贬居彰德的袁世凯大有卷土重来之势。辜鸿铭在许多公开场合辱骂袁世凯是“贱种”，是“流氓”，他还在《张文襄幕府纪闻》一书中嘲笑袁世凯的智商只相当于北京街头刷马桶的老妈子，袁世凯耳目众多，难保他不清楚这本坏账。外务部尚书梁敦彦是辜鸿铭的顶头上司和多年好友，他为辜的安全担忧，恐怕其难逃厄运，便及时向辜鸿铭发出警报，要他赶紧逃生。辜鸿铭够倔，但并不傻，他立刻辞职南下，跑到上海，出任南洋公学的校长（也有记载称他做的是教务长）。

1911年冬，唐绍仪、张謇在上海为袁世凯罗致人才，想把辜鸿铭招至麾下，他们知道辜鸿铭是保皇党，而清廷并未厚遇过他，于是设宴于名店，引用孟子的话去打动他，“君之视臣如犬马，则臣视君如国人；君之视臣如土芥，则臣视君如寇仇”。瞧，这话说的，就像是倒提宝剑，授人以柄，辜鸿铭当然不会错过反唇相讥的机会，他说：“鄙人命不犹人，诚当见弃。然则汝两人者，一为土芥尚书，一为犬马状元乎？”说完这话，辜鸿铭掷下杯子，拂袖而去。唐绍仪任过清朝邮传部尚书，张謇是光绪二十年的恩科殿试状元，获得过三品官衔，两人都曾是既得利益者，辜鸿铭的话算是挖苦到家了，唐、张二人自取其辱，好生无趣。

1916 年，袁世凯的皇帝迷梦被蔡锷的远射踢爆，退位后不久便一命呜呼。他活着时，老百姓难获生人之趣，他死了，北京城仍要禁戏三天，娱乐场所悉数关门停摆。辜鸿铭不理会这道官方禁令，他将戏班子接至家中，照旧开演。警察登门干涉，他白眼告知：袁某某是忌日， 我可是生日， 这戏不演不行。警察也知道辜疯子的厉害，跟他不可较真，于是睁一只眼闭一只眼，听之任之。

1917 年，蔡元培主掌北大，以“兼容并包”为办学宗旨，延聘辜鸿铭为北大英文门教授。蔡元培的理由是：“我请辜鸿铭，则因为他是一位学者、智者和贤者，而绝不是一个物议飞腾的怪物，更不是政治上极端保守的顽固派。”辜鸿铭是天字第一号的保皇党，他时刻以前清部郎自居，脑后拖着灰白小辫，在北大激昂亢进的氛围中来去招摇，保持鲜明的个人姿态，他反对女生上英文课，反对新文化运动，确实是当年一道奇异的景观。“辫帅”张勋复辟时，辜鸿铭在外交方面竭尽绵薄之力，梁敦彦荐他做外务部侍郎，据说张勋期期以为不可，理由是“辜鸿铭太新了”，这真是令人啼笑皆非的笑谈。好在那幕复辟闹剧只折腾了十多天就草草收场了，倘若再闹下去，保不定还会闹出更多更大的笑话。

辜鸿铭对其日本籍夫人吉田贞子珍爱有加，由于爱屋及乌，他特别欣赏近代日本的政教和文化，他曾说：“有人纳闷处于孤岛之上的日本怎么会崛起为东方的强国。其主要原因就在于日本生下了许多我妻子那般贤淑的女子——她们像崇高的古罗马母亲一样伟大。”1924 年，他应日本“大东文化协会”之邀，去东瀛巡回讲学（主题是“东方文化”），待了几年，并不如意。“东北大王”张作霖一度想聘请辜鸿铭为政治顾问，两人见了面，晤谈过几回，张作霖觉得货不对版，辜鸿铭也对张作霖观感不佳。

他跟日本朋友萨摩维次谈及那次东北之行，仅仅一语带过：“张作霖只不过是个马贼，他哪里懂得政治与文明。”

1928年，军阀张宗昌欲委任辜鸿铭为山东大学校长，辜氏未置可否，即于4月30日下午逝世于北京寓所中，享年七十二岁。辜鸿铭曾对近邻和好友凌福彭（现代女作家凌叔华的父亲）说：他想刻一枚图章，同康有为的“周游三十六国”比一比，看谁的棒！他要印上自己的履历——“生在南洋，学在西洋，婚在东洋，仕在北洋”。辜鸿铭年轻时在武昌娶日本少女吉田贞子为妻（一说为妾），勉强算得上婚在东洋。可见他童心未泯，骨子里是好胜的，他不肯让康有为专善独美。还有一事也可见出辜鸿铭的好强，他自夸能够背诵弥尔顿的代表作、数千行的长诗《失乐园》，好友梁崧生抵死不肯相信，他就当场表演，拿出一本英文原著，请凌叔华的堂兄作证，把《失乐园》背得流水滔滔，原原本本，一字不错，硬是堵了梁崧生的嘴，使对方不服气不行。

在北大当教授，辜鸿铭并没有把本分之中的传道授业解惑当回事，他第一堂课要学生将讲义翻到page one（第一页），等到最后一堂课他还是要学生将讲义翻到page one。授课时间全在嬉笑怒骂中过去，但他的嬉笑怒骂全是学问。辜氏的课上座率极高，并不逊色于胡适多少。以怪论耸人听闻，以嘲骂语惊四座，以诡辩独擅胜场，眼瞧着那些青年听众两眼放光，挢舌不下，被牵着鼻子走，这才是辜鸿铭乐此不疲的赏心快事。又有谁比北大的学生更合适做他的听众？要领会他的幽默讽刺，必须有点悟性才行。胡适初至北大任教时，辜鸿铭根本没把这位二十七岁的留美博士放在眼里，他批评胡适讲的是美国中下层的英语，与高雅不沾边。胡适开哲学课，更让他笑掉大牙，他指出，欧洲古代哲学以希腊为主，近代哲学以德国为主，胡适不会拉丁文，又不懂德文，教哲学岂不是骗小孩子。

1915年9月初，代理校长胡仁源致完简短的开幕词，余下的时间就被辜鸿铭牢牢地攫在手中，他尽兴地谩骂当时的政府和社会上的新生事物。他说，现在做官的人，都是为了保住他们的饭碗。他们的饭碗可跟咱们的饭碗不一样，他们的饭碗很大，里边可以装汽车，装洋房，装姨太太。又说，现在的作者文章都不通，他们所用的名词就站不住脚，譬如“改良”一词吧，以前的人都说“从良”，没有说“改良”的，你既然是“良”了，还改个什么劲？莫非要改“良”为“娼”？他这样讲了一个多钟头，许多人尽管不同意他的观点，但听得津津有味，盖因辜鸿铭的胡言乱语极为诙谐。

有一次，他向学生表示，他百分之百拥护君主制度，中国社会大乱，时局不宁，主要原因是没有君主。他举出一个小小的例子，以证明此言不虚：比如讲法律吧，你要讲“法律”（说时小声），没有人害怕；你要讲“王法”（大声，一拍桌子），大家就害怕了，少了那个“王”字就绝对不行。说到王法，还有一个笑话，辜鸿铭讨了一位中国太太，还讨了一位日本姨太太，她们对他很好，但有时也会联手对付这位古怪老头，因此辜鸿铭多少有点惧内，别人抓住这个题材调侃他时，他的回答出乎意料：“不怕老婆，还有王法么？”

四、愤世嫉俗骂强梁

辜鸿铭在西方获得赫赫之名，多半是由于他那机智有余、火花四溅、酣畅淋漓的英文实在太出色，他那专搔痒处、专捏痛处、专骂丑处的文化观点实在太精彩，令欧洲学者为之心折，敬佩有加。辜鸿铭在中国获得籍籍之名，则是由于他怪诞不经的言行实在太离谱，他桀骜不驯的态度实在太刺目，“他的灵魂中没有和蔼，只有烈酒般的讽刺”，令中国人的胃口吃不消，眼睛也受不了。他对玩弄以诡辩与谬论“震惊白种或黄种庸人”的游戏乐此不疲，欧洲人能够欣赏他大言不惭、狂狷不逊、立异为高的表演，而中国人则全然不懂得该如何欣赏其中的妙趣。中国人的文化性格过于内敛，中国人的文化土壤从来就不肯容纳异端和叛逆。这就是为什么欧洲人视之为不世出的天才，中国人则视之为不经见的怪物的根本原因吧。其实，我们只要逾越中国人千百年来自设的重重樊篱，把辜鸿铭简单地视为一个极端有趣（低级趣味和高级趣味兼而有之）并具备一流才智的人，就能够从他自觉和不自觉的喜剧表演中清醒地观察到、深刻地认识到中国人的可爱之处和可恶之处，以及中国文化的可贵之处和可悲之处。然而问题是，很少有人能像他那样蔑视西方的价值观念，他到底是仅仅表现一种东方人的文化姿态，还是确实出于内心的真诚？这始终是一个谜。辜鸿铭太擅长表演了，因此他的言行具有极大的遮蔽力和欺骗性，在一团驳杂的光影中，观众往往莫辨其虚实。

当年，欧美人在中国简直就如同洋菩萨，到处受到尊敬，辜鸿铭却对这种崇洋媚外的现象十分反感，他决定不失时机地羞辱白人，以证明中国人才是真正优越的代表。有一次，他在电影院看电影，想点着一支一尺长的烟斗，但火柴已经用完。当他认出坐在他前排位置的观众是一位苏格兰人时，他就用烟斗和蓄有长指甲的手指轻轻敲击苏格兰人的那颗光头，一副傲形于色的样子，以不容拒绝的口气说：“请点着它！”那个苏格兰人被吓坏了，以为撞煞，遭遇了中国黑道上的老大。苏格兰人自忖开罪不起，只得乖乖地掏出火柴，抖抖索索地点着辜鸿铭的烟锅。辜氏深吸一口，吐出一团烟雾，同时也吐出了心头积郁的那口怨气。辜鸿铭在洋人面前表现出来的优越感源自于他的机智与幽默，某天，辜鸿铭在北京椿树胡同的私邸宴请欧美友人，点的是煤油灯，烟气呛鼻。有人说，煤油灯不如电灯和汽灯明亮，辜鸿铭笑道：“我们东方人，讲求明心见性，东方人心明，油灯自亮。东方人不像西方人那样专门看重表面功夫。”你说这是谈佛理，谈哲学，还是故弄玄虚？反正他这一套足够唬住那些洋鬼子。辜鸿铭辩才无碍，他既能在西洋人面前稳操胜算，也能在东洋人面前棋高一招，即便他面对的是日本前首相伊藤博文那样的高段位选手，他也能赢。中日甲午海战后，伊藤博文到中国漫游，在武昌居停期间，他与张之洞有过接触，作为见面礼，辜鸿铭将刚出版不久的英文译本《论语》送给伊藤。伊藤早有耳闻——辜氏是保守派中的先锋大将，便乘机调侃道：“听说你精通西洋学术，难道还不清楚孔子之教能行于两千多年前，却不能行于二十世纪的今天吗？”辜鸿铭见招拆招，回答道：“孔子教人的方法，好比数学家的加减乘除，在数千年前，其法是三三得九，如今二十世纪，其法仍然是三三得九，并不会三三得八的。”伊藤听了，一时间无言以对，只好微笑颔首。辜鸿铭殊非当时一些泄泄沓沓的士大夫所可比拟，他生平喜欢痛骂洋人，反以此见重于洋人，不为别的，就为他骂得鞭辟入里，骂在要穴和命门上。洋人崇信辜鸿铭的学问和智慧，到了痴迷的地步。当年，辜鸿铭在东交民巷使馆区内的六国饭店用英文讲演“The Spirit of the Chinese People”(他自译为《春秋大义》)，中国学者讲演历来没有售票的先例，他却要售票，而且票价高过“四大名旦”之一的梅兰芳。听梅的京戏只要一元二角，听辜氏的讲演，要两元，外国人对他的重视由此可见一斑。

生逢乱世，也很少有人像辜鸿铭那样愤世嫉俗，推倒一世雄杰，骂遍天下强梁，他性喜臧否人物，出语尖酸刻薄，不肯假贷，不留情面。慈禧太后去世后四年，辜鸿铭写过一篇《慈禧的品行、趣味和爱好》的文章，赞扬慈禧太后“胸怀博大，气量宽宏，心灵高尚”，“是一位趣味高雅、无可挑剔的人”。但这并不表明，他对慈禧太后就没有微词。鄂中万寿节时，湖广总督府大排宴席，燃放鞭炮，唱新编爱国歌。辜鸿铭对同僚梁星海说，有爱国歌，岂可无爱民歌？梁星海便怂恿他试编一首。辜鸿铭有捷才，稍一沉吟，便得四句，他朗诵道：“天子万年，百姓花钱；万寿无疆，百姓遭殃。”话音刚落，满座为之哗然。辜鸿铭对晚清的中兴人物，如曾国藩、李鸿章，亦颇有微词。他认为曾是大臣，李是功臣，然曾之病在陋（孤陋寡闻），李之病在固（凡事无所变更）。他还拿张之洞与端方作比较，结论是：“张文襄学问有余，聪明不足，故其病在傲；端午桥聪明有余而学问不足，故其病在浮。文襄傲，故其门下幕僚多为伪君子；午桥浮，故其门下幕僚多为真小人。”

近世人物中，辜鸿铭最看不起袁世凯，因此后者挨骂的次数最多，也最为不堪。1907 年，张之洞与袁世凯由封疆外任同入军机，辜鸿铭随喜，也做了外务部的员外郎。有一次，袁世凯对驻京德国公使说：“张中堂（张之洞）是讲学问的，我是不讲学问的，我是办事的。”言下之意是，他处理公务无须学问帮衬。辜氏听人转述此话，忍俊不禁，立刻以戏谑的语气嘲笑袁世凯不学无术，他说：“当然，这要看所办的是什么事，如果是老妈子倒马桶，自然用不着学问；除倒马桶外，我还不知道天下有何事是无学问的人可以办到的。”当时，有一种说法众人皆知：洋人孰贵孰贱，一到中国就可判别，贵种的洋人在中国多年，身材不会走形变样，贱种的洋人则贪图便宜，大快朵颐，不用多久，就会脑满肠肥。辜鸿铭借题发挥，用这个说法痛骂袁世凯：“余谓袁世凯甲午以前，本乡曲一穷措无赖也，未几暴发富贵，身至北洋大臣，于是营造洋楼，广置姬妾，及解职乡居，又复购甲第，置园囿，穷奢极欲，擅人生之乐事，与西人之贱种到中国放量咀嚼者无少异。庄子曰：‘其嗜欲深者，其天机浅。’孟子曰：‘养其大体为大人，养其小体为小人。’人谓袁世凯为豪杰，吾以是知袁世凯为贱种也！”他还骂袁世凯寡廉鲜耻，连盗跖贼徒都不如，直骂得袁世凯一无是处。

1919年，张勋六十五岁生日，辜鸿铭送给这位尸居余气的“辫帅”一副贺寿联，上联为“荷尽已无擎雨盖”，下联为“菊残犹有傲霜枝”。意思是清朝灭亡了，那顶官帽已经全无着落，但还留下一条好端端的辫子，足可笑傲于这个寒光闪闪的时代。撇开这副对联的精神内涵不谈，借喻确实极为贴切生动。辜鸿铭用苏东坡《赠刘景文》一诗中的名句做寿联，与其说是夸赞张勋的遗老骨气，还不如说他是别有深意，纯然作为自我表彰。毕竟张勋带头上演过复辟闹剧，他那条辫子已经臭名昭著，而辜鸿铭的辫子，大家无论是否情愿，确实承认它具有中国传统文化的符号意义，当新文化运动蓬蓬勃勃之际，称它为“傲霜枝”，虽有点滑稽，但还不算是比拟失伦。

诙谐的人很可能很严肃，古怪的人也很可能很正直，辜鸿铭生平最看不惯官场里的蝇营狗苟。以段祺瑞为首的安福系军阀当权时，颁布了新的国会选举法，其中一部分参议员须由中央通儒院票选，凡国立大学教授或在国外大学得过学位的，都有选举权。于是，像辜鸿铭这类闻名遐迩的北大教授就成了香饽饽。有位美国哥伦比亚大学毕业的陈博士到辜家买票，辜鸿铭毫不客气，开价五百元，当时的市价是二百块。小政客只肯加到三百。辜鸿铭优惠一点，降至四百，少一毛钱也不行，必须先付现金，不收支票。小政客还想讨价还价，辜鸿铭大吼一声，叫他滚出去。到了选举的前一天，辜鸿铭果然收到四百块光洋和选举入场证，来人再三叮嘱他明日务必到场。等送钱的人前脚离开，辜鸿铭后脚就迈出大门，他赶坐下午的快车前往天津，把四百块钱悉数报销在名妓“一枝花”身上。直到两天后，他才尽兴而归。陈博士早就气歪了嘴巴，他赶到辜家，大骂辜氏轻诺寡信。辜鸿铭二话不说，顺手绰起一根粗木棍，指着这位留学生小政客，厉声斥责道：“你瞎了眼睛，敢拿几个臭钱来收买我！你也配讲信义！你给我滚出去！从今以后，不要再上我这里来！”陈博士理屈词穷，又慑于辜氏手中那根粗木棍的威力，只好抱头鼠窜，逃之夭夭。当时，中国的国会议员被称为“猪仔议员”，实由贿赂公行造成。辜鸿铭用贿款去吃花酒，杀“猪”杀得风流快活，堪称一绝。

在京城的一次宴会上，座中都是一些社会名流和政界大腕，一位外国记者逮住这个空当采访辜鸿铭，所提的问题相当刁钻：“中国国内政局如此纷乱，有什么法子可以补救？”辜氏不假思索，立刻开出一剂猛药：“有，法子很简单，把现在所有在座的这些政客和官僚，统统拉出去枪毙掉，中国政局就会安定些！”想想看，他这话往报纸上一登，还能不炸锅？还能不招致各路强梁的忌恨？

五、天生反骨

辜鸿铭经常将孟子的那句名言挂在嘴边，“予岂好辩哉，予不得已矣”，他雄辩滔滔，亦诡辩滔滔，其雄辩与诡辩如山洪暴发，势不可扼，难以阻截，当之者莫不披靡，不遭灭顶之灾不得解脱，英国作家毛姆和日本作家芥川龙之介都曾领教过他的厉害。有一次，辜鸿铭在宴席上大放厥词：“恨不能杀二人以谢天下！”有客问他二人是谁，他回答道：“是严复和林纾。”严、林二人均在同席，严复涵养好，对辜鸿铭的挑衅置若罔闻，林纾则是个爆脾气，当即质问辜氏何出此言。辜鸿铭振振有词，拍桌叫道：“自严复译出《天演论》，国人只知物竞天择，而不知有公理，于是兵连祸结。自从林纾译出《茶花女遗事》，莘莘学子就只知男欢女悦，而不知有礼义，于是人欲横流。以学说败坏天下的不是严、林又是谁？”听者为之面面相觑，林纾被顶上南墙，无从置辩。王森然在《辜鸿铭先生评传》中如是评论传主：“其为人极刚愎，天生叛徒，一生专度与人对抗之生活，众所是则非之，众所喜则恶之，众所崇信则藐视之，众所反对则拥护之。只得到与人不同之处，便足快乐与骄傲矣。林语堂谓：‘辜为人落落寡合，愈援助之人愈挨其骂。若曾借他钱，救他穷困，则尤非旦夕待其批颊不可，盖不如此，不足以见其倔强也。’”

尽管辜鸿铭与其日本夫人和中国夫人相处得很和谐，在家里也不像普遍的中国男人那样喜欢颐指气使，作威作福，但他脑子里并没有女权的影子，他对女性的轻视往往出之以笑谈。譬如他用拆字法将“妾”字解释为“立女”，妾者靠手也，所以供男人倦时作手靠也。他曾将此说告诉两位美国女子，对方立刻加以驳斥：“岂有此理！照你这么说，女子倦时又何尝不可将男子作为手靠？男子既可多妾多手靠，女子何以不可多夫？”她们甚为得意，以为这样子就可轻易驳倒辜鸿铭，使他理屈词穷，哑口无言，她们太低估自己的对手了。辜鸿铭果然祭出他的撒手锏，这也是他被人传播得最广的一条幽默：“你们见过一个茶壶配四个茶杯，可曾见过一个茶杯配四个茶壶？”与此说相类同，他还在北京大饭店的宴会上戏弄过一位英籍贵妇。那位贵妇跟他搭讪：“听说你一向主张男人可以置妾，照理来说，女人也可以多招夫婿了。”辜氏大摇其尖尖的脑袋瓜，连声否定：“不行不行！论情不合，说理不通，对事有悖，于法不容！”那位英籍贵妇正要提出质询，辜氏又反问道：“夫人代步是用黄包车？还是用汽车？”她据实相告：“用汽车。”辜氏于是不慌不忙地说：“汽车有四个轮胎，府上备有几副打气筒？”此语一出，哄堂大笑，那位英籍贵妇顿时败下阵来，面红耳赤，嗒然若丧。

辜鸿铭曾针对外国人批评中国人不爱卫生、喜欢随地吐痰、很少洗澡的说法反驳道：这正是中国人重精神胜过重物质的表现。实在是强词夺理，只能当做笑话去听。但有一点是千真万确的，辜鸿铭极其欣赏三寸金莲，他娶的中国夫人，裙下双钩尖如玉笋，莲步姗姗，绰约多姿，仿佛凌波仙子。他将小脚之妙总结为七字诀，流播士林，成为定论。他说："小脚女士，神秘美妙，讲究的是瘦、小、尖、弯、香、软、正七字诀。妇人肉香，脚唯一也，前代缠足，实非虚政。"他还说："女人之美，美在小足，小足之美，美在其臭，食品中其臭豆腐、臭蛋之风味，差堪比拟。"辜氏有嗜臭奇癖，常常捧着夫人的三寸金莲捏捏嗅嗅，顷刻之间即如服下兴奋剂，简直应验如神，于是灵感骤至，文思泉涌，下笔千言，倚马可待。辜氏喜欢巡游北里，逛八大胡同，其意不在选色征歌，而是专找小脚的妓女下单。他常说：三寸金莲乃中国女性的特有之美，中国妇人小脚之臭味，较诸法国巴黎香水，其味尤醇，能使人神清气爽，心旷神怡。若让一位强悍的女权主义者听到他这番谬论，必会踹其裆，唾其面，批其颊。辜氏运气好，他游历多国，喋喋不休，居然没有遇到过一位凶巴巴的铁娘子，不用口舌，只用拳脚，使他感到窘迫和尴尬。

二十世纪三十年代，北京大学英文教授温源宁作文《一个有思想的俗人》，尝言："在生前，辜鸿铭已经成了传奇人物；逝世之后，恐怕有可能化为神话人物了。其实，他那个人，跟目前你每天遇见的那许多人并非大不相同，他只是一个天生的叛逆人物罢了。"这也许算得上是一针见血之言。辜鸿铭刻意追求与众不同，大凡别人赞成的，他就反对；别人崇拜的，他就蔑视。时兴剪辫子时，他偏要留辫子；流行共和主义时，他偏要提倡君主主义。由于他才智出众，凡事都能谠言高论，自圆其说，也就不会穿帮。有人骂他为“腐儒”，有人赞他为“醇儒”，其实都不对，他只是一位天生反骨的叛逆者。

辜鸿铭天才踔厉，欧美名校给他颁赠过十余个荣誉博士头衔，他的小脑袋中装满了中国的孔孟老庄和欧洲的歌德、伏尔泰、阿诺德、罗斯金……仿佛一座大英博物院的图书馆，随便抽出几册黄卷来抖一抖，就能抖人一身知识的灰尘。他恃才玩世，恃才骂世，恃才傲世，不知得罪了多少人，他至死依然我行我素，不投机，不曲意，不媚俗，以不变应万变。一位文化保守主义者如此牢固不拔，行之终身而不懈，举世能有几人？在中国官商士民被洋鬼子压迫得透不过气来的年月，只有他能捅出几个气孔，给洋人和洋奴一点颜色瞧瞧，这已是非常了不起的成绩。有人说：“庚子赔款以后，若没有一个辜鸿铭支撑国家门面，西方人会把中国人看成连鼻子都不会有的。”辜鸿铭、陈友仁被西方人评为近代中国两位最有洋气最有脾气也最有骨气的人，辜在思想上，陈在政治外交上，最善于巧舌如簧，为中国争面子。有了辜鸿铭，乱世因而添出一份意外的美丽，这是无疑的。辜鸿铭对中国的道德文化具有坚深的信仰，自视为“卫道之干城，警世之木铎”，他生平最痛恨中国人吐弃旧学，蔑视国俗，可惜他悲天悯人的善意无谁心领，他洞察古见的睿识无谁神会，一肚皮的不合时宜唯有出之以嬉笑怒骂之言，伤时骂坐之语，因此被人贬为“怪物”，诮为“狂徒”，讥为“彻头彻尾开倒车的人”，徒然弄出许多纷扰。林语堂在《八十老翁心中的辜鸿铭》一文中由衷地赞美道：“辜鸿铭是一块硬肉，不是软弱的胃所能吸收的。对于西方人，他的作品像是充满硬刺的豪猪。但他有深度及卓识，这使人宽恕他许多过失，因为真正有卓识的人是很少的。”应该承认，林语堂对辜鸿铭的推崇不是没有道理的。

此外，我们还应该记住以下几条评价，须知，这些对辜鸿铭低首下心的人物都不是肯轻易谬赞谁谁谁的：

“国家养士，舍辜鸿铭先生而外，都是‘土阿福’。”（苏曼殊）

“愚以为中国两千五百余年文化所钟出一辜鸿铭先生，已足以扬眉吐气于二十世纪之世界。”（李大钊）

“辜氏久居外国，深痛中国国弱民贫，见侮于外人，又鉴于东邻日本维新富强之壮迹，于是国家之观念深，爱中国之心炽，而阐明国粹，表彰中国道德礼教之责任心，乃愈牢固不拔，行之终身，无缩无倦。”（吴宓）

“辜鸿铭死了，能写中国诗的欧洲人却还没有出生！”（白特夫人）

“我想，如果说这位怪人还有些贡献，他的最大贡献就在于，在举世都奔向力和利的时候，他肯站在旁边喊：危险！危险！”（张中行）

本文首发于《辽河》2006 年第 10 期

《书摘》2007 年第 4 期转载

越堕落越不快乐

——刘师培“笑熬糨糊”

刘师培（1884—1919），字申叔，号左庵，曾改名光汉，江苏仪征人。语言学家。1917 年至 1919 年为北大文科教授。著作有《刘申叔先生遗书》（七十四册，宁武南氏）。

清朝末年，有两位国学大师与民族革命扯上了千丝万缕的联系，一位是章太炎，另一位是刘师培，一个字枚叔，另一个字申叔，“二叔”的学问在伯仲之间，他们彼此推崇，互相抬举，只不过气性迥异，一个阳刚，另一个阴柔，结局也大不相同，一个虽然负气使性，常与革命阵营闹点别扭，但还不至于卖身投敌，觍颜事敌，另一个则千流万转，直线堕落，可谓劣迹斑斑，身上黥满了“叛徒”、“走狗”的耻辱标志，永世难以洗脱。

我们先粗略地扫描一下刘师培的简历，看看能得出怎样的印象。他出生于江苏仪征一个世代书香门第，曾祖刘文淇、祖父刘毓崧、伯父刘寿曾、父亲刘贵曾都是清代恪守乾嘉传统的经学家，个个淹通经史，家学渊源甚深。传记中描写，刘师培天生异相，尻部残留一根不到一寸的无骨肉尾，左足正中有一块龙眼大小的鲜红胎记，因此他被称为“老猿再世”，是聪明异常之兆。刘师培八岁学《周易》，十二岁时即已将四书五经背诵如流，“为人虽短视口吃，而敏捷过诸父，一目辄十行下，记诵久而弗渝”。最牛的是，他只用两个小时就牢牢地记住了蒙古地图上一千多个地名，当众复制原图，居然只有一处错误。

刘师培禀赋极高，精勤过人，再加上名师点拨，积以年月，他就不啻克绍箕裘那么简单，还能青出于蓝而胜于蓝，成为名动天下的国学大家。刘师培十七岁进学，十九岁中举，可谓少年得志。1904年，他会试落第，盘桓沪上，受到章太炎的强烈影响，倾向民族革命，著有《中国民约精义》等雄文，抨击专制，倡扬民主。1907年，刘师培前往东瀛，加入中国同盟会，成立“女子复权会”，创办机关刊物《天义报》，标榜“女权革命”，宣传无政府主义，喊出耸人听闻的口号：“破坏一切固有之社会，颠覆现今一切之政府，抵抗一切之强权！”他还发起组织社会主义讲习所，主张没收地主土地，铲除资本家。特别值得一提的是，刘师培是最早介绍《共产党宣言》的中国人，在《天义报》上发表过《〈共产党宣言〉序》，他求新甚急与守旧甚固均趋于极端。嗣后，由于看不惯孙中山的所作所为，且与章太炎发生龃龉，刘师培遂与革命阵营彻底决裂，投靠两江总督端方，叛卖革命党人。端方入川受戮，他亦遭到羁囚，幸而获释，在成都国学院短期讲学，然后前往山西太原，在阎锡山门下充当帮闲的清客，受其荐举，被袁世凯招揽于旗下，成为筹安会“六君子”之一。袁氏建立短命的洪宪王朝，刘师培被册封为上大夫，这番荣华富贵却只是梦幻泡影。1917年，蔡元培聘请刘师培为北京大学国文系教授。1919年1月，刘师培与黄侃、朱希祖、马叙伦、梁漱溟等学者成立“国故月刊社”，以保全国粹为己任。1919年11月20日，刘师培因患肺结核，医药罔效，病逝于北京，年仅三十六岁。其主要著作由南桂馨、钱玄同等生前好友搜集整理，居然有七十四种之多，合称《刘申叔先生遗书》。刘师培若肯将全部心思沉潜于学问，不走江湖，不入官场，不求荣达，自珍自励，积健为雄，他只需与章太炎同寿（六十九岁），成就当在章太炎之上。刘师培魂归道山后，蔡元培撰《刘君申叔事略》，字里行间充满了惋惜之情：“向使君委身学术，不为外缘所扰，以康强其身，而尽瘁于著述，其所成就，宁可限量？惜哉！”

一、早慧的热血青年

无论是在精神方面，还是在身体方面，刘师培都属蒲柳之质，弱不禁风，受不起挫折和失败。他十九岁中举，踌躇满志，翌年进京参加会试，自以为“今科必中”，从此官运亨通，前途一帆风顺，却不料名落孙山，“飞腾无术儒冠误”，其翰林梦化为泡影。懊丧之余，刘师培口无遮掩，对考官对朝廷甚至对光绪皇帝、慈禧太后都多有微词。恃酒壮胆，狂态毕露，言论颇为激切，他说：科举有哪样好？八股文有哪样好？直折腾得士子头脑僵化，一个个迂腐不堪，全无救世之勇和济世之智。当此河决鱼烂之时，朝廷若不改弦易辙，铲除科举积弊，创办新式学堂，鼓励出洋留学，弱国愚民将如何与世界列强争雄斗胜？正所谓祸从口出，尽管刘师培的话句句在理，但他的高论却完全不合时宜，传来传去，就鼻歪眼斜了，官府将他视为危险分子，要拿他治罪。刘师培在扬州难以立足，索性逃到上海，去开辟另一片新天地。

在上海，刘师培与章太炎、蔡元培、谢无量等人一起发表反清言论，积极参与《俄事警闻》《警钟日报》和《国粹学报》的编辑工作，为《中国白话报》撰稿，用通俗易懂的浅白文言，向民众宣传民族革命主张。这一期间，他写作了《中国民族志》《攘书》《悲佃篇》《中国民约精义》和《匪风集》。他非常反感所谓满汉一体的高论，在《辩满人非中国臣民》一文中，他详细考证满人的族源，力证满族是外夷，与汉族“不独非同种之人，亦且非同国之人”。非我族类，其心必异，满族统治者卖国残民，无所不为，就并不奇怪了。

刘师培先后加入中国教育学会、光复会、同盟会、国学保存会等进步组织。尤其令人刮目相看的是，他迅速成为一名激进的革命党人，参与策划了行刺反动官僚王之春的行动，将好友张继所赠手枪借给义士万福华。倘若照这样的路数发展下去，刘师培也未必不能由文弱书生蜕变为钢铁战士，但他走错了一步关键棋，那就是与何震结婚。何震具有极端的女权思想，她发表《女子复仇论》，鼓吹“男女革命”，主张男女一切平等，称天下男子都是女子的大敌：“今男子之于女子也，既无一而非虐；则女子之于男子也，亦无一而非仇。”她叫嚣要“革尽天下压制妇女之男子”，同时“革尽天下甘受压制之女子”，对女子“甘事多妻之夫者”要“共起而诛之”，对“未婚之女嫁再婚之男者”也要“共起而诛之”。这种“女子复仇论”是女权主义的变态品种，一旦实行，必定爆发更为惨烈的性别大战。何震的控制欲和虚荣心特别强，她参加革命活动，只不过是寻求刺激，他们夫妇二人被上海革命党人比做普鲁东和索菲亚，乃是牵强附会。

1905 年，刘师培在《警钟日报》上公开辱骂德国人，遭到租界巡捕房的通缉。他化名金少甫，逃往嘉兴。

1906 年春，刘师培应陈独秀之邀，奔赴安徽芜湖，任教于安徽公学、皖江中学，他们秘密组织“岳王会”，宣传革命，发展党人，培养专门从事暗杀的人才。刘师培改名光汉，自署为“激烈派第一人”，认为“中国的事情，没有一桩不该破坏的”，他在《中国白话报》上发表《论激烈的好处》，文中说，中国人之所以瞻前顾后，一事无成，是由于有恐怖心、挂碍心、依恋心时常作祟，要扭转这种现状，解除这种束缚，改变这种心理习惯，非出以激烈的手段不可。中国的事情，如家庭上的压抑、政体上的专制、礼俗上的拘束，没有一桩不该破坏，也只有破坏才能更新变好。唯有激烈的手段可以唤醒和鼓动中国的民众，使他们不再安于现状，苟且偷生。一言以蔽之，中国的衰亡都误在“平和”二字，要治本就得激烈。刘师培的这种说法，在当时或许对革命者有其鼓劲加油的积极作用，但显得狂热而幼稚，摆明了，他是那种只喜欢烧荒，不愿意垦殖的愤青。

二十世纪初，留学欧美的中国志士强调科学救国和教育救国，留学日本的中国志士则坚持民族革命，矢志推翻腐朽的满清王朝。在当时一大批造反的秀才中，刘师培去日本较晚，1907年春，他应章太炎的盛情邀请，东渡扶桑，结识孙中山、黄兴、陶成章等革命领袖，留在同盟会东京本部工作，与章太炎等人组织“亚洲和亲会”，发表一些火药味十足的文章，其排满反清激烈程度丝毫也不逊色于章太炎。1907年6月8日，刘师培的文章《辨满人非中国之臣民》在《民报》第十四期发表，章太炎的读后感是：“申叔此作，虽康圣人亦不敢著一词，况梁卓如、徐佛苏辈乎？”章太炎是清末民初著名的古文经学大师，他一向自视甚高，目无余子，这回识获巨才伟器的喜悦却溢于言表。

然而，刘师培本质上是一个喜好标新立异自炫高明的人，是一个犹疑多变患得患失的人。他受无政府主义和社会主义思潮的影响，在同盟会之外另立旗帜，发起成立“女子复权会”和“社会主义讲习会”，创办《天义报》和《衡报》，主张废除等级制度，实现人权平等。他疾视帝国主义为“现今世界之蟊贼”，扬言要“杀尽资本家”，攻击“富强”二字是“公理之大敌”，是“大盗之术”，提倡“非军备主义”，主张“废兵”，要求解散军队。他作《戒学政法歌》，将“国家”划为第一邪说，将“团体”划为第二邪说，将“我”推崇为万事万物的主体，将“个性”放在极重要的位置：“人类进化无止境，当使人人呈个性。人非团体不能生，毕竟野蛮风未尽。”他认为人类最根本的三大权是平等权、独立权和自由权，若为了人类的平等，可以限制个人的自由，独立和个性也就很难成立了。刘师培的思想实际上是一团乱麻，有时幼稚不经，有时滑稽不伦，比如他的“均力”论，要人们按年龄轮换工种，一人而兼众艺，吃一样的饭，穿一样的衣，住一样的房，这样强求一律，真不知人之生趣何有？刘师培发表《论水灾为实行共产主义之机会》一文，奉告饥民杀官、杀富户，做成共产无政府，简直视流血如儿戏。他创立“农民疾苦调查会”，征集民谣民谚，发表多省的民生疾苦调查记，号召实行“农民革命”。他组织人手翻译《共产党宣言》和克鲁鲍特金的《面包掠夺》《总同盟罢工》等纲领性文件，他为《共产党宣言》中译本作序，盛赞阶级斗争学说为“千古不磨之论”，马克思与达尔文双双造福人类“其功不殊”，俨然是一位无政府主义、进化论和社会主义的多重信仰者。

二、滑向背叛之途

在“城头变幻大王旗”的乱世，狂热书生突然改变信仰，是完全可以理解，也是完全应该谅解的事情，而背叛革命，出卖朋友，踩着他人的白骨以求飞升，则另当别论，二者的性质天差地别。刘师培投靠两江总督端方，公开背叛革命，这不啻是白璧之玷，而是其一生最大的污点，倾江河之水也无法洗刷。经此蜕变，刘师培在革命党人眼中已成无耻之尤的败类，遭到唾弃。若非蔡元培、陈独秀、章太炎等昔日友人保持宽容态度，刘师培的余生将更为凄惶。

章太炎不喜欢孙中山，这是公开的秘密，刘师培视章太炎为良师益友，受其影响，自然爱其所爱，憎其所憎。他对孙中山的评价极低：“盖孙文本不学之徒，贪淫性成，不知道德为何物。”可见他对孙中山反感至极。

1907年，日本政府接到清政府的外交照会，总得做做样子吧，便依循惯例，将革命者孙中山驱逐出境。但日本政府觉得这样对待孙中山，颇怀歉疚心理，便由外务省赠予程仪（路费）五千元，此外，东京股票商铃木久五郎馈赠一万元。孙中山正为募集革命经费暗自犯愁，此项赠款来得恰是时候，他便悉数笑纳，并未拒绝。此事同盟会同仁一无所知，多少有点黑箱操作之嫌，因而引起风潮。章太炎当时正主编同盟会机关报《民报》，经费左支右绌，听说孙中山收取大笔黑金，拨给《民报》的补贴却只有区区两千元，顿时气不打一处来。他在总编室取下孙中山的肖像，咣啷一声掷于地上，坚决主张罢免孙中山的总理之职，由黄兴取代。陶成章更不是一盏省油的灯，他起草《七省同盟会意见书》，历数孙中山十九条罪状，将排孙倒孙情绪煽至沸点。章太炎在集会上说：

“孙文自欧洲来到东京，囊空如洗，一文莫名，所有日常生活开支，概由同盟会同志捐献供应。而今孙文得自日本当局馈赠一万五千元，以自动离境为交换条件，事前事后，本会毫不知情。孙文如此见利忘义，不自珍惜志节，不愤发艰苦卓绝情操，接受了污染渗透的赠予，使本会大公无私的号召力，蒙受毁损的阴影，殊感莫大遗恨！为挽救本会开创之士气与信赖，拟请孙文引咎辞卸本会总理职。”

黄兴此时正推行“革命者回归祖国”的方案，百事猬集，颇感力不从心，眼下又添“倒孙风潮”，更觉形势咄咄逼人。他在关键时刻头脑冷静，顾全大局，坚决维护孙中山的领袖地位，表示自己绝对不当总理，并且对章太炎、陶成章多方开解道：

“如今革命风潮笼罩全国，清廷暴虐，变本加厉，万事莫如伐罪急，建国急，两公如求革命成功，万望对孙总理释除误会而信任之。”

他还洞察幽微，分析了日本政府的用意，说，日本人见中国同盟会发展壮大，如受当头棒喝，日本政府希望窳败积弱的满清王朝继续腐败，好从中受益，不愿革命者取得政权。日本这次驱逐孙中山出境，一反常态地馈赠程仪，完全违反外交惯例，是否别有居心，是否包藏祸心，以糖衣毒药为饵，欲引发同盟会的内讧，使之自行瓦解？诸位当有所警惕。黄兴好说歹说，总算平息了众人的愤怒，化解了各方的矛盾。

刘师培与日本浪人北一辉、和田三郎结为至交，在“倒孙风潮”期间扮演着极不光彩的角色，他们阴谋刺杀孙中山，幸而未能得逞。刘师培迁怒于拥护孙中山、反对集会表决的同盟会总干事刘揆一，于是唆使和田三郎和北一辉在僻静的小巷对刘揆一拳脚相加，要不是警察闻声制止，只恐怕会出人命。

“倒孙风潮”终告平息，同盟会的内讧却造成了无法弥合的裂痕，两位革命党的泰山北斗孙中山与章太炎由同仇敌忾的战友一变而为不共戴天的冤家对头。尔后两三年间，章太炎纠缠不休，撰文多番攻击孙中山，诋毁孙中山是“背本忘初”的“小人”，孙中山素具雅量，也受不住他这般不依不饶的缠斗，终于大动肝火，痛詈章太炎是“丧心病狂”的“陋儒”。双方谩骂之际，已失去必要的理智，刘师培对孙中山的反感更激化为鄙夷和仇恨。刘师培的心理变化，用陶成章的话来概括，则是：“因见孙文受外贿，心轻之。寻又以与会中办事争权，大恨党人。”刘师培本人将自己脱离革命阵营的缘由归结为“失望”二字，他说：“东渡以后，察其隐情，遂大悟往日革命之非。”所谓“隐情”即指革命党人在公生活与私生活两方面的缺失。

革命追求的是功利，而功利的死敌便是书生气，难怪说“秀才造反，十年不成”，孙中山收取“外贿”，派上军事用场，是出于功利的考虑，可说是为达目的，不计手段，而章太炎、刘师培以书生气十足的道德观去揣度对方的心思，自然是风马牛不相及，出现谬以千里的偏差。当年，同盟会领导成员动若参商，彼此之间缺乏必要的沟通，因此龃龉不断，误会多多。价值观念的迥然不同最终使他们自成壁垒，走向了对立面，这是没有办法的事情。章太炎、刘师培都缺乏通观全局的眼光和包容万有的胸怀，他们斤斤计较于某些细节和“大节”，最终对孙中山、对革命党产生厌憎情绪。他们是狂热书生，不同于纯粹的革命家，他们可以退回书斋，从事学术研究，脱离革命阵营并不意味着一事无成，这是他们心理上最后一道防线。章太炎心灰意冷，吵着嚷着要遁入空门，去印度学佛，刘师培悲观失望，受妻子何震的鼓捣，受姻亲汪公权的撺掇，完全倒向清廷的怀抱，甘当叛徒，以谋取荣华富贵。

三、二叔交恶与一线生机

刘师培与章太炎的交恶客观上加快了他在思想上的转向。1908年2月，章太炎与刘师培夫妇合租一处房屋，同住的还有何震的表弟汪公权。何震是有名的交际花，刘师培则不善应酬，于是何震常与表弟出双入对，章太炎察觉二人关系暧昧，便私底下告诉刘师培，要他多留一点神，别让汪公权与何震弄出丑闻来，影响自己的清誉。刘师培的母亲非但不信，反过来大骂章太炎不安好心，挑拨离间。1908年5月24日，刘师培窃得章太炎的一枚私章，伪造《炳麟启事》，刊登在上海的《神州日报》上，其词为：“世风卑靡，营利竞巧，立宪革命，两难成就。遗弃世事，不撄尘网，固夙志所存也。近有假鄙名登报或结会者，均是子虚。嗣后闭门却扫，研精释典，不日即延请高僧剃度，超出凡尘，无论新故诸友，如以此事见问者，概行谢绝。特此昭告，并希谅察。”大意是章太炎对革命已失去信心，打算从此不理世事，专研佛学。章太炎得悉此事后非常气愤，他在同年6月10日的《民报》上刊登《特别广告》，斥责《神州日报》捏造事实，诟骂刘氏夫妇是清廷密探。他们的关系彻底闹僵，友情随之破裂。不久，便发生了“毒茶案”，有人在茶中下毒，谋害章太炎。事情败露，调查结果出来，是汪公权下的黑手，舆论一片哗然，刘师培夫妇陷入四面楚歌的尴尬处境。在此期间，日本政府应清政府的要求，查禁《民报》等报刊，《天义报》也未能幸免。刘师培回国后，对章太炎怨恨难消，他把章太炎要他与两江总督端方联系筹款以作远赴印度游资的五封书信影印寄给同盟会领导人黄兴，揭发章太炎的“阴私”，说什么章氏曾答应两江总督端方，只要拨给两万元，便可舍弃革命宣传，去印度出家。刘师培在背后捅上这样一刀，以章太炎的火烈性子，昔日的友情自然是扫地以尽。刘师培此举加深并加速了同盟会内部的分化，可谓亲者痛而仇者快，他在革命阵营中彻底失去了立足之地。

刘师培“外惧党人，内惧艳妻”，1907 年 12 月，由何震出面联络，他作《上端方书》，表示今后“欲以弭乱为己任，稍为朝廷效力，兼以酬明公之恩”，并献“弭乱之策”十条，甘愿变节，充当清廷暗探，踏上了背叛革命的不归路。1909 年，刘师培夫妇在上海诱捕革命党人陶成章未遂，又将浙江起义的机密出卖给端方，致使革命机关天宝栈遭到破坏，金华龙华会魁首张恭被捕入狱。浙江志士王金发忍无可忍，决定锄奸，他挟枪闯入刘师培的寓所，刘氏跪地求饶，答应离开上海，保证竭力营救张恭，这才侥幸捡回一条性命。1909 年夏，王金发在上海击毙了汪公权。受此惊吓之后，刘师培不知悛悔，反而公开入幕，为端方考订金石，兼任两江师范学堂教习。又拜徐绍桢为师，研究天文历法。端方调任直隶总督，刘师培紧紧追随，担任直隶督辕文案、学部谘议官等职。1911 年，端方前往四川，出任川汉铁路大臣，派兵残酷镇压保路运动，在资州（今四川资中）被哗变的新军击杀。刘师培陷入樊笼，遂成惊弓之鸟。

此时，章太炎第一个站出来，尽弃往日嫌隙，顾念刘师培学问精湛，人才难得，作《宣言》，为他争取一线生机，其大旨为："昔人曾云明成祖，'城下之日，弗杀方孝孺，杀之，读书种子绝矣'。……今者文化凌迟，宿学凋丧，一二通博之材如刘光汉辈，虽负小疵，不应深论。若拘执党见，思复前仇，杀一人无益于中国，而文学自此扫地，使禹域沦为夷裔者，谁之责耶？"这篇《宣言》硬是将刘师培从鬼门关活生生地又拉了回来。

及至民国新肇，刘师培罪不容诛，陈独秀（时任安徽都督府秘书长）等老革命党人不念旧恶，多方营救，希望政府网开一面，让刘师培戴罪立功，以期对文化事业多有裨补。为此，陈独秀冒党人之大不韪，上书大总统，请求特赦刘光汉（师培）：

> 大总统钧鉴：仪征刘光汉累世传经。髫年岐嶷，热血喷溢，鼓吹文明，早从事于爱国学校、《警钟日报》、《民报》等处，青年学子读其所著书报，多为感动。今共和事业得以不日观成者，光汉未始无尺寸功，特惜神经过敏，毅力不坚，被诱佥任，坠节末路，今闻留系资州，行将议罚，论其终始，实乖大法，衡其功罪，或可相偿，可否恳请赐予矜全，曲为宽宥，当玄黄再造之日，延读书种子之传，俾光汉得以余生著书赎罪。……谨此布闻，伏待后命。

陈独秀历数故友功绩，以"神经过敏"为开脱，以"延读书种子之传"为保全，刘师培果然得到宽宥，获释入川，欣然接受名士谢无量之邀，出任四川国学院副院长，讲授《左传》《说文解字》，并与廖季平、吴虞等人发起成立"四川国学会"。

1913 年 6 月，刘师培夫妇前往山西，担任友人南桂馨的家庭教师。后由南氏介绍，刘师培投靠阎锡山，任高等顾问。阎锡山赏识刘师培的学问，将他推荐给袁世凯。作为筹安会“六君子”之一，刘师培鼓吹帝制，不遗余力，作《君政复古论》《联邦驳议》等“雄文”，辞采渊懿，出尽风头，但他此举也被时人讥为仿效扬雄歌颂王莽的“剧秦美新”。

刘师培对政治一窍不通，可谓胸无一策，性格又十分怯懦，倒是他的老婆何震诡计多端。她认为“筹安会”的这些书生太过迂腐，为什么要走王莽路线？何不学学赵匡胤的部下，选在国庆日，趁袁世凯阅兵时，一拥而上，也来个黄袍加身，让他非称帝不可，弄成既定事实，岂不比什么劝进更痛快更有实效吗？何震的主意之所以被当作妇人之见弃之未用，并非袁世凯不敢效仿宋太祖，是因为他惧怕列强干预，这一层顾忌，何震是没有虑及的。

在洪宪王朝的独幕丑剧中，刘师培担任过参政员，被册封为上大夫，享受过比肥皂泡更短暂的荣华富贵。洪宪王朝土崩瓦解后，刘师培原本在北京政府所拟的通缉名单之内，由于李经羲作保，他和严复被剔出名单。刘师培担惊受怕，在北京待不住，只好蛰居天津租界，贫病交加，惶惶不可终日。

四、一介通儒“笑熬糨糊”

不管生活多拮据多窘迫，刘师培都不改专心治学的习惯。陶菊隐的《筹安会“六君子”传》提到刘师培的疯与怪，举了一个实例为证：“他住在北京白庙胡同大同公寓。一天，教育部旧同僚易克臬来访，见他一边看书，一边咬馒头。他面前摆着一碟酱油，却因专心看书，把馒头错蘸在墨盒里，送到嘴里去吃，把嘴和脸都涂得漆黑，看上去像一个活鬼。”那情形着实会吓人一大跳，受惊之后，又会忍俊不禁。

章太炎评价刘师培治学最有趣，他说：“常人患不读书，而申叔患读书过多，记忆太繁，而悟性反少。诚欲著书，宜三二载束书不观，少忘之而后执笔，庶可增其悟力云。”

1917年，蔡元培执掌北京大学，实行“兼容并包”、“学术自由”的办学方针，“古今中外”各得其所，他力排众议，聘请刘师培为中国文学门教授，讲授中古文学史、《左传》、《三礼》、《尚书》和训诂学。初入北大，刘师培才三十三岁，病怏怏的了无生气，文科学长陈独秀是刘师培的顶头上司，陈内心虽然鄙薄刘师培的为人，但对他的学问相当认可和看重，所以关照多多，刮风下雨照例准假。刘师培书法拙劣，且有手颤的毛病，周作人在回忆文章中说他“字写得实在可怕，几乎与小孩子描红相似，而且不讲笔顺。……只看方便有可以连写之处，就一直连起来，所以简直不成字样”。在讲堂上，他从来都是只讲述不板书。有一次，陈独秀前往听课，刘师培仍是一如既往，一堂课下来，只在黑板上写了一个“日”字，圆圈中间加一点。对此，陈独秀一笑置之。当时，适值冯友兰在北大就读，他去听过刘师培的课，印象蛮好：“他的水平确实高，像个老教授的样子，虽然他当时还是中年。他上课既不带书，也不带卡片，随便谈起来，就头头是道。援引资料都是随口背诵，当时学生都很佩服。”

张中行在《红楼点滴》之中写到刘师培，有这样一段传神的文字：“我到北京大学是三十年代初，其时古文经学家刘师培和今文经学家崔适已经下世十年左右。听老字号的人说，他们二位的校内住所恰好对门，自然要朝夕相见，每次见面都是恭敬客气，互称某先生，同时伴以一鞠躬；可是上课之后就完全变了样，总要攻击对方荒谬，毫不留情。……可见都是忠于自己的所信，当仁不让的。”在北大，胡适与钱穆唱反调，黄侃与钱玄同唱对台戏，都是很好的剧目，当时的学风就贵在争鸣，不相高下。

从1917年开始，陈独秀以北大为营盘，以《新青年》为阵地，扛起新文化运动的大旗，力倡科学和民主，为赛先生和德先生杀开一条血路。刘师培再次逆时代潮流而动，跳将出来与陈独秀和胡适对垒，他与黄侃、朱希祖、马叙伦、梁漱溟等成立“国故月刊社”，作为国粹派的主将，欲与新文化运动相抗衡。胡适提倡白话文学，刘师培嗤之以鼻。此时刘师培已经病入膏肓，深感力不从心，算是垂死一搏，赢得的却是螳臂挡车的讥诮。

1919年3月，林纾攻讦陈独秀等“新派”人物，以“旧派”刘师培等人为声援，刘氏则又胆小变卦，发表公开声明，否认自己与林纾为伍，与“新派”为敌：“鄙人虽主大学讲席，然抱疾岁余，闭关谢客，于敝校教员素鲜接洽，安有结合之事？又《国故》月刊由文科学员发起，虽以保存国粹为宗旨，亦非与《新潮》诸杂志互相争辩也。”刘氏的观念似乎是新旧文化各美其美，并行不悖。他发表声明，其实是一种策略，为的是不变成“新派”的箭垛，以免臭烘烘的旧账被再度翻出清算。

刘师培曾评论汉代学问家扬雄“虽非明圣道，亦复推通儒”，他自己呢？学问优而人品劣，通儒之名则无人否认，鲁迅对他的学问也是很钦佩的。

1919年11月20日，刘师培因肺结核病逝于北京，年仅三十六岁。咽气前，他派人把黄侃叫至病榻前，吃力地嘱托道：“我一生应当论学而不问政，只因早年一念之差，误了先人清德，而今悔之已晚。”说罢，清泪涟涟。他希望黄侃能继承他的学术，并发扬光大，传诸后世。

刘师培与何震生有一女，此前已不幸夭折，膝下荒凉，身后极为萧条。何震受到刺激，精神失常，不久即发狂而死。陈独秀在丧礼上致悼词，总结刘师培一生功过，在场师生无不为之欷歔。陈独秀最后引用康有为的诗句——“曲径危桥都历遍，出来依旧一吟身”——作为结束，表达了无尽的惋惜之情。

民国之后，革命既成，往事俱为陈迹，当年听闻刘氏变节而颇致诋毁的党人并未秋后算账，章太炎表现出君子休休有容的大度，仍旧称赞刘师培“学问渊深，通知今古”，是“国学精湛之士”，欲“保持绝学”，则须爱惜其人。刘师培饮誉杏坛，在学界大有身价，昔日环境恶劣，他潦倒不堪，为宵小所误，乃恬然下水，一失足成千古恨，被人视做“扬雄、华歆之流亚”，徒然令人慨叹：“卿本佳人，奈何做贼！”

蔡元培在致吴稚晖的信中分析过刘师培中途颠踬堕落的原因，称刘氏“确是老实，确是书呆”，一身兼具三种性质——好胜、多疑、好用权术，三者皆为“老实人之累”。刘氏长期患有“内热症”，狷急近利，不能忘情爵秩，如此“老实的书呆子”就“未免好用其所短”，最终依从劣根性，以失节为收场。饶有意味的是，蔡元培先生宅心仁厚，甚至推测刘师培有可能想做“徐锡麟第二”，徐锡麟为谋刺安徽巡抚恩铭，不惜与之结为“刎颈之交”，以取得其信任。刘师培会不会也有此初衷，隐而未发？蔡元培作出这样的推测，显然是高估了刘师培，尽管刘师培改名刘光汉，但他身上全然没有“光汉子”徐锡麟杀身成仁、舍生取义的血性，他只是孱弱书生，与心雄万夫、视死如归的烈士毫不沾边。

杨向奎在《清儒学案新编》中认为，刘氏中途变节，由排满反清而投靠端方，乃是由于文人之间的意气之争，他与章太炎发生龃龉，“大半来自学术”，刘氏“少年气盛，在学术上不肯让人，而太炎自视甚高，目无余子已久，两人相遇，不肯相下，宵小于其间易于为功，于是龃龉生，而申叔走”，这种说法失之简单，值得商榷。章太炎固然自视甚高，但并非目无余子，他在政治方面极推崇宋教仁、陶成章，在革命方面，他极推崇黄兴，在学术方面他也极推崇刘师培、黄侃。他一度反感刘师培，反感的是刘某受妻子何震挟持，做出一些亲者痛、仇者快的事情，愤恨刘某缺少骨气，而不是在学术地位上非要与刘师培争个高下，非要分出老大老二不可。刘师培心胸褊狭，或许嫉妒章太炎的名头在自己之上，至于章太炎，他的自信已足可保证他不再计较别人的品评，至于说有人挑拨离间，那人也只可能是何震、汪公权，发生效用的也只可能是刘师培。章刘交恶，以及后来重修旧好，都可看出章太炎的光明磊落，他指责刘师培投逆并非信口雌黄，他对刘师培的护惜也可谓竭尽所能。

有人嘲弄刘师培一生是“在风雨飘摇的乱世中笑熬糨糊”，这锅“糨糊”足够他消化一万年的了。乱世如狂流，人人好变，人人善变，不少人都在政治追求上反复无常，区别只在有无高标，有无底线。刘师培善变，总是在污泥浊水中辗转其身，最终变得委琐，变得龌龊，道德学术双双受损，遭人鄙弃，关键就在于他一而再再而三地甘于堕落，根本没想过要严守底线。然而他越堕落越不快乐，这就是命运对他的戏弄。梁启超同样善变，由维新保皇而至于倒袁护国，变得纯粹，变得精彩，道德学术相映生辉，为世人所推崇，关键就在于他不仅守住了底线，而且还树有高标。

本文首发于《书屋》2006年第2期

《读书文摘》2007年第9期转载

八部书外皆狗屁

——黄侃的学问、脾气和嗜好

黄侃（1886—1935），字季刚，自号量守居士，湖北蕲春人。语言学家，文学家。1914 年至 1919 年为北大文科教授。著作有《黄侃文集》（二十二卷，中华书局）。

名师出高徒，此言不虚。章太炎是国学大师，其高足弟子黄侃也是国学界超一流人物。

1906年，黄侃留学日本，就读于东京早稻田大学，巧就巧在他与章太炎租住同一幢寓所，他住楼上，章太炎住楼下。黄侃生性疏狂，不拘形迹，某日夜间，一时内急，他懒得去楼下如厕，掏出小家伙就从窗口往外浇注。章太炎正在书房用功，忽见一条“小白龙”从天而降，尿臊味扑鼻而来，他按捺不住心头的无名火，冲上露台，昂首大骂。黄侃年少气盛，岂是肯当场认错的主？他不甘示弱，也以国骂狠狠地回敬了几梭子。论戟指骂人的功夫，章太炎认了第二，就没人敢认第一，江湖上称之为“章疯子”，他也乐得承认自己有神经病。这下可就热闹了，棋逢对手，将遇良材，仿佛张飞斗马超，挑灯夜战，八百个回合也难分高下。别人是不打不相识，他们是不骂不相交。翌日，黄侃向房东太太打听楼下住客究竟是何方神圣，这才弄清楚状况，昨夜他冒犯的竟是国学大师章太炎。狂人并非没有改过之勇和服善之智，黄侃半点不含糊，当即执贽登门，道歉之后，虔诚叩头拜章太炎为师。

一、章门头号大弟子

章门弟子中有“四大金刚”和“五大天王”的名目，“四大金刚”系指黄侃、钱夏（钱玄同）、汪东和吴承仕，“五大天王”系指前四人加上朱希祖，此外，章太炎的入室弟子有“北李南黄”之说，北李指山西人李亮工，南黄指湖北人黄侃，章太炎在自述中则认定“弟子成就者，蕲春黄侃季刚，归安钱夏季中，海盐朱希祖逖先”，仅列举三人。无论以上哪种说法，黄侃的名字都高居第一，称他为章太炎的头号大弟子应不为错。

黄侃历任北京大学、北京女师大、武昌高师、中央大学和金陵大学等校教授。他读书多神悟，于国学堂奥无所不窥，尤善音韵训诂，诗词文章均为一时之选。在治学方面，他主张“师古而不为所囿，趋新而不失其规”，“以四海为量，以千载为心，以高明远大为贵”。他还有两句治学名言为世人所称道：其一是，“须知求业无幸致之理，与其为千万无识者所誉，宁求无为一有识者所讥。”其二是，“学问之道有五：一曰不欺人，二曰不知者不道，三曰不背所本，四曰为后世负责，五曰不窃。”他生平圈点和批校之书多达数千卷，全都一丝不苟。他在文字、音韵、训诂方面的学问远绍汉唐，近承乾嘉，把声韵结合起来研究，从而定古声母为十九、古韵母为二十八，使“古今正变咸得其统纪，集前修之大成，发昔贤之未发”，这在汉语音韵史上是一个划时代的里程碑。黄侃批点的《十三经注疏》《史记》《汉书》《新唐书》，从句读到训释，都有许多发前人所未发之处。此外，章太炎先生曾经将黄侃和李详并举，认为两人均为最杰出的《文选》学家。黄侃的《〈文心雕龙〉札记》开创了研究古典文论的风气，历史学家范文澜先生在其《文心雕龙讲疏·序》中说，“吾游学京师，从蕲州黄季刚先生治词章之学，黄先生授以《文心雕龙札记》二十余篇，精义奥旨，启发无遗。”黄侃常对人说，“学问须从困苦中来，徒恃智慧无益也”，“治学如临战阵，迎敌奋攻，岂有休时！所谓扎硬寨、打死仗，乃其正途”。黄侃生前曾对弟子刘博平说：他的诗文造诣只算“地八”（骨牌中第二大的牌），“天九”（骨牌中最大的牌）已被古人取去了。若论学问，他是决不会这么自谦的。

黄侃满肚子学识，却慎于下笔，述而不作，这可急坏了他的恩师，章太炎曾批评道：“人轻著书，妄也；子重著书，吝也；妄不智，吝不仁。”黄侃当即答应恩师:“年五十当著纸笔矣。”1935年3月23日，黄侃五十岁生日，章太炎特撰一联相赠，上联是“韦编三绝今知命”，下联是“黄绢初裁好著书”。上下联均用典故。“韦编三绝”说的是孔子读《易》，穷研义理，致使串结竹简的牛皮筋多次磨断，以此形容黄侃五十年来读书异常勤奋，颇为贴切；“黄绢初裁”源出曹娥碑后打哑谜似的评语——“黄绢幼妇，外孙齑臼”，曹操帐下头号智囊杨修的破解是：“黄绢，色丝也，于字为‘绝’；幼妇，少女也，于字为‘妙’；外孙，女子也，于字为‘好’；齑臼，受辛也，于字为‘辞’。所谓‘绝妙好辞’也。”章太炎运用曹娥碑的典故，希望黄侃兑现承诺，五十岁后潜心著述，写出“绝妙好辞”。谁知此联暗藏玄机，其中嵌有“绝”、“命”、“黄”三字。据黄焯《黄季刚先生年谱》所述，黄侃向来迷信谶语，接到这副寿联后，脸上骤然变色，内心“殊不怿”。果然是一联成谶，当年9月12日，黄侃因醉酒吐血，与世长辞。一代鸿儒，勉强仅得中寿，这无疑是学术界的一大损失。

梁简文帝萧纲尝言：“立身之道与文章异，立身先须慎重，文章且须放荡。”黄侃却反其道而行之，他是大学者，著书极为慎重，立身却相当放荡，被人视为异数，指为怪胎，骂为淫贼，他都是不管不顾的。

二、狂傲怪僻不饶人

黄侃（1886—1935）字季刚，祖籍湖北蕲春，黄侃的父亲名云鹄，字翔云，清末曾任四川盐茶道。黄侃幼承家学，颖悟过人，七岁时即作诗句“父为盐茶令，家存淡泊风”，颇得长辈嘉许。黄云鹄为官清廉，却是个雅好诗书的痴子，他曾游四川雅安金凤寺，与寺中一位能诗的和尚酬唱甚欢，竟流连多日，耽误了正经差事。上司怫然不悦，动手参了他一本，执笔的幕僚颇为草率，也不讲明前因后果，即将这件事归纳为“流连金凤”四个字。朝廷见到奏折，不知“金凤”是寺名，误认为是妓女名，清朝悬有厉禁，官吏不许狎妓。黄云鹄差一点因此遭到严谴。黄侃十三岁失怙，但父亲身上的那份“痴”，他不仅继承了，而且还将它发扬为“癫”，光大为“狂”。

1903年，黄侃考入武昌文华普通中学堂，与田桐、董必武、宋教仁等为同窗好友。他们议论时政，抨击当局，宣传民族革命思想，因此被学堂开除学籍。黄侃为寻出路，即以故人之子的身份前往湖广总督府拜见张之洞，接谈之后，张之洞赏识黄侃的才学，念及与故友黄云鹄的交谊，他顺水推舟，动用官费资助黄侃留学日本。

1906年，黄侃在东瀛加入中国同盟会，随后在《民报》上发表《哀贫民》《哀太平天国》等一系列文章，鼓吹民族革命，扬言“借使皇天右汉，俾其克绩旧服，斯为吾曹莫大之欣”。他在《哀贫民》一文中，描述了家乡农民受尽盘剥压榨，过着“羹无盐，烧无薪，宵无灯火，冬夜无衾”的悲惨生活，对穷苦大众寄予了深深的同情。他大胆地提出，必须革命，才能根治贫富不均的症结。

1907年，黄侃在《民报》第十八号上发表《论立宪党人与中国国民道德前途之关系》一文，历数立宪党人“好名”、“竞利”等病状，揭露他们佯为立宪，“无非希冀权位，醉心利禄而已矣”。政治上的腐败势必会导致国民道德的整体堕落。同期，黄侃还以“运甓”的笔名发表《释侠》一文，咬文嚼字是他的特长，居然别出心裁，用在了“侠”字的诠释上：

> “侠”者，其途径狭隘者也。救民之道，亦云众矣，独取诸暗杀，道不亦狭隘乎？夫孤身赴敌，则逸于群众之揭竿；忽得渠魁，则速于军旅之战伐。术不必受自他人，而谋不必咨之朋友。专心壹志，所谋者一事；左右伺候，所欲得者一人。其狭隘固矣，而其效或致震动天下，则何狭隘之足恤乎？

黄侃视革命党的勇士为夹辅群生的大侠，特为他们的暗杀行为正名。他斥立宪党人“畏死”，赞革命党人有“敢死之气，尚义之风”。在同时期的《感遇》诗中，黄侃非常鄙视那些在易水之湄送别荆轲的燕客庸流，嘲笑他们“徒工白衣吊”。

1910年，黄侃回国，他前往鄂皖边区，将孝义会改组为“崇汉会”，他发动会员，演讲民族大义，听众多达千余人。他还走遍鄂东蕲春、黄梅、广济、浠水、英山、麻城以及皖西宿松、太湖等两省八县的穷乡僻壤，将革命道理直接灌输给民众，显露出非凡的领袖气质，被人尊称为“黄十公子”。

1911年7月，黄侃针对当时改良派提出的“和平改革方案”，他奋笔疾书，为《大江报》撰写了题为《大乱者，救中国之妙药也》的时评，署名“奇谈”。此文见报后，一纸风行，清廷震惧，《大江报》被查封，社长詹大悲及主笔何海鸣被捕入狱。詹大悲是条汉子，他将罪名全部扛下，黄侃才得以脱险。

侠气总是与官气相冲突，民国之后，黄侃“自度不能与时俗谐，不肯求仕宦”，“一意学术，退然不与世竞”，由于愤世嫉俗，黄侃回归书斋，不复参与政治活动，也不喜欢谈论自己的革命经历。多年后，他的入室弟子潘重规尝试揭开谜底：“他认为出生入死，献身革命，乃国民天职。因此他觉得过去一切牺牲，没有丝毫值得骄傲；甚至革命成功以后，不能出民水火，还感到深重罪疚。他没有感觉到对革命的光荣，只感觉到对革命的惭愧。恐怕这就是他终身不言革命往事的原因吧！”事实上，还有另外一面。他的诗句“功名如脱屣，意气本凌云”（《怀陈君》）当然好，“文章供覆酱，时世值烧书”（《戏题〈文心雕龙札记〉尾》），“此日穷途士，当年游侠人”（《效庾子山咏怀》）则透露出满腹牢骚。

世间狂傲不分家，有的人狂在心底，傲在骨中，并不见于辞色；有的人则狂在口头，傲在脸上，时时溢于言表。黄侃是后者无疑，“睥睨调笑，行止不甚就绳墨”（章太炎《黄季刚墓志铭》），“常被酒议论风发，评骘当世士，无称意者”（汪东《蕲春黄君墓表》），其狂傲总是一触即发。章太炎赞黄侃有魏晋之风，大抵是不错的。

在日本东京时，章太炎主持《民报》，常有客人访晤，某日，来者是陈独秀，黄侃与钱夏（钱玄同）到邻室回避。主客谈起清朝汉学的发达，列举戴震、段玉裁等朴学名家，多出于安徽和江苏一带，陈独秀提到湖北没有出过什么大学者，章太炎也敷衍着认同。这话可就惹恼了听壁角的黄侃，他大声抗议道：“湖北固然没有学者，然而这不就是区区，安徽固然多有学者，然而这也未必就是足下！”此言咄咄逼人，火药味十足，章太炎闻之尴尬，陈独秀则闻之窘迫，主客谈兴索然，随即拱手作别。

清朝灭亡后，黄侃一度为直隶都督赵秉钧所强邀，出任秘书长。1915 年，章太炎被袁世凯幽禁在北京钱粮胡同徐家宅院内，黄侃立刻晋京探望，遂以“研究学问”为名，入侍恩师。其时，“筹安会”大肆鼓吹帝制，刘师培在北京召聚学术界名流，胁迫众人拥戴袁氏称帝，话才讲到一半，黄侃即瞋目而起，严词峻拒，他说：“如是，请刘先生一身任之！”当即拂袖而退，到会的饱学之士也随之散尽。

黄侃素性狂傲，敝屣尊荣，从不趋炎附势。国民党在南京执政后，其同盟会故友多据要津，他耻与往来。居正当时被蒋介石软禁，困苦万端，无人顾惜，唯独黄侃念及旧情，常至囚地，与居正聊天解闷。后来居正东山再起，一朝显达，黄侃便不再出入居正之门。居正觉得奇怪，亲赴量守庐诘问黄侃，为何中断往来。黄侃正色回答道："君今非昔比，宾客盈门，权重位高，我岂能作攀附之徒！"

明代文人张岱尝言："人无癖，不可与交，以其无深情也；人无疵，不可与交，以其无真气也。"黄侃有深情，有真气，其"癖"与"疵"也就非比寻常。关于他的传闻极多，以至于真假莫辨。他年轻时，拜访过文坛领袖王闿运，后者对黄侃的诗文激赏有加，不禁夸赞道："你年方弱冠就已文采斐然，我儿子与你年纪相当，却还一窍不通，真是豚犬啊！"黄侃听罢美言，狂性立刻发作，他说："您老先生尚且不通，更何况您的儿子。"王闿运崇尚魏晋风度，对这句刺耳的话嘿嘿带过，并未计较。

当年，北大的第一怪物是辜鸿铭，第二怪物就是黄侃。黄侃在北大教书，课堂之上，他讲到要紧的地方，有时会突然停下来，对学生说，这段古书后面隐藏着一个极大的秘密，对不起，专靠北大这几百块钱薪水，我还不能讲，你们要叫我讲，得另外请我吃馆子。最绝的是，他与陈汉章同为北大国学门教授，两人"言小学不相中，至欲以刀杖相决"，就是说他们切磋学问一言不合，差点就打得头破血流。

在北大，黄侃恃才傲物，几乎骂遍同列，连师弟钱玄同也不放过。有一次，他在课堂上忽作惊人之语："你们知道钱某的一册文字学讲义从何而来？盖由余溲一泡尿得来也。"他的一面之词是：早年在日本留学时，师兄弟之间常来常往。有一天，钱玄同到黄宅闲谈，中间黄侃上了一趟洗手间，回来后，发现一册笔记不翼而飞了。这事钱玄同打死不认账。黄侃去世后，《立报》记者据此线索写成《钱玄同讲义是他一泡尿》的奇文，周作人读了，觉得不可思议，将它寄给钱玄同。受到这样大的诋毁，钱玄同却拿出海量，居然为死者圆谎："披翁（黄侃别号披肩公）逸事颇有趣，我也觉得这不是伪造的。虽然有些不甚符合，总也是事出有因吧。例如他说拙著是趁他撒尿时偷他的笔记所造成的，我知道他的意思是我拜了他的门得到的。夫拜门之与撒尿，盖亦差不多的说法也。"钱玄同肯作这样的转圜，足以说明他对黄侃的学问是佩服的。

钱玄同与黄侃分处于激进和守旧两个截然不同的阵营，抵牾和摩擦在所难免。钱玄同曾在《新青年》上发表通信，对黄侃的一阕词横加挑剔："故国颓阳，坏宫芳草"有点像遗老的口吻，"何年翠辇重归"似乎有希望复辟的意思。诗无达诂，词当然也是如此，钱玄同的理解未必正确，尽管他声明词作者并非遗老遗少，而是同盟会的老革命党，但他又点明这首词中的思想总与黄侃昔日的行动自相矛盾。黄侃本就对钱玄同痛骂推崇《昭明文选》的人为"选学妖孽"十分愤怒（因为他精研《昭明文选》，用功极深），这把火一烧，自然更加怒不可遏。他撰文要骂的就不只是钱玄同，还包括极力提倡国语文学的胡适、陈独秀：

> 今世妄人，耻其不学。己既生而无目，遂乃憎人之明；己则陷于横溷，因复援人入水；谓文以不典为宗，词以通俗为贵；假于殊俗之论，以陵前古之师；无愧无惭，如羹如沸。此真庾子山所以为"驴鸣狗吠"，颜介所以为"强事饰词"者也。

其实，黄侃并非目中无人，他与刘师培政见不合，但对这位国学大师始终以礼相待。别人问黄侃何故对刘师培尊敬有加，他回答道："因为他与本师太炎先生交情很深。"当时，章太炎、刘师培、黄侃三人常在一起切磋学问，然而每次谈到经学，只要黄侃在场，刘师培就三缄其口，黄侃很快就猜透了对方的心思。有一次，刘师培感叹自己生平没有资质优秀的弟子堪当传人，黄侃立即朗声问道："我来做你的关门弟子如何？"刘师培以为黄侃只是开个玩笑，便说："你自有名师，岂能相屈？"黄侃正色相告："只要你不认为我有辱门墙，我就执弟子礼。"第二天，黄侃果然用红纸封了十块大洋，前往刘家磕头拜师，刘师培当仁不让，欣然受礼，他说："我今天就不再谦让了。"黄侃乃是"老子天下第一"的人物，且只比刘师培小两岁，却肯拜其为师，这说明，在学问上，他的狂傲并非不分场合，不择对象。后来，大学者杨树达要杨伯峻（古文史学家）拜黄侃为师，杨伯峻只肯送贽敬，不肯磕头，杨树达说："不磕头，得不了真本事。"杨伯峻不得已，只好磕头如仪。拜师完毕，黄侃笑道："我的学问也是从磕头得来的，你不要觉得受了莫大委屈。"

1927年后，黄侃任教于南京中央大学，绰号为"三不来教授"，即"下雨不来，降雪不来，刮风不来"，这是他与校方的约定，真够牛气的。每逢老天爷欲雨未雨、欲雪未雪时，学生便猜测黄侃会不会来上课，有人戏言"今天天气黄不到"，往往是戏言成真。

黄侃自号"量守居士"，书斋名为"量守庐"，典出陶渊明诗："量力守故辙，岂不寒与饥？知音苟不存，已矣何所悲。""量力守故辙"也就是量力守法度，黄侃性格怪异，为人不拘细行琐德，治学却恪依师法，不敢失尺寸，见人持论不合古义，即瞠目而视，不与对方交谈。黄侃读书尤其精心，有始有终，见人读书半途而废，他会露出不悦之色，责备对方"杀书头"。最绝的是，他临终之际，《唐文粹续编》尚有一卷没有读完，他吐着血，叹息道：“我平生骂人杀书头，毋令人骂我也。”

黄侃讲课，总是信马由缰，未入门者，不得要领；已入门者，则觉胜义纷呈。他治学，贵发明，不贵发现，因此听其讲学，常有新鲜感。冯友兰在《三松堂自述》中提及过黄侃讲课的独到之处：“黄侃善于念书念文章，他讲完一篇文章或一首诗，就高声念一遍，听起来抑扬顿挫，很好听。他念的时候，下面的观众都高声跟着念，当时称为‘黄调’。当时的宿舍里，到晚上各处都可以听到‘黄调’。”“黄调”与《广韵》吻合，不差毫厘，自是古味十足。

章太炎喜欢骂人，黄侃也喜欢骂人，章太炎专骂大官僚大军阀大党棍，黄侃则多半骂同行学者，连同门师兄弟钱玄同和吴承仕也不放过，令人不可思议的是，他竟然与拉黄包车的车夫对骂，也不觉得自降身份，只要纾解心头之愤，得到骂人的趣味即可。还有一宗，章太炎认为胡适的学问不行，黄侃也认为胡适的学问不行，真是有其师必有其徒。

某次，黄侃与胡适同赴宴会，胡适偶尔谈及墨子的学说——兼爱、非攻，一路往下讲，有很高的兴致。孰料黄侃听得不耐烦，即席骂道：“现在讲墨学的人，都是些混账王八！”胡适闻此呵斥，满脸赧色杂着怒色。停顿少顷，黄侃又补骂一句：“便是适之的尊翁，也是混账王八。”胡适大怒，眼看就要动武了。黄侃见状，仰天打出一串哈哈，他说：“且息怒，我在试试你。墨子兼爱，是无父也。你有父，何足以谈论墨学？我不是骂你，不过聊试之耳！”此言既出，举座哗然，胡适的怒气也就无从发作。

黄侃崇尚文言文，反对白话文。他赞美文言文的高明，只举一例：“假如胡适的太太死了，他的家人用白话文发电报，必云：‘你的太太死了！赶快回来啊！’长达十一字。而用文言则仅需‘妻丧速归’四字即可，只电报费就可省三分之二。”有一次，黄侃对胡适说："你提倡白话文，不是真心实意！"胡适问他何出此言。黄侃正色回答道："你要是真心实意提倡白话文，就不应该名叫'胡适'，而应该名叫'到哪里去'。"此言一出，他仰天打三个哈哈，胡适则气得脸都白了。

胡适著书，有始无终，他的《中国哲学史大纲》仅成上半部，下半部付之阙如。黄侃在中央大学课堂上调侃道："昔日谢灵运为秘书监，今日胡适可谓著作监矣。"学生不解其意，问他何出此言？黄侃的回答颇为阴损："监者，太监也。太监者，下部没有了也。"学生这才听明白他是讽刺胡适的著作没有下部，遂传为笑谈。

黄侃的脾气古怪到什么程度？有一事可以说明。他借住过师弟吴承仕的房子，在此期间，他贫病交加，儿子又早殇，感到晦气缠身，他左思右想，认定居处不祥。既然信风水，搬走就得了，可他偏偏要留下纪念，用毛笔蘸浓墨在房梁上挥写"天下第一凶宅"，又在墙壁上画满带"鬼"字旁（诸如"魑魅魍魉魃魈"之类）的大字，弄得阴森森满室鬼气，他才掷笔而去。

陈独秀曾被黄侃当面或背后恶声恶气地痛骂过多次，但这位火爆脾性的青年领袖居然休休有容，1920 年，陈独秀在武汉高师演讲时，感叹道："黄侃学术渊邃，惜不为吾党用！"其服膺之情溢于言表。当年，大学生每届毕业，照例要印制精美的同学录，将师生的写真、履历汇为一集。印刷费用不菲，通常都由教授捐助资金。唯独黄侃对这种常例不以为然，他既不照相，又不捐钱，待到同学录印出，学校一视同仁，照样送给黄侃一册，留作纪念。黄侃收下册子，却将它丢入河中，愤然骂道："一帮蠢货，请饮臭水！"北大的另一位怪物辜鸿铭则与黄侃的做法不同，学生找他索要照片，刊于同学录，他同样感到生气，他说："我不是娼妓者流，何用照片？你们要是不吝惜经费，何不铸一座铜像作为纪念？”他这句话足可令阮囊羞涩的学生退避三舍。

三、七大嗜好都是催命符

2001年8月，经两代学人整理的《黄侃日记》由江苏教育出版社印行问世。这无疑是黄侃二十二年（1913年6月20日——1935年10月7日）私生活的真实写照，有趣的是，关于黄侃的许多传闻都在这部八十多万字的《日记》中得到了证实。比如刘成禺在《世载堂杂忆·纪黄季刚趣事》中写道：“黄季刚侃平生有三怕：一怕兵，二怕狗，三怕雷”，其中怕雷更是怕到“蜷踞桌下”的地步。一般人可能不会相信这话，但从《日记》看来，怕雷、怕兵、怕狗之说乃是千真万确的。黄侃还交代了他怕雷的原因，主要是受了《论衡·雷虚》和地文学书的影响，因而落下了心悸的病根。读黄侃的《日记》，我们会发现黄侃的嗜好颇多，他的英年早逝与此大有关系。总结起来，除读书买书外，他还有七大嗜好。

黄侃的第一大嗜好是美色。爱美之心人皆有之，黄侃在这方面经常逾越师生人伦，颇遭物议，受人诟病和攻讦。据说，他一生结婚达九次之多。当年，刊物上曾有“黄侃文章走天下，好色之甚，非吾母，非吾女，可妻也”的极端攻讦。黄侃的发妻是王氏，两人聚少离多。他当过同乡、同族女子黄绍兰的塾师，后来，黄绍兰从北京女师肄业，去上海开办博文女校，黄侃便到上海追求她。发妻尚未下堂，黄侃心生一计，骗取黄绍兰与他办理结婚证书，男方用的是李某某的假名。黄侃的解释是：“因你也明知我家有发妻。如用我真名，则我犯重婚罪。同时你明知故犯，也不能不负责任。”谁知好景不长，黄侃回到北京女师大教书，与一苏州籍的彭姓女学生秘密结合，此事被黄绍兰的好友侦知。黄绍兰闻讯，欲哭无泪，婚书上男方的姓名不真，又如何对簿公堂？更可悲的是，她与黄侃生有一女，其父恨她辱没家风，一怒之下，与她断绝父女关系。黄绍兰后来投在章太炎门下，深得章夫人汤国梨的同情，她摆脱不了黄侃给她心灵投下的巨幅阴影，终于还是疯掉了，而且自缢身亡。汤国梨在《太炎先生轶事简述》一文中公开表明她看不惯黄侃极不检点的私生活，骂他“有文无行，为人所不耻”，是“无耻之尤的衣冠禽兽”。

黄侃在武昌高师任教时，武昌女师学生黄菊英与他的大女儿同年级，常到黄家串门，以伯叔之礼事黄侃，黄侃对这位女学生也非常友善。就这样日久生情，黄侃终于对黄菊英痛下摧花辣手，此事传遍武汉学界，顿时成为丑闻。黄侃何曾怕过别人骂他伤风败俗？他居然要学生收集骂他的小报，以供蜜月消遣。他填了一阙《采桑子》的词给黄菊英，可谓十二分深情：

今生未必重相见，
遥计他生，
谁信他生？
缥缈缠绵一种情。
当时留恋成何济？
知有飘零，
毕竟飘零，
便是飘零也感卿。

黄菊英反复默诵这阕词，泪眼婆娑，大受感动。她认定“嫁为名士妻，修到才子妇”是人生莫大的幸福，便毅然脱离家庭，与黄侃结为夫妻。

痴情人多半也是孝子，黄侃对白发老母极为孝顺，每次他母亲从北京回老家蕲春，或是由蕲春来到北京，他都要一路陪同。好笑的是，老母亲舍得下儿子，却离不开一具寿材，黄侃居然也依从老母的心意，不厌其烦，千里迢迢带着寿材旅行。这真是旷世奇闻！试问，何处买不到一口像样的寿材？只是黄母的寿材别具一格，上面有黄侃父亲黄云鹄老先生亲笔题写的铭文，自然是人间绝品，无可替代。黄母去世后，黄侃遵依古礼，服孝三年，他还请苏曼殊为他画了一幅《梦谒母坟图》，他自己写记，请章太炎写跋，这幅画即成为他的随身宝物，至死不离左右。

章太炎对这位大弟子身上的各种毛病（尤其是藐视道德的行为）均表示出足够的宽容和理解，他认为黄侃酷似魏晋时代“竹林七贤”中阮籍那样放荡不羁的人物，不管他如何玩忽礼法，逃脱责任，毕竟丧母时呕血数升，仍是纯孝之人，内心是善良的，并非残忍之徒。

黄侃的第二大嗜好是佳肴。黄侃“食不厌精，脍不厌细”，是个实打实的美食家。川菜、粤菜、闽菜、苏菜、苏州船菜、回回菜、湘菜、东洋菜、法国菜，俄国菜、德国菜，他都要一饱口福。1915 年，他的恩师章太炎触怒袁世凯，被软禁在北京钱粮胡同的一所徐姓大宅中，黄侃前往陪住，顺便将中国文学史中的若干问题向章太炎请教。章氏向来不重口腹之欲，饭菜很不讲究，厨子手艺差，菜式单调，黄侃举箸难下，根本吃不消，于是他怂恿章太炎换了个四川厨子。哪知这样一来，他无意间得罪了那位假扮厨子的警察（此公贪冒伙食费，恨黄侃断其财路），没多久就被对方扫地出门。黄侃是大教授，月薪很高，频繁出入茶楼酒肆，不算什么难题，居家他也自奉颇丰，“每食，有不适口，辄命更作，或一食至三四更作，或改作之后，仅食三数口而已。于是事其事者甚劳，而夫人苦矣。”（王森然《黄侃先生评传》）毫不夸张地说，北京、上海、南京、太原、苏州、武昌、成都等地的著名酒楼，他都去过，多半是教育界朋友的雅聚，喝醉的次数还真不少。黄侃对待美食亦如对待美人，说不出一个冷冰冰拒之千里的“不”字，饮食无度的结果与纵欲无度也差不多，美色是伐性之斧，美食则是腐肠之药，过度则会伤身。

黄侃的第三大嗜好是饮酒。黄侃的弟子和侄儿黄焯曾在回忆文章中说，黄侃“每餐豪饮，半斤为量”。黄侃对酒不挑剔，黄酒、茅台酒、白兰地，他爱喝；糟醴、麦酒、啤酒，他也能将就。喝到“大醉”、“醉甚”、“醉卧”不算稀奇。稀奇的倒是，黄侃居然劝别人喝酒要节制。有一次北大教授林损（公铎）“自温州至，下火车时以过醉坠于地，伤胸，状至狼跋”，黄侃认为“似此纵酒，宜讽谏者也”，醉猫劝醉猫，少喝三两杯，此事真令人绝倒。因为杯中之物，黄侃与三任妻子都闹得不可开交，黄侃在别的嗜好方面常生悔意，唯独饮酒，他从不自咎，反而将妻子视为自己的“附疽之痛”，夫妻情分因此坠落谷底。“一手持蟹螯，一手持酒杯，便足了一生”，名士习气，黄侃多有沾染，他辞世前偕友登北极阁、鸡鸣寺，持蟹赏菊，饮巨量之酒，致使胃血管破裂，吐血身亡。这项嗜好最终夺去了他的性命。

黄侃的第四大嗜好是喝浓茶。王森然先生在《黄侃先生评传》中作过描述：“其茶极浓，几黑如漆，工作之先，狂饮之，未几又饮之，屡屡饮之，而精气激发，终日不匮矣。”功夫茶也算不了什么，他好饮苦茶，简直就是把苦茶当成了兴奋剂，害处不言自明。

黄侃的第五大嗜好是下围棋。黄侃对黑白世界颇为痴迷，他在《日记》中多处写下“手谈至夜”，“手谈殊乐”，尤其是在1922年4月8日至5月4日所写的《六祝斋日记》中，不足一月时间，有关下围棋的记录即多达十三处。下围棋须耗费大量心力，黄侃不肯轻易罢手，经常自晡达晓，通宵彻夜地研究。以他的虚弱体质，从事此项游戏，除了透支精气神，别无他法。

黄侃的第六大嗜好是打麻将。黄侃从不讳言自己既有赌性又有赌运。在1922年1月15日的日记中，黄侃写了一句“日事蒱博而废诵读”。他在打麻将方面颇为自得，颇为自负。其实，牌技也就一般。客观地说，他的赌兴够豪，可以与梁任公（启超）一争高下。

黄侃的第七大嗜好是逛风景。黄侃在北京的时候，教学研究之余，最爱与学生一起游山玩水，经常陪同他出游的是孙世扬（字鹰若）、曾缄（字慎言）两位，因此有人戏称孙、曾二人为“黄门侍郎”。孙世扬在《黄先生蓟游遗稿序》中写道：“丁巳（一九一七年）戊午（一九一八年）间，扬与曾慎言同侍黄先生于北都。先生好游，而颇难其侣，唯扬及慎言无役不与，游踪殆遍郊圻，宴谈常至深夜。先生文思骏发，所至必有题咏，间令和作，亦乐为点窜焉。”

《庄子·大宗师》尝言：“其嗜欲深者，其天机浅。”意思是沉溺于嗜欲之中的人天赋的灵性有限。这倒未必。大文学家、大艺术家、大思想家中嗜赌、好色、贪杯的不算少，他们的灵性却大大超过常人。规律只在于：嗜欲深者必多病，嗜欲深者必短命。黄侃多病又短命，就全是嗜欲太深惹的祸。其实，他有自知之明，《日记》中即不乏自责之词，他曾发誓要戒烟、戒蟹、戒酒、谢绝宴请，摒弃无益之嗜好，但都是说过就忘，不曾落实。性格的弱点难以克服，拽着自己的头发毕竟无法离开地球。黄侃填写过一阙《西江月》，有全面自诫的意思：“行旅常嫌争席，登临未可题诗。欢场无奈鬓如丝，博局枉耽心事。 似此嬉游何益？早宜闭户修持。乱书堆急酒盈卮，醉后空劳客至。”自诫归自诫，嗜欲总能占到上风，黄侃别无自救的良法，就只好多病而且短命了。

新文化运动旗帜初张时期，北大的章门弟子做柏梁体诗分咏校内名人，咏陈独秀的一句是“毁孔子庙罢其祀”，专指他打倒孔家店，甚得要领。咏黄侃的一句是“八部书外皆狗屁”，这八部书是《毛诗》《左传》《周礼》《说文解字》《广韵》《史记》《汉书》和《昭明文选》，这只是个约数，大体上是不错的，除此之外，黄侃还特别喜欢《文心雕龙》《新唐书》等名著，他以博学著称，治学从不画地为牢。我们换个角度去理解，黄侃只重学问和文艺，至于个人私德则悍然不顾，那么这句诗就算是形容得当了。

本文首发于《书屋》2006年第2期

国士无双

——“民国第一牛人”傅斯年

傅斯年（1896—1950），字孟真，山东聊城人。历史学家。1929年兼任北大历史系教授，1938年至1946年兼任西南联大历史系教授，1945年至1946年代理北大校长，短期出任西南联大常委。著作有《傅斯年全集》（七卷，湖南教育出版社）。

同时代人撰写的回忆文章，水分足，可靠性务必多打折扣。那些名满天下、谤亦随之、众议猬集、褒贬不一的人物，则尤其如此。至于因由，不难推究：友人着墨则不吝溢美之词，仇家弄笔则暗藏报复之意，前者为蜜糕，后者为毒药。明眼人当然能够识别其货色如何。那些不知就里的读者呢？肯定满头雾水，莫名其妙。

二十世纪五十年代初，周作人在上海的《亦报》上发表方块文字，恶攻傅斯年的计有两篇：一篇是《新潮的泡沫》，另一篇是《傅斯年》。知堂老人向来以为文平和冲淡著称于世，由于“汉奸”烙印黥在额头，难以洗脱，亟须捞到一把救命稻草，若能既释旧谴，又报私怨，则一事两便，何乐不为？傅斯年无疑是周作人眼中最合适的标靶。在《新潮的泡沫》一文中，周作人骂罗家伦是“真小人”，是蒋二秃子（蒋介石）的“帮闲”，骂傅斯年是“伪君子”，是蒋二秃子的“帮凶”。周作人笔下的傅斯年是这样的：“傅是个外强中干的人，个子很大，胆则甚小，又怕别人看出他懦怯卑劣的心事，表面上故意相反的显示得大胆，动不动就叫嚣，人家叫他‘傅大炮’，这正中了他的诡计。”在周作人看来，傅斯年出任台湾大学校长，并非凭靠自己的实力，而是“因为陈诚是他的至亲”。周作人还臆测，傅斯年在台湾决无坚留之意，随时准备逃之夭夭。《傅斯年》一文不足五百字，从中不难看出，周作人的情绪异常饱满，原因只有一个：傅大胖子死了，他格外开心。他搬出两三桩旧事来，用意无非是要贬低傅斯年。《时事新报》反对新文化运动，曾刊出沈泊尘的两幅漫画，“第一张画出一个侉相的傅斯年从屋里扔出孔子的牌位来，第二张则是正捧着一个木牌走进去，上书易卜生夫子之神位。鲁迅看了大不以为然，以后对于《学灯》就一直很有意见”。周作人的意思很明白，鲁迅一度欣赏过傅斯年，他却从来就看不起这位一副侉相的傅大胖子。周作人还揭发了傅斯年的一桩“阴事”：傅斯年留学德国时经常在好友毛子水面前大骂秋水轩一派的文笔，可是他的枕头下却暗藏着一本《秋水轩尺牍》，关起门来偷着学，这叫哪门子事呢？

周作人受日籍妻子羽太信子的挑唆，为家庭细故与长兄失和，独占八道湾十一号宅院。鲁迅以“昏”字总结其为人。周作人早年能做到不投机捧胡适，晚年也能做到不从众骂胡适，认为“交道应当如此”，确实不错。但胡适的弟子傅斯年是个特殊的例外，他褫夺了周作人的北大教职，乃是不共戴天的仇家。私怨之下，公信难存，周作人的这两篇短文就得反着方向去细看了。

1946年5月4日，西南联大解散，北大、清华、南开复原。此前，胡适已被当局委任为北大校长。由于他在驻美大使任上不胜繁重，患上心脏病，不宜亟归就职，因此迟至1946年6月5日他才从纽约乘船，回国履新。胡适的北大校长一职是傅斯年极力推举的，胡适在国外养病期间，傅斯年代行其职，代负其责，他痛下辣手，为好脾气的胡适做了一番彻底的“大扫除”。傅斯年富于爱国情愫，疾恶如仇，眼睛里容不得沙子，对于文化汉奸不假辞色，一言以蔽之：“汉贼不两立！”考古学者、金文专家容庚曾在“伪北大”任职，战后去重庆活动，专诚拜访傅斯年。傅斯年见到容氏，瞋目欲裂，捶案大骂，声震屋瓦：“你这民族败类，无耻汉奸，快滚！不用见我！”傅斯年做得过分的是他痛骂伪北大的学生为“伪学生”，因此引起一些人的强烈反弹，南宫博即曾撰文《先生，学生不伪！》，与傅斯年较劲。傅斯年以贯虹吞日的气概视之蔑如，决心将那些堕落为汉奸的伪北大教授悉数扫地出门，甚至向河北高等法院控告伪北大校长鲍鉴清附敌有据，应以汉奸罪论处。胡适主张宽容，主张对伪北大的落水教授网开一面，傅斯年却誓称：“决不为北大留此劣！”周作人出任过伪南京国民政府委员、伪华北政务委员会常务委员兼教育总署督办，远比容庚的性质要严重得多，自然难以漏过傅斯年的大义之筛。这是周作人特别衔恨傅斯年的地方，可他失足是真，失节是实（就算别有隐因，也难以摆上桌面），不便明言，就用最拿手的方块文章恶攻一气，泄愤或许有助，立论就站不住脚。

世间最赏识傅斯年，最理解傅斯年，最珍惜傅斯年的，无疑是胡适，他们谊兼师友，相知极深。1952年12月20日，胡适痛定思痛，在“傅孟真先生逝世两周年纪念会”上发表重要讲话，他引用了自己为傅斯年遗著所写的序言，这番评价足以见出他对好友的激赏和对这位优秀学者英年早逝的痛心：

“孟真是人间一个最难得最稀有的天才。他的记忆力最强，同时理解力和判断力也最强。他能够做最细密的绣花针功夫，他又有最大胆的大刀阔斧之本领。他是最能做学问的人，同时又是最能办事又最有组织才干的天生领袖人物。他集中人世许多难得的才性于一身。有人说他的感情很浓烈，但认识他较久的人都知道孟真并不是脾气暴躁的人，而是感情最热，往往带有爆炸性，同时又是最温柔最富于理智的人。像这样的人，不但在一个国家内不容易多得，就是在世界上也不容易发现有很多的。”

我细数了一下，在以上短短两百字中，竟含有十一个“最”字。胡适向来重视人才，爱惜人才，他对同时代的作家和学者多有推许，但如此密集地使用“最”字，尚属首次。这是纯粹的谀墓之词吗？健全的理性并不允许胡适溢美，他更不会把私谊掺杂进来，减弱自己的说服力。这只表明一点：胡适确实把傅斯年视为人间顶难得的天才。在这篇讲话中，胡适强调指出：“我总感觉，能够继续他的路子做学问的人，在朋友当中也有；能够继续他某一方面工作的人，在朋友中也有；但是像他这样一个到处成为道义力量的人还没有。所以他的去世，是我们最大的损失。在他过世两周年的时候使我感到最伤痛的，也是这一点，这是没有法子弥补的。”

天才的出缺，比老叟的牙坑更难填充，后者可用义齿取而代之，前者呢？一旦瞑逝，则犹如某个珍稀物种的消亡，世人徒呼负，于事无补。

一、出头椽子

有人说：傅斯年生性好斗，喜欢出风头，甘愿做出头的椽子。这个说法不算胡诌。

1917年，傅斯年在北大干过一桩自鸣得意的事情。北大有个同学脑满肠肥，长成一副小官僚的面孔，竟做些上不了台面的事情，有人拟了一张“讨伐”的告示贴在西斋的墙壁上。恰巧傅斯年也厌恶此君，看他不甚顺眼，于是即兴撰写匿名揭帖去响应，表面上替此君鸣不平，实则极尽讽刺挖苦之能事。傅斯年的匿名揭帖为北大读者所激赏，在上面密点浓圈，评语愈出愈奇，一时间北大校园内皆以此为谈资。不久，蔡元培在大会上演说，提起这件事，对诸生匿名“讨伐”某君的做法颇有微词，他说：“诸位在墙壁上攻击自己的同学，不合做人的道理。诸君若对他不满，出于同学之谊，应该规劝。如果规劝无效，尽可告知学校当局。这样的做法才是正当的。至于匿名揭帖，大肆挞伐，受之者纵然有过，也不易改悔，而施之者则为丧失品性之开端。凡做此事者，今后都要痛改前非，否则这种行为必致品性沉沦。”受到蔡先生一番劈头盖脑的教训，傅斯年深感内疚。以往，他对《大学》中的“正心”、“诚意”、“不欺暗室”早已背诵如流，滚瓜烂熟，却如和尚念经，浑然不解其义理，眼下受到蔡元培先生的当头棒喝，方始大彻大悟。从此以后，傅斯年做任何事情，都决不匿名，决不推卸自己的责任。

当年，北大教授讲课甚为散漫泄沓，沈士远在北大预科教国文，一篇《庄子·天下》，他可以由秋徂冬讲上一学期，仍没把庄子的“天下”打下来，弄得学生腻歪不已，曲肱而梦周公，沈士远因此得诨名“沈天下”。陈介石主讲中国哲学史，他从伏羲讲到周公也需要一个学期，这种“乌龟节奏”，傅斯年的学长冯友兰即亲身领教过。曾有人询问陈教授：“照您这样讲，什么时候才可以讲完？”后者的回答很有点禅趣：“哲学无所谓讲完不讲完。若要讲完，一句就可以讲完。若要讲不完，永远讲不完。”他不通逻辑，将哲学和哲学史混为一谈，着实令人啼笑皆非。

胡适留学归来，才不过二十六七岁，执教于北大哲学系，专讲中国哲学史，自恃金刚钻，包揽瓷器活。他异常大胆，一刀割断商朝的联系，将中国哲学史的坐标下移至西周末年。学生们都说胡适的做法简直是“造反”，此人根本不配教授这门功课，最好是把他轰下讲台，赶出校门。私底下起哄归起哄，真要拿主意，个个面有难色，于是有机灵鬼出谋划策："不妨请傅斯年去听听胡适讲课，他的国学根底，他的判断力，大家全都信服，惟其马首是瞻，不会有错。"傅斯年果然不辱使命，听过胡适的中国哲学史课后，他颇为赞可，对那些心怀不忿的学友说："这个人书虽然读得不多，但他走的这一条路是对的。你们不能闹。"一场引弦待发的逐师风波遂偃旗息鼓。此后，傅斯年终身服膺胡适，护卫胡适，成为胡适的护城河。胡适曾开玩笑说："若有人攻击我，孟真一定挺身而出替我辩护。他常说：'你们不配骂适之先生！'意思是说，只有他自己配骂我。"抗战期间，傅斯年在四川李庄史语所的驻地对众人宣称："人说我是胡先生的打手，不对。我是胡先生的斗士！"在孔子门下，子路是刚猛无比的大护法。在胡适门下，傅斯年无疑是保驾护航的头号勇士。

然而，并非每个教授都有胡适这样幸运，难入傅斯年法眼的仍不乏其人。章太炎的及门弟子朱蓬仙开《文心雕龙》课，非其所长，讲台下的那些学生可不是善与之辈，他们的学问根基原本就非常扎实，何况虎视眈眈，专等朱蓬仙送错上门。傅斯年等人作出一个大胆的决定：全班学生联名举发这些舛误，上书蔡元培校长，请求补救。此事要做就要做到万无一失，不可出丝毫纰漏。傅斯年认真研读朱蓬仙的讲义，逮获三十多处硬伤。蔡元培先生接到学生的联名信，感觉此事有些古怪，是不是教授之间暗加攻讦，借由学生之手代为操作呢？此例一开，此风一长，学校将永无宁日。于是，蔡先生决定当面缴获答案。大家听闻校长要召见签名的学生，都不免惴惴然忐忑不安，一方面害怕蔡先生出题来考，另一方面则担心傅斯年一人肩负的责任太重，于是有能力的学生每人分配几条，各自弄明白了子丑寅卯，方才去校长办公室见真章。他们的预计丝毫不差，应验如神，蔡元培先生学问好，面试毫不含糊。所幸大家都是有备而来，应答如合卯榫。考完之后，蔡先生不做声，诸位学生也不吱声，大家鞠个躬，从校长办公室鱼贯而出。在返回宿舍的路上，实在憋不住了，个个扬眉吐气，捧腹大笑。事情的结局可想而知，这门功课重新调整，朱蓬仙歇菜回家。

早在北大中文系读本科时，傅斯年的天纵之才即为师兄师弟极力推崇，甚至有人称赞这位山东才俊是“孔子以后第一人”、“黄河流域的第一才子”。平日，甲问乙是中文系哪班，若乙回答他是傅斯年那班的，彼此肯定会心一笑，既可说是欢笑，也可说是苦笑，因为这宗便利的代价太高，说是倒霉才对，有傅斯年这块重型“钢板”狠狠地“压”着，别人休想翻身。后来，傅斯年到欧洲留学，俞大维自诩是触手成春的学者，竟也赶忙弃学文史而改择理科，他说：“搞文史的人当中出了个傅胖子，我们就永无出头之日了！”由此可见傅斯年有多牛。

名师的绝学端赖高徒薪火传承，傅斯年的国学根底颇得北大名师的颔首赞许，国学大家刘师培、黄侃等人都曾抱着老儒传经的热望，期待傅斯年能够继承仪征学统或太炎学派的衣钵。傅斯年本可徘徊歧路，顾后瞻前，但他具备近代头脑，乐意扛着科学精神和人文精神的大纛入于更广袤的学问之野。

1918年，傅斯年、罗家伦等北大高材生组织新潮社，编辑《新潮》月刊，由于经费上吃紧，决定争取校方的支持。陈独秀是北大文科学长，对《新潮》的面世乐观其成，他很想看到一家真正由青年学生创办的青年刊物来声援《新青年》，多一支新文化运动的偏师，就多一股进步的势力。但他怀疑傅斯年潜心国学，被黄侃视为高足弟子，可能是来探营的间谍。及至陈独秀读过傅斯年发表的《文学革新申义》一文后，这番疑虑才烟消云散。蔡元培先生主张兼容并包，学术自由，对北大的新生事物异常宽容，校方同意为《新潮》垫付印刷费，并且代为发行。新潮社吸纳了当时北大文科学生中不少优秀分子，除了发起人傅斯年、罗家伦二位，还有毛子水、顾颉刚、冯友兰、俞平伯、朱自清、康白情、江绍原、李小峰、张申府、高君宇、谭平山、何思源等四十余人。这些成员绝非庸碌之辈，后来，他们在学术领域之内或学术领域之外几乎个个都有不小的名头和成就。《新潮》的政治色彩不如《新青年》那么浓烈，但主张民主自由，民族自决，男女平等，以科学的方法和哲学的态度重新评估传统文化，反对中世纪主义，二者的大方向始终是一致的。

在中国现代史上，五四运动无疑搭造了一座灯火璀璨的大舞台，许多人因为这一时期的精彩演出（哪怕只是跑过一圈龙套，当过半回票友）而身价百倍。“五四青年”是一项经久耐用的荣誉，“五四健将”呢？则更是一道衬托威仪的光环，蔡元培先生曾打趣“吃五四饭”比一般意义上的吃老本更使人受用无穷。这就难怪了，某些生活在那个时代并不靠谱的人竟然削尖脑袋，殚精竭力朝“五四”靠拢；某些号称“革命家”的人也未能免俗。

1919年4月底，北京政府的外交代表在巴黎和会（第一次世界大战结束后协约国的分赃会议）上的交涉宣告失败。1919年5月2日，林长民在北京《晨报》上发表《外交警报敬告国民》，透露了更加令人震惊的内幕消息，和会之所以拒绝中国代表提出的公正解决山东问题的要求，是由于心怀鬼胎的中国卖国贼欣然同意换文。内奸究竟是谁？亲日派的章宗祥（中国驻日公使）、曹汝霖（交通总长兼交通银行总理）、陆宗舆（币制改革局总裁、中日合办的汇业银行的华方董事长）乃为众目所视，众手所指。北京学生组织原计划于5月7日举行国耻日集会游行，因此提前到5月4日，军阀横行引起民愤，强权政治招致国耻，学生要公开表示抗议。傅斯年参加了群情激奋的发难大会，被推选为二十名代表之一。罗家伦即兴起草的传单《北京学界全体宣言》令人血沸，颇具煽动力："……今与全国同胞立两条信条道：中国的土地可以征服不可以断送！中国的人民可以杀戮不可以低头！国亡了，同胞们起来呀！"5月4日那天下午，天安门前，旗帜摇摇，人头攒攒，北京十三所学校三千多名学生的集会游行堪称史无前例，游行示威的总指挥即是傅斯年。北大队伍在前列，学生打出白布对联："卖国求荣，早知曹瞒遗种碑无字；倾心媚外，不期章惇余孽死有头。"这副对联带有人身攻击的意味，至于曹汝霖和章宗祥的祖先是不是曹操和章惇，估计没人会去认真考证。很难想象，傅斯年身广体胖，要指挥一支如此庞大的游行队伍，该是气喘吁吁吧，该是汗水涔涔吧？游行队伍起初秩序良好，但在东交民巷使馆区受阻后，学生的情绪开始失控，纪律也随之松弛，有人大喊："大家往外交部去，大家往曹汝霖家里去！"傅斯年虽是容易激动的人，但每临大事，理智占先，他劝导众人保持冷静，不要过激，但他的声音被巨大的声浪湮没了。此后的火烧赵家楼和群殴章宗祥，已超出了学生和平游行示威的初衷，事态迅速升级，三十二名学生锒铛入狱。当天，傅斯年去了赵家楼吗？应该是去了，罗家伦的回忆文章中是这样写的，他是否参与了打砸烧？则言人人殊。有一点倒是确定无疑：在众人实施无羁的暴力之后，傅斯年及时离开了乱腾腾的现场，他没有进入被捕者的名单。翌日，北大学生会召开应急会议，一位山西籍学生的理智失去平衡，颇为冲动，与傅斯年意见相左，当众撕破了脸皮，由言语顶撞上升为肢体冲突，傅斯年怒不可遏，向好友赌咒发誓不再参与北大学生会的工作。此后，学生运动纵深发展，形成燎原之势。在抵制日货的高潮时期，有歹人包藏祸心，蓄谋毁损傅斯年，竟放出冷箭，造出谣言，说是傅斯年接受了某烟草公司（这家公司乃中日合资）的津贴，奸人造谣中伤的动机昭然若揭。谣言止于智者，歹人的奸谋并未得逞。

回顾往昔，傅斯年在学生运动如火如荼时反而渐行渐远，真实原因是他对学问的兴趣要大过对政治的兴趣，他的领袖欲望并不强烈。有人说，在五四运动中，傅斯年的个人表现可用“虎头蛇尾”四个字形容，这大致不错。在那个岔道口，傅斯年选择了另一条进取之路，考上山东的官费，前往英国留学。入英国伦敦大学研究院，从史培曼（Spearman）教授研究实验心理学。

傅斯年投考官费留学生时，遭遇波折，尽管他的成绩出类拔萃，但险些被刷落榜下。原因很简单，观念顽固保守的试官对这位五四健将和新潮主脑抱有成见，“他是激烈分子，不是循规蹈矩的学生”，这个理由似乎足够充分了。所幸陈豫先生为傅斯年攘臂力争：“成绩这么优秀的学生，尚且不让他留学，山东还办什么教育！”此言掷地有声，无可辩驳。傅斯年才总算逾越了一道无形的险隘。

当时的风气，参与新文化运动的青年知识分子多数对自然科学颇为着迷，颇为倾倒，他们急欲寻求西方的科学方法，回头梳理东方文化。傅斯年除了自己的专业，还钻研化学和数学，修习地质学，因此被好友毛子水打趣为“博而寡约”、“劳而无功”，罗家伦则调侃傅斯年是“把伏尔泰的精神装在塞缪尔·约翰生的躯壳里面”。约翰生博士是英国十八世纪最博学最风趣的文人，独力编纂一部完备的《英语词典》，享誉大英帝国。约翰生博士是一个大胖子，傅斯年也是一个大胖子，罗家伦的比拟不算失伦。傅斯年不以为侮，反以为豪，他拍打自己的将军肚，如同拍打得胜鼓，顾盼自雄。

二十世纪二十年代，在欧陆留学和游学的中国学者不乏天才横溢的精英，有蔡元培、陈寅恪、赵元任、俞大维、傅斯年、金岳霖、毛子水、徐志摩等，他们博而能约，广而能精。最难得的是，他们常常在柏林雅聚，各拈妙谛，切磋琢磨，互通声气。

与陈寅恪一样，傅斯年也是典型的“游学主义者”，欧洲名校的博士文凭光鲜之极，他却是绝缘体，根本不来“电”。傅斯年辗转于英国和德国的多所大学，选修了一些与他的研究方向风马牛不相及的专业，哪里有他心仪的著名学者，他就去寻踪听课。在德国柏林大学，傅斯年亲耳聆听过爱因斯坦的相对论，在当年，中国学者有此殊荣殊幸的，屈指可数。

二、宁为玉碎，不为瓦全

抗战期间，傅斯年为尚在髫龄的儿子书写文天祥的《正气歌》，嘱咐他“日习数行，期以成诵”，告诫他“做人之道，发轫于是，立基于是，若不能看破生死，则必为生死所困，所以异乎禽兽者几希矣”。

真正的知识精英往往富于民族感情，当蝗蝗外寇入侵时，他们会采用独特的表现方式，比如断发文身，又比如蓄须明志，傅斯年的做法是给儿子取名仁轨，这个名字当然有出处，有典故。刘仁轨是唐朝大将，驻守朝鲜，抗击日军，打过极其漂亮的歼灭战。傅斯年强烈的爱国心由此可见一斑。可惜虎父生犬子，刘仁轨后来未能克绍箕裘，他在美国学嬉皮士，荒疏学业，潦倒不堪，这当然是后话了（见岱峻《傅斯年在四川》）。

1935年，华北形势岌岌可危，日本人鼓噪“华北五省自治”，也有某些畏敌如虎的中国人极其天真地主张将北平降格为“中立区”，为此发起建立北平文化城运动，一时间人心惶惶，议论纷纷。恰在此敏感时期，胡适发表了附和政府妥协政策的软性言论——《保卫华北的重要》，傅斯年读罢此文，怒不可遏，大有冰炭不同炉之慨，他宣称要退出《独立评论》杂志社，与胡适割袍断义，幸得丁文江居中斡旋和调停，傅斯年才收回成命，与胡适言归于好。“吾爱吾师，吾更爱真理！”如此理解傅斯年与胡适的友谊，则庶几乎近之。胡适一直坚称傅斯年是他“最好的诤友和保护人”，实乃由衷之言。

当时，北平市长萧振瀛设宴招待教育界名流，他板起面孔，虚声恫吓，要大家看清楚形势，知所进退，还公然为敌张目，大放厥词，“在日人面前要保持沉默”，免招言祸，俨然出面为日本军国主义政府招降纳叛。当时，全场名流面面相觑，噤声无语，气氛极为凝重，唯有傅斯年愤然作色，拍案而起，当面教训萧振瀛别忘记自己是中国人，是国民政府的官员，别站错了民族立场。他宣称，当此国运悬于一线的危急时刻，身为学人，宁为玉碎，不为瓦全。这种反抗的态度和不屈的精神，赢得了众人的尊重。嗣后，一二九学生示威运动，使得北平浑浊的空气，为之一清。当时，亲日派横行，日本特务猖獗，傅斯年当众严正表态，很可能会招致血光之灾，但他正气凛然，毫不畏缩，骨气和勇气都十分令人钦佩。

抗战伊始，北校南迁，北大、清华、南开三校合并而为西南联合大学，定址昆明（文学院和法学院在蒙自有三个月的过渡期），宝贵的师资和财力得以集中利用。因陋就简办好一所战时的中国最高学府，这个构想最初即源出于傅斯年的灵感。此举成为中国教育史上的一件大事。在异常艰危的境况下，西联大培养了一大批栋梁之材，日后获得诺贝尔物理学奖的美籍华裔科学家李政道、杨振宁，均是西南联大的高材生。

抗战胜利的消息传到重庆的那晚，傅斯年欣喜若狂，他从住所里寻出一瓶烈酒，到街上去手舞足蹈，如醉八仙一般脱略形骸。他用手杖挑起帽子，又像一位变戏法的魔术师，他与街头庆祝胜利的民众笑闹了许久，直至酩酊大醉，手杖和帽子全都不翼而飞。

国家出了头，老百姓有了活路，这是傅斯年最畅怀最惬意的事情。

三、“民国第一牛人”

傅斯年卓荦豪迈，每给人以不可企及之感。真名士，始能真本色，方能真性情。傅斯年被人谑称为“傅大炮”，即形容他忍不住炮仗脾气，口快心直，放言无忌。毕竟是多年的老朋友，罗家伦看傅斯年看得够准：“孟真贫于财，而富于书，富于学，富于思想，富于感情，尤其富于一股为正气而奋斗的斗劲。”倘若傅斯年的“斗劲”欠缺钢火，他又怎能成为“民国第一牛人”？

国民革命军北伐胜利时，傅斯年归国不久，任教于中山大学。有一天，他和几位同学在蔡元培先生家吃饭，大家兴致勃勃，个个都喝高了。这种场合，这种时候，傅斯年的“大炮”不响，更待何时？他信口开河地说：“我们国家整理好了，不是要灭了日本小鬼，就是西洋鬼子，也要把它赶出苏伊士运河以西，自北冰洋至南冰洋，除开印度、波斯、土耳其以外，都要‘郡县之’。”在座的同学都觉得此言痛快淋漓，唯独蔡先生越听越不耐烦，他声色俱厉地教训道：“这除非你做大将！”听到蔡先生的当头棒喝，傅斯年的酒劲醒了一半，顿觉无地缝可钻。

在北大时，傅斯年与人对掐，从不害怕寡不敌众，他是山东大汉，身材魁梧，体积，力量，勇气，三者都是冠绝群伦。他的诀窍是：“我以体积乘速度，产生一种伟大的动量，足以压倒一切。”傅斯年，虎背熊腰大块头，头发蓬松如乱草，戴一副美国滑稽电影明星罗克式的玳瑁眼镜，天气稍热就满头大汗，时不时掏出洁白的手绢揩抹汗珠，这样一个人，居然要扮演好斗的骑士（东方堂吉珂德），像吗？罗家伦曾劝傅斯年不要总是像好斗的蟋蟀一样，“被人一引就鼓起翅膀”，但江山易改，本性难移，傅斯年不可能把“沉默是金”这样的金科玉律当成自己的座右铭。

最逗趣的是，傅斯年与丁文江有过一段“过节”。1923 年，一向倡导科学精神的丁文江与“玄学鬼”张君劢大战若干个回合，终获全胜。当时，傅斯年人在国外，却十分关注这场科学与玄学的论争，尤其欣赏丁文江的笔力和学养。过了三年，丁文江出任大军阀孙传芳治下的淞沪商埠总办，傅斯年以为自己佩服已久的这位狠角色竟然堕落成为虎作伥的禄蠹了，他感到极为失望。在巴黎，傅斯年向胡适连说三遍，回国后第一件事就是杀掉丁文江。1929 年，傅斯年回国，经由胡适介绍，结识丁文江。胡适用玩笑的口吻打趣傅斯年：“现在丁文江就在你身旁，你干吗不杀他？”此前，傅斯年已了解到丁文江当年出任淞沪商埠总办的苦心是为了做一回改革旧上海的试验，还哪有一点敌意和恨意？他尴尬一笑，抱怨胡适旧话重提，是故意恶作剧。胡适对傅斯年说：“在君（丁文江字再君）必高兴，他能将你这个‘杀人犯’变作朋友，岂不可以自豪？”此后，他们三人成为了声气相求、情同手足的好朋友。

二十世纪二三十年代，国内以西方科学精神武装头脑的知识分子十有八九反感中医，鲁迅是一个典型，傅斯年也是一个典型。傅斯年认为，英国医学博士哈维发现血液循环已经三百余年，中医居然还把人体分为上焦、中焦、下焦三段，这简直是对于人类知识的侮辱和蔑视。由于傅斯年专修过实验心理学，同时涉猎过生理学和生物化学，他撰文批判中医时，不仅立论站得住脚，精确打击中医的命穴和要害，也是弹无虚发。那些欲将中医顶礼膜拜至国医地位的人，对傅斯年自然是恨得牙龈痒痒的。

1934 年 8 月 5 日，傅斯年在《大公报》发表评论《所谓国医》，他笃定一副恨铁不成钢的语气，开篇即危言耸听，自揭家丑："中国现在最可耻最可恨最可使人短气的事，不是匪患，不是外患，而应是所谓西医中医之争。……只有中医西医之争，真把中国人的劣根性暴露得无所不至！以开了四十年学校的结果，中医还成问题！受了新式教育的人，还在那里听中医的五行六气等等胡说！自命为提倡近代化的人，还在那里以政治的或社会的力量做中医的护法者！这岂不是明显表示中国人的脑筋仿佛根本有问题？对于自己的身体与性命，还没有明了的见解与信心，何况其他。对于关系国民生命的大问题还在那里妄逞意气，不分是非，何况其他。对于极容易分辨的科学常识还在混沌的状态中，何况较复杂的事。到今天还在那里争着中医西医，岂不是使全世界人觉得中国人另是人类之一种，办了四十年的学校不能脱离这个中世纪的阶段，岂不使人觉得教育的前途仍在枉然！" 此文一石激起千层浪，在医学领域引发新一轮激烈的科学和玄学（"巫术"）论战。

有一次，傅斯年为了中医问题在国民参政会上反对孔庚的议案，两人当众激辩，唇枪舌剑，各显其能，最终孔庚仓皇败下阵来，全然没有"胜固欣然，败亦可喜"的风度，竟倚老卖老，在座位上大出粗口，辱骂傅斯年。傅斯年不与孔庚斗粗鄙的口角，他当众放出一句狠话："你侮辱我，会散之后我和你决斗！"散会后，傅斯年果然去门口拦住孔庚，这才看清楚自己的对手七十多岁，骨瘦如柴，他的斗兴顿时大减，把握紧的拳头松开了，对孔庚说："你这样老，这样瘦，我不和你决斗了，让你骂了罢。"其实傅斯年是刀子嘴豆腐心，并不喜欢恃强凌弱，当他占尽上风时，反而不再动手。

1940 年 8 月，《云南日报·星期论文》刊出冯友兰的《论中西医药》，其论点可解中医与西医的长期纷争："中医西医之分，其主要处，不是中西之分，而是古今之异。中医西医应该称为旧医新医。”中医的理论可能不通，但中药可以治病则是事实，所以“我们现在应该研究中药，而不必研究中医”，即不必研究旧医的那套近乎玄学的理论。

傅斯年主张知识精英参政而不从政，所以他只做参政员，不做官员，在这一点上，他与胡适是不同道的，胡适主张“好人政治”，认为好人要尽可能出去做官，国家才有希望，否则，“坏人在台上唱戏，好人在家里叹气”，“好人动口不动手，坏人背着世界走”，政治的清明将永无希望。傅斯年的好友朱家骅、罗家伦均踏入政界，操持权柄，快哉乐哉。傅斯年的办事能力实则超过朱、罗二人甚远，蒋介石对他更属信任有加，他若肯从政，不仅机遇多多，而且职位也绝对不会在朱、罗二人之下，但他始终坚执不可。傅斯年曾致书胡适，打开天窗说亮话：“我们自己要有办法，一入政府即全无办法。与其入政府，不如组党；与其组党，不如办报。——我们是要奋斗的，惟其如此，应永远在野，盖一入政府，无法奋斗也。”在政治上，他比胡适要成熟得多。傅斯年敝屣尊荣，连蒋介石钦点的国府委员他都力辞不就，并致书极峰，表明素志：“斯年实愚戆之书生，世务非其所能，如在政府，于政府一无裨益，若在社会，或可偶为一介之用。……此后唯有整理旧业，亦偶凭心之所安，发抒所见于报纸，书生报国，如此而已。”1948 年 3 月、4 月间，胡适对是否参选总统颇感恍惚之时，傅斯年提醒胡适，他身为国内知识界的当然领袖，“名节”才是重中之重，当局拉他参选，目的是“借重先生，全为大粪堆上插一朵花”，真可谓一语唤醒梦中人。

有人说，傅斯年就像是东汉党锢传中李膺、范滂皆推崇备至的一流人物郭泰，“天子不得臣，诸侯不得友”，危言高论，处士横议。但傅斯年显然比郭泰更有行动力，更有胆魄，他凭借一己之勇拼掉了国民政府的两任行政院长，一位是孔祥熙，一位是宋子文，前者是蒋介石的连襟，后者是蒋介石的小舅子，可见其神勇非凡。傅斯年曾在参政院的会议上公开揭露真相："抗战以来，大官每即是大商，专门发国难财。我们本是势力国而非法治国，利益到手全不管一切法律，既经到手则又借法律名词如'信用'、'契约'等以保护之，这里面实在没有公平！"他平生痛恨中饱私囊的贪官，孔祥熙和宋子文是世间少有的大贪巨蠹，他自然视之若仇雠，深恶而痛绝。他说："我拥护政府，不是拥护这些人的既得利益，所以我誓死要跟这些败类搏斗，才能真正帮助政府。"他主张"惩罚贪污要从大官做起"，"除恶务尽"，"攻敌攻坚"，要打就打活老虎。

抗战期间，傅斯年身为国民参政员，屡次质询行政院长孔祥熙，牢牢逮住其经济问题不放，使孔祥熙狼狈不堪，恼怒之极，却又无可奈何。蒋介石既想治理好中华民国，又想笼络住那些专擅挖墙脚的亲友，这种做法自相矛盾。蒋介石曾亲自出马为孔祥熙缓颊求情，欲使傅斯年一笑置之。蒋问傅："你信任我吗？"傅答："我绝对信任。"蒋说："你既然信任我，那么，就应该信任我所任用的人。"傅对蒋的荒唐逻辑推导不以为然，他说："委员长我是信任的。至于说因为信任你也就该信任你所任用的人，那么，砍掉我的脑袋，我也不能这样说！"此言一出，满座失惊，蒋介石也为之动容。一个人在极峰面前也敢讲真话讲硬话，这才叫刚直不阿，这才是傲骨铮铮的男子汉。不久，孔祥熙灰溜溜地下了台，咸鱼未能再翻身。

1947 年 2 月 15 日，农历丁亥年正月二十五，傅斯年在《世纪评论》上发表《这个样子的宋子文非走开不可》，造成一波强劲的倒宋声浪。即使悬隔六十余年，我读罢此文，仍要用"切中要害"四字来形容。傅斯年从五点入手，处处讲理，层层剥皮，使宋子文体无完肤。这五点是：宋子文的黄金政策、工业政策、对外信用、办事能力、文化水平。“墙上芦苇，头重脚轻根底浅；山间竹笋，嘴尖皮厚腹中空”，宋子文的形象就是如此了。“当政的人，总要有三分文化，他的中国文化，请化学家把他分解到一公忽，也不见踪影的。”傅斯年讽刺宋子文宴请来宾，只会夹菜喂客。尤其莫名其妙的是，抗战胜利后，宋子文去北平接收敌产，竟将别人的老婆也一并接收了，还带到公共场合去招摇，丢人现眼，沦为笑谈。这样子的行政院院长宋子文，傅斯年怀疑他究竟是否“神经有毛病”。此文中，讲理是一方面，发怒是另一方面：“我真愤慨极了，一如当年我在参政会要与孔祥熙在法院见面一样，国家吃不消他了，人民吃不消他了，他真该走了，不走，一切要垮了。当然有人欢迎他或孔祥熙在位，以便政府快垮。‘我们是救火的人，不是趁火打劫的人’，我们要求他快走！”这一驱逐令斩钉截铁。傅斯年先后弹劾孔祥熙、宋子文，希望蒋介石至少要“流共工于幽州，放欢兜于崇山”，最好能将他们“摒诸四夷，不与同中国”。这般毫不客气和行之有效的办法，蒋介石心太软，未肯采纳。蒋经国后来去上海打虎，同样是只闻霹雳，不见雨点。蒋家王朝气数已尽，痼疾难瘳，根基朽，大厦倾，傅斯年纵然驱孔驱宋成功，也无济于事。

曾有人作诛心之论：“傅斯年只反贪官，不反皇帝，仍是蒋介石的一条忠实的走狗！”这话其实站不住脚。准确地说，傅斯年向来敢“犯上”而不“作乱”。中央银行国库案是孔祥熙的硬把柄，傅斯年揪住不放，一个偶然的机会，他看到一份蒋介石为孔祥熙说情的绝密函件，他怒火中烧，动笔钩出要害，竟在“委座”的大名侧挥笔痛批道：“不成话。”世间多有连贪官也不敢反的软骨动物，批评傅斯年这样的勇士，他们却“有胆有识”，真是滑天下之大稽，令人不好恭维。

十九世纪英国历史学家阿克顿爵士一度担任国会议员，但他在五年任期内，始终缄默不发一言，友人问他何以金口难开，他说："人家说的话，我一句都不同意。我说的话，人家也未必同意我一句，所以只好当哑巴。"阿克顿爵士还说过一句举世认同的金言："权力导致腐败，绝对的权力导致绝对的腐败。"他无疑是大智者，他的话饶有理趣，颇堪玩味。傅斯年是智者，更是性情中人，他身为国民参政员，无论如何也要担负言责。

"百士之诺诺，不如一士之谔谔"，傅斯年是唯一一个敢在蒋介石面前嘴叼烟斗、跷起二郎腿讲话的知识分子。妾妇之道，他不屑为之，韬光养晦，和光同尘，也与他的性情格格不入。称他为无双国士，就在于他真能做到心口如一，知行合一，绝不轻义苟利。直道如弦，像傅斯年这样刚正不阿的学者，西方多有，而东方罕见。

清代书画家傅青主尝言："学书之法，宁拙毋巧，宁丑毋媚；宁支离，毋轻滑；宁真率，毋安排。"学书如此，做人又何尝不是如此。傅斯年名满天下，谤亦随之，他不肯低调，不肯谦虚，不设城府，不留退路，不工于心计，不屑于安排，他更像一位敢怒敢言的西方斗士，而不像厚貌深衷的东方学者。有人称他是"激进的保守主义者"，我却认为他是货真价实的自由主义者。这样的知识分子，在中国，不是太多了，而是太少了，凤毛麟角，过于稀缺。

四、博大精深

蒋梦麟在《忆孟真》一文中写道："孟真博古通今，求知兴趣广阔，故他于发抒议论的时候，如长江大河，滔滔不绝。他于观察国内外大势，溯源别流，剖析因果，所以他的结论，往往能见人之所不能见，能道人之所不能道。他对于研究学问，也用同一方法，故以学识而论，孟真真是中国的通才。”诚然，胡适所倡导的“为学要如金字塔，要能博大要能高”，傅斯年是做到了的。

傅斯年磊落轩昂，自负才气，下笔万言，倚马可待，箕踞放谈，雄辩无敌，自有目空天下之士的实力。百分之九十九的狂人疏于俗务，傅斯年就偏偏是那个例外。办起事来，他顶卖力，顶负责，顶到位，顶有主见，往往能力排众议，常有令人惊喜的创获。

为文，横扫千军如卷席。做事，直捣黄龙而后快。这就是傅斯年的功夫。

专才易得，通才难寻。一般学人，很难具有行政才能，蒋梦麟、傅斯年、丁文江是民国学者中公认的行政高才。1928年夏，中央研究院创立，蔡元培出任院长，傅斯年出任历史语言研究所所长，他襄助蔡先生规划院务，订立制度和方案，无不井井有条。

历史语言研究所的成功，史料学派的崛起，端赖傅斯年的惨淡经营。他主持中山大学文学院时，创办过语言历史研究所，那一回只是小试牛刀，而真正大展身手，则是在中央研究院创办历史语言研究所时。要了解傅斯年的学术理念，不可不读他那篇《历史语言研究所工作之旨趣》，其精髓为：

> （一）凡能直接研究材料，便进步。凡间接的研究前人所研究或前人所创造之系统，而不繁丰细密地参照所包含的事实，便退步。
>
> （二）凡一种学问能扩张他研究的材料便进步，不能的便退步。
>
> （三）凡一种学问能扩充他作研究时应用的工具的，则进步，不能的，则退步。
>
> 我们很想借几个不陈的工具，处治些新获见的材料，所以才有这历史语言研究所之设置。

一分材料出一分货，十分材料出十分货，没有材料不出货。

总而言之，我们不是读书的人，我们只是上穷碧落下黄泉，动手动脚找东西！

果然我们动手动脚得有结果，因而更改了“读书就是学问”的风气，虽然比不得自然科学上的贡献较为有益于民生国计，也或者可以免于妄自生事之讥诮罢。

在创办史语所的报告中，傅斯年讲得很清楚：“此项旨趣，约而言之，即扩充材料，扩充工具，以工具之施用，成材料之整理，乃得问题之解决，并因问题之解决，引出新问题，更要求材料与工具之扩充，如是伸张，乃向科学成就之路。”他倡导实事求是的学术理念，打破崇拜偶像的陋习，将屈服于前人权威之下的理性解救出来，一言以蔽之：远离故纸堆，发掘新材料。早在中山大学文学院创办语言历史研究所时，傅斯年就在周刊的发刊词中透露了自己的学术理念：“我们要实地搜罗材料，到民众中寻方言，到古文化的遗址去发掘，到各种的人间社会去采风问俗，建设许多的新学问。”傅斯年在中央研究院史语所干得最有声有色有成绩的事，就是发掘河南安阳殷墟，找到了若干至关紧要的殷商文化遗存（甲骨文和青铜器），有些发现弥足珍贵，能够解开历史谜团，乃是国民政府三十八年间最大的科学成绩。史语所集合了陈寅恪、赵元任、李方桂、李济、董作宾等国内首屈一指的语言学者和历史学者，堪称语言学和历史学研究的最重要的机关。

当年，战乱频仍，道路不宁，河南的地方保护主义严重，考古工作处处受阻，发掘的材料难以运出。傅斯年起用河南籍学者董作宾、郭宝钧、尹达、石璋如，以缓和史语所与地方保守势力的矛盾冲突。他还巧妙斡旋，动用一切可以动用的人脉资源，力保考古发掘不致半途而废，必要的时候，他甚至请求蒋介石签发手令，以图从根本上解决难题。有一次，傅斯年到开封办交涉，费时三个月，他返回史语所后，指着自己的鼻子对考古组的多位学者开玩笑说："你们瞧，我为大家到安阳，我的鼻子都碰坏了！"若没有傅斯年的执著和精明，殷墟的考古发掘势必被迫中止。

当年，美国历史学家费正清访问李庄，所见到的情形是："高级知识分子生活在落难状态中，被褥、锅盆瓢勺、孩子、橘子和谈话喧闹声乱成一团。这是一个贫民窟，但又住满了受过高等教育的专家，真是一个悲喜剧的好题材。"傅斯年就是地处李庄的史语所的当家人，英国科学家李约瑟来访，得到了一件欣喜的礼物，一把黑折扇，傅斯年用贵重的银朱在上面书写了一段《道德经》，风度和风雅没折损丝毫。万方多难之际，史语所的研究经费奇绌，众学者的日食三餐也难以为继，傅斯年那么高傲，但为了中央研究院在四川李庄的三个研究所和中央博物院的生存之计，他不得不向第六区行政督察专员兼保安司令王梦熊打躬作揖，只为借米一百三十石。

据一些前辈学人回忆，傅斯年主持史语所时，霸才、霸气和霸道均显露无遗，史语所的同事对他莫不敬畏有加，暗地里称他为"傅老虎"。在国民党的铁幕下，傅斯年力争自由，不曾有过丝毫惧色，但在史语所内，他说一不二的家长作风和党同伐异的门户之见相当严重，他瞧不起那些缺少留洋背景的本土派学者，这就难免会伤害一些具有真才实学的学者。女学者游寿（国学家胡小石的高足弟子）在史语所郁郁不得志，最终拂袖而去，就是一个显例。虽然有这样或那样的不足和不快，但傅斯年对史语所的苦心经营功不可没，连个性桀骜不驯、受过大委屈的女学者游寿也承认这一点。

五、功狗与功臣

1950年12月17日，北京大学五十二周年纪念会在台北召开。傅斯年登台演讲，话题转向学问和办事，他笑道："蒋梦麟先生的学问不如蔡孑民先生，办事却比蔡先生高明。我的学问不如胡适之先生，但我办事却比胡先生高明。蔡先生和胡先生的办事，真不敢恭维。"这当然又是他想到哪说到哪，心直口快。好在蔡先生大度，在九泉之下，是不会生气的。胡先生也大度，深知傅斯年的脾气性格，同样不会生气。傅斯年走下讲台后，蒋梦麟对他说："孟真，你这话对极了。所以他们两位是北大的功臣，我们两人只不过是北大的功狗。"能做北大的功狗也了不起啊！傅斯年欣领了这个荣誉称号。傅斯年是"北大功狗"，无妨他为中央研究院史语所的功臣，无妨他为台湾大学的功臣，因为他做了许多卓有成效的实事，转移了一时的风气。

1949年1月17日，傅斯年从上海直飞台北，台湾省政府主席陈诚亲往机场迎接，场面不小，动静很大。翌日，傅斯年即从台大代理校长杜聪明手中接受印信，正式履职。他为台大立下"敦品励学，爱国爱人"八字校训。

傅斯年到台大履新后，中文系教授黄得时请傅斯年题词，他不假思索，略无沉吟，即挥笔写下"归骨于田横之岛"的字幅相赠。傅斯年用的是秦末汉初齐国贵族田横的典故，刘邦称帝后，田横不愿臣服于汉，率徒众五百余人逃亡，避居海上孤岛。后来田横被迫偕门客二人赴洛阳，于驿舍中忧愤自杀。留居海岛的追随者获悉田横死讯，遂全体壮烈自杀。

此前此后，傅斯年与胡适争取大陆学人赴台，费了不少力气，却效果平平，其门生弟子尚且敬谢不敏，避之唯恐不及，仿佛恩师是要拉他们去跳粪坑和火坑，历史学家邓恩铭就曾对傅斯年说过“不”，傅斯年的妻姐俞大缜和俞大絪也拂逆了他的美意，最终在“文革”中受难和自杀。当年，学者、教授对蒋家王朝失望之极，不愿“抛骨于田横之岛”，其心情不难理解。中国人的普遍心理是“愿为太平犬，不做乱离人”，在国民党军队大溃败之际，凡是往昔未尝与中共结下深仇大怨的学人，百分之九十五以上都不愿意选择那座岌岌可危的孤岛作为自己后半生安身立命的地方。陈寅恪与傅斯年是游学欧陆时的老朋友，而且他曾在傅斯年主持的历史语言研究所担任过历史组组长，抗战时期，陈寅恪在昆明躲空袭，他的口号是“闻机而坐，入土为安”，前面四个字不难理解，后面四个字的意思是说躲进防空洞才算安全。每当警报大作，别人狼奔豕突，傅斯年则冒险爬上三楼去将陈寅恪搀扶下来。下雨天防空洞中水深盈尺，傅斯年还得弄把高脚椅让陈寅恪稳稳当当地坐着。想想看吧，一位大胖子搀扶着另一位半盲的学者躲避空袭，何等费劲，何等吃力！单从这件事，就不难见出傅斯年与陈寅恪友情之深挚。傅斯年曾亲自出面游说陈寅恪去台湾大学任教，甚至准备动用极其稀缺的专机将这位国宝级学者接送到台湾。陈寅恪坚持不可，他自忖与现实政治素无关涉，晚景理应无忧，终老于中山大学于愿足矣。“文革”时期，陈寅恪遭到迫害，高音喇叭架设在他门外的大树上，大字报张贴到他卧室的床头，存款被冻结，连不可或缺的牛奶也断了供，晚景凄凉真是始料未及。那时，这位盲学者是否悔青了肠子？当初若接受傅斯年的邀请，播迁海隅，去台大任教，又何至于遭逢此厄？

台湾大学乃“五朝老底”，实不易办，改造一所旧大学远比建设一所新大学要更加繁难。傅斯年曾致函张晓峰：“弟到台大三学期矣！第一学期应付学潮，第二学期整理教务，第三学期清查内务，不查则已，一查则事多矣！报上所载，特少数耳。以教育之职务作此非教育之事，思之痛心，诚不可谓为不努力，然果有效否？不可知也，思之黯然！”欣然也好，黯然也罢，一位负责任的校长，结局只可能是鞠躬尽瘁，死而后已。

在台大，傅斯年锐意改革，第一要务就是整顿人事，凡是不合格的教员一律解聘，对于高官要员举荐的亲友，他并不买账：“总统介绍的人，如果有问题，我照样随时可以开除。”傅斯年真有包天之胆，说到就敢做到。“大一国文委员会”、“大一英文委员会”和“大一数学委员会”由许多著名教授组成，毛子水、台静农、屈万里都给大学一年级新生开课。杀鸡焉用宰牛刀？众人表示疑惑，傅斯年认定基础学科的建设乃是重中之重，若不用火车头去牵引，就不可能产生理想的动能和速率。新学期伊始，每位教师都会及时收到傅校长一封内容相同的亲笔信，他告知大家：说不定哪一天，他会跟教务长、贵学院的院长、贵系的系主任，去课室听讲，请勿见怪。不到两年时间，傅斯年真就“听掉”了七十多名教师，由于这些南郭先生的教学水平不入他的法眼，他不再与之续聘。傅斯年用人从来不看背景，只看能力，因此得罪了不少权贵，也受到外界的非议和攻击，甚至有些心怀宿怨的人骂他是“学阀”，是“台大的独裁者”，但傅斯年依然我行我素，至于妥协，在他的人生大词典中，压根就没有这个词的体面位置。有一次，蒋介石对他的亲信说：“那里（指台大）的事，我们管不了！”傅斯年打就的“营盘”真就是水都泼不进。

1950年，台大新生入学考试，国文试卷由傅斯年亲自命题，题目摘自《孟子·滕文公下》：“居天下之广居，立天下之正位，行天下之大道。得志，与民由之；不得志，独行其道。富贵不能淫，贫贱不能移，威武不能屈，此之谓大丈夫。”这是孟轲的夫子自道，也是孟真的夫子自道，傅斯年就是要做这样的大丈夫。很难说他得志了，只能说他赍志而殁。

据朱家骅回忆，傅斯年去世前几天，闲谈时对他说：“你把我害苦了，台大的事真是多，我吃不消，恐怕我的命要断送在台大了。”一语成谶。1950年12月20日，傅斯年列席台湾省参议会，答复有关台大校政校务的质询，当日提问者即“大炮参议员”郭国基，两尊“大炮”对阵，外界所料想的对轰并未发生，傅斯年的猝然弃世是否如报界所讹言“被气死”，至今仍有几个语焉不详的版本。傅斯年的死因是脑溢血。劳累、焦虑、忧懑、虚弱的体质（夏天刚做过胆结石手术）和高血压，合伙做了残忍的杀手，攫夺了这位国士的性命。真令人难以置信啊，傅斯年想穿的那条暖和的新棉裤，竟然至死也未穿上。身为台大校长，如此清苦，怎不令人欷歔！

傅斯年死后，哀荣自不用提，蒋介石亲往致祭，台大校园内专辟傅园，园内建造傅亭，安置傅钟。傅斯年尝言：“一天只有二十一小时，剩下的三小时是用来沉思的。”台大将这句醒世恒言化为实际行动，上课下课时，钟敲二十一响。

在大陆，傅斯年的死讯没有激起太大的波澜，只有周作人之类闻讯而喜的攻击手重新找到了鹄的，但几支冷箭不算热闹，也不算奋勇。究竟有几人痛心，几人落泪？痛心落泪者首推陈寅恪先生，他以《〈霜红龛集·望海诗〉云“一灯续日月不寐照烦恼不生不死间如何为怀抱”感题其后》为由头，赋七绝一首，隐晦地表达了对故友的悼念：

不生不死最堪伤，
犹说扶馀海外王。
同入兴亡烦恼梦，
霜红一枕已沧桑。

《霜红龛集》是清代诗书画名家傅青主傅山的诗集，彼傅虽非此傅，但爱国忧时则一，陈寅恪先生赋此七言诗，岂徒为私谊留一念想，也为公道存一写照。

在白云苍狗的乱世，总体而言，知识精英的人生就是一场追梦未果的悲剧，目标依旧悬远，生命却已耗竭。这个事实竟是难以逆转，也难以改变的。“天地不仁，以万物为刍狗”，一位稀世天才的损失又算得了什么呢？生性豪奢的造物主何时何地怜惜过天才的英年早逝？权当是花的开谢，草的荣枯。如是而已。

本文首发于《书屋》2010年第3期

一代直声

——梁漱溟的胆与识

梁漱溟（1893—1988），原名焕鼎，字寿铭，北京人。思想家，社会活动家。1917 年至 1924 年为北大文科讲师、教授。著作有《梁漱溟全集》（八卷，山东人民出版社）。

谦卑并不是所有成功者的标配品质，具有大自信的人往往自视甚高。这么说，梁漱溟自命不凡，就并不是什么大毛病，听他吹牛那才叫尽兴尽致。1942年，他从香港脱险，返回大陆，居然毫发无伤，他写信给儿子梁培宽、梁培恕，大吹特吹：

> 孔孟之学，现在晦塞不明。或许有人能明白其旨趣，却无人能深见其系基于人类生命的认识而来，并为之先建立他的心理学而后乃阐明其伦理思想。此事唯我能作。又必于人类生命有认识，乃有眼光可以判明中国文化在人类文化史上的位置，而指证其得失。此除我外，当世亦无人能作。前人云："为往圣继绝学，为来世开太平"，此正是我一生的使命。《人心与人生》等三本书要写成，我乃可以死得；现在则不能死。又今后的中国大局以至建国工作，亦正需要我，我不能死。我若死，天地将为之变色，历史将为之改辙，那是不可想象的，乃不会有的事。
>
> 我相信我的安危自有天命……假如我是一个寻常穿衣吃饭之人，世界多我一个或少我一个皆没有关系，则是安是危，便无从推想，说不定了。但今天的我，将可能完成一项非常重大的使命，而且没有第二人代得。从天命上说，有一个今天的我，真好不容易，大概想去前途应当没有问题。——这一自信，完全为确见我所负使命重大而来。

大凡才雄气壮的傲哥，个个善吹，儒家的至圣和亚圣都是吹牛高手，孔子吹嘘得还算挨边，"苟有用我者，期月而已可也，三年有成"；孟子则吹嘘得完全离谱，"夫天不欲平治天下，如欲平治天下，当今之世，舍我其谁也”。他们的徒子徒孙吹嘘一句“为往圣继绝学，为来世开太平”，也就不自觉过分了。梁漱溟深信自己是上苍的骄子，负有重大使命，降临人间，自当众鬼辟易，百毒不侵。正如孔子所说的：“天生德于予，桓魋其如予何！”这份自信帮他挺过了一道又一道夺命难关。梁漱溟吹牛，吹到九十五岁，吹得极有底气，全然没有半点心虚，这倒是他的独门绝活。相比之下，鲁迅不怎么吹牛，活得却很抑郁，甚至活得很焦虑，结果仅得五十五岁的寿数，比梁漱溟少活四十年，不划算啊！吹牛岂可不大吹特吹长吹久吹哉！

一、走火入魔

若细细打量梁漱溟的外貌，我们确实会得出他是一位神奇人物的印象：高大而挺拔的身板，大大的光头，像钢一样坚毅的眼神，紧抿着的倔强的嘴唇，低沉而有力的声音，桀骜而高贵的气质。这些外貌特征都充分显示出他的与众不同。

1893 年，梁漱溟出生于一个日趋式微的贵族家庭。他祖父梁承光晚清时做过山西永宁知州，防堵捻军，三十五岁即尽瘁而死。他父亲梁济清末时做过内阁中书，后晋升为候补侍读，为人忠厚诚悫，好学精思，不愿与世浮沉，不肯随俗流转。尤其难得的是，梁济潜心儒学，却非常开明，他并不逼迫子女死读圣贤书，甚至认为好人家的子弟出洋留学乃是一件正当事，应该“勿惜费，勿惮劳，即使竭尽大半家资也不为过”。梁济平生最痛恨舞文弄墨的文人，认为他们总是以浮夸粉饰为能事，不讲求实际。他不尚虚务，专重实效，以利国惠众为高明。梁漱溟平日耳濡目染，接受言传身教的熏陶，自然潜移默化。小时候，梁漱溟体弱多病，每遇天寒，则手足不温，梁济对他格外放宽尺度，和颜悦色，从不打骂，读书也任他杂览，不设范畴。

十四岁那年，梁漱溟考入北京顺天中学堂。班上人数不多，却是藏龙卧虎，后来出了三位大学者：张申府，汤用彤，还有梁漱溟。同学少年，最富热情，梁漱溟与廖福申、王毓芬、姚万里结为自学小组，廖的年龄稍长，脑筋灵活，点子多多。有一次，四人上酒楼吃蟹饮酒，廖福申一时兴起，说是同辈间称兄道弟义结金兰很无谓，倒不如以各人短处命名，借资警诫。此议一出，众口交赞，大家都请廖来主持，他当仁不让，略一思索，即给王毓芬取名为“懦”，给姚万里取名为“暴”，给梁漱溟取名为“傲”，给自己取名为“惰”，均是一针见血，切中要害。梁漱溟读中学时傲气逼人的表现确有一端，那就是语不惊人死不休，他特别喜欢作翻案文章，有时出奇制胜，有时弄巧成拙。一位姓王的国文教师十分恼恨梁漱溟的作文方法，在梁的作文卷上批下这样一句话：“好恶拂人之性，灾必逮夫身！”这差不多是诅咒了。好一个“傲”字，犹如硬币的两面，既是梁漱溟的短处，也是他的长处，他一生吃亏在此，得益也在此。

梁漱溟的傲可说是一种向上的力量，他能见贤思齐，并非目无余子。读中学时，他钦佩郭人麟的学问，郭比他低一班，对《老子》《庄子》《易经》和佛典颇有心得，尤其推崇谭嗣同的《仁学》，境界相当不俗。梁漱溟将郭人麟平日言谈集为一册，题为“郭师语录”，被同学讥为“梁贤人、郭圣人”，梁漱溟恬然处之，全无愧色。

时势往往能决定一个人的思想取向。梁漱溟血气方刚，身处一个急剧动荡变革的时代，要么改良，要么革命，没有第三条路好走，在同学甄元熙的影响下，梁漱溟放弃君主立宪的改良主张，选择了革命。1911年，梁漱溟剪去辫子，毅然加入汪精卫领导的京津保同盟会。梁济是改良派，他告诫儿子不要铤而走险：“立宪足以救国，何必革命？倘大势所在，必不可挽，则孰不望国家从此得一转机？然吾家累世仕清，谨身以俟天命而已，不可从其后也。”父子在大是大非的问题上第一次发生了冲突，各执一端，相持不下，梁漱溟年轻气盛，自以为真理在手，不遑多让，出语颇不冷静，梁济的感情因此受伤。

从顺天中学堂毕业后，梁漱溟未再深造，即去《民国报》做记者。《民国报》的社长是梁的同学甄元熙，总编辑是孙炳文。梁原名焕鼎，字寿铭，写稿时常用笔名“寿民”和“瘦民”，孙炳文则想到另一个谐音的“漱溟”，古人只有枕石漱流的说法，漱于沧溟则是何等空灵，何等气派！从此，“梁漱溟”三字便精诚团结，永不分离。梁漱溟刚肠疾恶，如何看得惯民国官场的钩心斗角和尔虞我诈？那班猪仔议员全然不以国事为念，只知嫖赌逍遥，蝇营狗苟，令梁漱溟感到极为厌恶和鄙视。他遭遇到有生以来的第一场精神危机，尤其是当他读过日本人幸德秋水的《社会主义之神髓》后，对私有制的憎恨难以平息，对人世间触目可见的不平等、不公平、不公正难以释怀。烦恼愈积愈多，却无法开解，无处宣泄，梁漱溟感到极度的精神苦闷，于是他决定自杀，寻求一了百了的解决方式，所幸室友及时察觉苗头，才避免了一场悲剧的发生。经此变故，梁漱溟放弃了社会主义，转而信奉佛学，他决定遵照袁了凡的那两句话——“以往种种譬如昨日死，以后种种譬如今日生”——认真做去。梁漱溟啃读大量佛典，悟到人生是与痛苦相始终的，人一降生，就与缺乏相伴俱来。缺乏是常，缺乏之得满足是暂；缺乏是绝对的，缺乏之得满足是相对的。人生的苦乐并不决定于外界环境的好坏，纯粹取决于主观，根源在于自身的欲望，满足则乐，不满足则苦。欲望无穷尽，一个满足了，另一个又会冒出来，很难全部满足。后来，梁漱溟谈到自己为何对哲学兴趣独浓，给出了这样的答案：“就以人生问题之烦闷不解，令我不知不觉走向哲学，出入乎百家。然一旦于人生道理若有所会，则亦不复多求。假如视哲学为人人应该懂得的一点学问，则我正是这样懂得一点而已。”

梁漱溟精进太猛，钻研学问难免会走火入魔，十八岁立誓不结婚，十九岁吃素，他想得最多的就是如何普度众生，他决定从实处做起，精研医术，悬壶济世。

二、问题中人

1916年冬，梁漱溟在上海商务印书馆主办的《东方杂志》上连载《穷元决疑论》，其中心内容是批评古今中外的名家理论，独崇佛学。凑巧的是，蔡元培刚从欧洲回国，接任北大校长，他读到这篇文章，产生兴趣，当即决定聘请梁漱溟为北大讲师，讲授印度哲学。试想，一位二十四岁的青皮后生，没有上过大学，没有喝过洋墨水，只因一篇文章就得到蔡元培的青睐，就可以手执教鞭，登上北大哲学系的讲台，别说现在我们无法想象，就是在当年也无法想象，但这是千真万确的事实。蔡元培主持北大期间，群贤荟萃，百家争鸣，梁漱溟跻身其间，感到不小的压力，他深恐不能胜任这一教职。蔡元培慰留道：“你不必担心难以担当这个职位，只权当来这里研究、学习好了。”天下有这样香喷喷的馅饼砸中梁漱溟的脑袋瓜，他不吃才是咄咄怪事。梁漱溟在北大既开“佛教哲学”、“印度哲学”课程，又开“孔子哲学之研究”，既替释迦说个明白，又替孔子讲个清楚，佛儒并举，两不偏废。

据田炯锦回忆，梁漱溟在北大教书，“甚不长于言辞表达，文字亦欠流畅，每于讲解道理时，不能即行说明，常以手触壁或敲头沉思”，他不能久安于教职，与口才并不便给应该是有不小的关系的。

正当梁漱溟的思想迈向豁然开朗之境，其父梁济却走向生命的终途。早在辛亥革命爆发时，梁济就做好了殉清的打算，他既痛心于清朝的覆亡，更痛心于“风俗”和“正义”的沦落。他一度也想寻求精神的出路，两次投书刚由欧洲归国的梁启超，五次踵门拜谒，求写一副扇联，均未得只字回音，未获一面之雅。其后，他从报纸上得知梁启超为伶界大王——“小叫天”谭鑫培题写刺绣“渔翁图”，有“四海一人谭鑫培”的溢美之词，不禁深感失望。1918 年 11 月 14 日，离六十岁生日仅差几天，梁济完成《敬告世人书》后，即自沉于北京积水潭，他期冀以自己的死产生震惊作用，让毁弃传统道德的世人扪心自咎，迷途知返。他在遗书中写道：“其实非以清为本位，而以初年所学为本位。”他认为世局日益败坏，竟至于不可收拾，乃是由于一班政客军阀朝三暮四，反侧骑墙，不识信义为何物所致。梁济的自沉早于王国维，他的死确实产生了轰动效应，报章连篇累牍地报道，国务总理钱能训不甘人后，也写了还愿匾。废帝溥仪则乘机颁“诏”，赐谥褒奖。有哀感生敬者，当然也不乏批评蔑视者。梁济自杀后，梁漱溟深感内疚，他回忆父亲对他的多年教诲，反思自己的一贯忤逆，不禁深深自责。经此人伦惨变，梁漱溟闭关读书，苦苦思索，两年后，他宣布弃佛归儒。对此，他的说法是：“我不是个书生，是个实行的人。我转向儒家，是因为佛家是出世的宗教，与人世间的需要不相合。其实我内心仍然持佛家精神，并没有变……佛家也有派别。小乘过去被人称为自了汉。大乘则要入世，但入而不入。入世是为了度众生。度众生就是人不能自私，自私是惑，惑就是有我……”可以这么说，梁漱溟的道德勇气源自佛家精神，而指导他实践的则是儒家精神。以出世的态度做人，以入世的态度做事，他正是如此恭行的。

梁漱溟独崇佛学期间，不仅茹素不婚，还发愿要出家，直到父亲自杀后，他才自咎不孝，放弃披剃的念头。1921年，梁漱溟经友人伍伯庸作伐，与伍的小姨子黄靖贤结为夫妇。梁在相貌、年龄、学历上都无计较，只要对方宽厚和平，趣味不俗，魄力出众就行。黄氏识字不多，体格健壮，毫无羞怯之态，夜晚就睡，或侧身向左而卧，或侧身向右而卧，终夜睡姿不改变。黄氏为人木讷，性格刚强，梁漱溟忙于治学，忙于社交，偶得闲暇，仍是老僧入定，陷于冥想而不能自拔。黄氏看不惯梁漱溟这副无视无听的呆相，梁漱溟对黄氏也是能避则避，能让则让。黄氏曾指责梁漱溟有三大缺点：一是好反复，每每初次点头之事，又不同意，不如她遇事明快果决；二是器量狭小，似乎厚道又不真厚道，似乎大方又不真大方；三是心肠硬，对人缺少恻隐之情。夫妻相处十四年，一直貌合神离，同床异梦。1935年8月20日，黄氏病逝于山东邹平，梁漱溟的悼亡诗居然毫无感伤色彩：

我和她结婚十多年，
我不认识她，
她也不认识我。
正因为我不认识她，
她不认识我，
使我可以多一些时间思索，
多一些时间工作。
现在她死了，
死了也好；
处在这样的国家，这样的社会，
她死了可以使我更多一些时间思索，
更多一些时间工作。

黄氏说梁漱溟心肠硬，这似乎是最好的佐证，梁漱溟此时年届不惑，已经勘破生死。鳏居十年后，梁漱溟方才续弦，与陈淑芬结缡。婚宴上，一向拘谨的梁漱溟居然老夫聊发少年狂，摆开功架，唱了一出《落马湖》，令众宾客捧腹大笑。陈淑芬是北京师范大学的毕业生，比梁漱溟小三岁，性情温和，修养到家，她不仅使梁漱溟拥有安乐的后院，还使他冷峻孤傲的性格染上浓厚的暖色调，有了轻松愉快的一面。

梁漱溟的性格严肃有余，活泼不足，他的幽默感并不发达，但他千真万确说过一句诙谐有趣的话："我始终不是学问中人，也不是事功中人。我想了许久，我是什么人？我大概是问题中人！"梁漱溟从来都认为自己只是思想家，不是学问家，他的自述中有这样的解释："我实在没有旁的，我只是好发生问题——尤其易从实际人事感触上发生问题。有问题，就要用心思；用心思，就有自己的主见；有主见，就从而有行动发出来。外人看我像是谈学问，其实我不过好用心思来解决我的问题而已，志不在学问也。"及至晚年，梁漱溟接受美国学者艾恺的访谈时，还特意强调了这一点："我不够一个学问家，为什么？因为讲中国的老学问，得从中国的文字学入手，可中国的文字学我完全没有用功，所以中国学问我也很差，很缺少。再一面就是近代科学，我外文不行，所以外国学问也不行。从这两方面说，我完全不够一个学问家。我所见长的一面，就是好用思想；如果称我是一个思想家，我倒不推辞，不谦让。思想家与学问家不同。学问家是知道的东西多，吸收的东西多，里边当然也有创造，没有创造不能吸收。可是思想家不同于学问家，就是虽然他也知道许多东西，不知道古今中外的一些知识，他也没法子成思想家。但是他的创造多于吸收。所以我承认我是思想家，不是学问家。"

梁漱溟既是一位思想家，也是一位亲力亲为的实践家，他长期主张教育救国，从最基础的教育入手，为此他不惜辞掉北大教职，去山东菏泽担任中学校长。他致力于乡村建设，实行社会改造，在邹平县成立山东乡村建设研究院，感召一批知识分子，与乡村平民打成一片，提高村民素质，发展乡村经济，改变乡土中国的落后面貌。梁漱溟身边常有一些弟子追随，他仿照宋明讲学的模式，每日清晨，召集众人，或默坐，或清谈，意在感悟人生，反省自我。他把这样的集会称为“朝会”。梁漱溟在朝会上的发言，后来被弟子们辑为《朝话》一书，颇似孔子的《论语》。梁漱溟的“朝话”通常是点到为止，以精警取胜，譬如这一句：“在人生的时间线上须臾不可放松的，就是如何对付自己。如果对于自己没有办法，对于一切事情也就没有办法。”

由于外患日深，“村治”理想被迫放弃，偌大的中国居然没有地方能放下一张宁静的书桌，梁漱溟别无选择，毅然决然投入政治洪流。他曾在《中国文化要义》一书的自序中说：“……以中国问题几十年来之急切不得解决，使我不得不有所行动，并耽玩于政治、经济、历史、社会文化诸学。然一旦于中国前途出路若有所见，则亦不复以学问为事。”抗战期间，中华民族的生死存亡悬于一线，许多知识分子都走出书斋，服务于国家。胡适一向远离政坛，喜欢扮演政府批评者的角色，此时也出任中国驻美国大使，去了大洋彼岸。早在1916年，梁漱溟有见于乱兵为祸之惨烈，即写过《吾曹不出如苍生何》一文，他是有参政意识的人，此时不参政更待何时？但有一点他撇得很清——只站在中间立场，既不偏左，也不偏右，既不亲共，也不与国民党沆瀣一气。

1932年，在南京的总统官邸，梁漱溟初次见到蒋介石，印象很糟。谈话时，蒋介石拿个小本子，时不时记上几笔，一副不耻下问的样子，貌似谦虚，其实做作。南京政府迁至重庆后，梁漱溟身为参政员，与蒋的交道增多，他发现蒋介石刚愎自用，根本听不进不同的意见，更别说不同的政见，有时甚至怒形于辞色，令人极其难堪，下不来台。1942年12月，中国民主政团同盟（简称“民盟”）宣告成立，梁漱溟出任秘书长和机关报《光明报》社长，从此蒋介石对梁漱溟的态度发生转变，见面时不再称他为“漱溟兄”，改称“梁先生”。及至国共和谈期间，梁漱溟奔走于两党之间，他对蒋介石的种种做法（比如躲在庐山不见谈判代表，让调停人马歇尔九上九下）更加不满。

三、天生的反对派

梁漱溟在北大哲学系任讲师时，常与杨怀中教授切磋学问，每次到杨家，都由一位高个子的湖南青年开门，彼此相视点头，未曾互报姓名。梁漱溟进客厅与杨怀中谈天说地，这位青年便去别的房间，从不加入话局。后来，经杨怀中介绍，这位青年是湖南老乡，在长沙读过师范，抱负不凡，来京城拜师求学，现在北大图书馆做事，晚上宿于杨家。杨怀中肯定提到过这位青年的名字，但梁漱溟并未记住。杨怀中病故后，这位青年成了杨家的女婿，返回南方。

1938年，梁漱溟考察延安，与毛泽东会见八次，有两次是竟夜长谈。梁漱溟与毛泽东对新旧中国的认识多有分歧，争论是免不了的。但毛泽东对抗战形势的分析深入肯綮，坚决认定中国必胜，日本必败，梁漱溟对此高论折服不已。他们在延安的首次见面很有趣，毛泽东的第一句话就很幽默：“梁先生，你还记不记得？民国七年在北京大学，你是大学讲师，我是小小的图书管理员。你常来豆腐池胡同杨怀中先生家串门，总是我开大门。”梁漱溟赶紧道声惭愧，夸赞毛泽东好记性。

1945年，抗战胜利后，梁漱溟第二度访问延安，与毛泽东大谈如何进行经济建设，发展现代工业，未免有点话不投机。毛泽东对这位自命为思想家的民盟秘书长客客气气，但对他的某些政治观点未肯苟同。国共和谈失败后，梁漱溟向记者发出哀叹："一觉醒来，和平已经死了！"这句话不胫而走，广为流传。他曾起草过折中方案，结果是国、共双方都不满意。一介书生，又如何能够厘清乱局，明白就里？他既不领共产党的情，又不受国民党的礼，要在两党之间保持中立和独立地位，掌握为广大中国社会发言的话语权。他这是一厢情愿，结果事与愿违，并不奇怪。最典型的是，他在《大公报》上发表《内战的责任在谁》《敬告中国国民党》《敬告中国共产党》，认为内战的责任主要在国民党，战争打了几年，死了许多人，祸害了国家民族，究竟谁主张打？战犯是哪些人？为什么不受到惩办？都应该搞清楚。至于共产党方面，也打了三年仗，也应该宣布在这三年战争中，对国家人民所遭受的损害，同感歉疚。共产党再用武力打下去，不排除在一年内有统一中国之可能，但那时既没有联合，也没有民主……梁漱溟对国、共双方各打五十大板，他还对外界宣称，只发言，不行动。蒋介石下野，李宗仁上台，这位代总统一度想拉拢广西老乡梁漱溟，派程思远去北碚看望后者，送上一大笔钱，表示想与梁会个面，梁则叹息时局如此，和平无望，干脆以"不行动"为由婉言谢绝。至于程思远送来的钱，梁漱溟悉数笑纳，充作了勉仁学校的教育经费。在此期间，梁漱溟把全副心思都用于办勉仁学校和写《中国文化要义》上，不再与暧昧的政客虚与委蛇。

二十世纪五十年代初，梁漱溟与毛泽东的交往经历了一个短暂的"蜜月期"。当时，毛泽东欢迎梁漱溟成为新政府的一分子。梁漱溟却仍是一副犟驴子脾气，坚持要以局外人的身份为国效力，为民请命。他的话说得还算委婉："主席，像我这样的人，如果先摆在政府外边，不是更好吗！"对此，毛泽东未置可否，他让梁漱溟先去重游先前搞过乡村建设的故地，全由官方接待，不用自掏腰包。1951年，梁漱溟赴西南参加土改，回京后，毛泽东问他下面的情况如何。梁漱溟如实相告，地主被打得太狠，有的忍受不了折磨，跳河自杀。毛泽东笑着说，贫雇农的怒气也要有发泄的渠道才行。

1952年，梁漱溟写了一篇“自我检讨文”《何以我终于落归改良主义》，公开承认自己“不曾革命”。他还给毛泽东写了一封信，信中说：过去纵一事无成，今后亦何敢自逸。他重申前请，不顾年高，要去苏联留学，研究巴甫洛夫的理论。这近似于一个玩笑，毛泽东没理会梁漱溟的茬，只同意他在国内游历，喜欢调查什么就调查什么，一切便利都可由政府提供。及至梁漱溟欲创设中国文化研究所的草案被毛泽东当面否决，他们的“蜜月期”就宣告结束了。在毛泽东看来，梁漱溟一身傲骨，好执异端，合作态度不鲜明，是那种敬酒不吃偏要吃罚酒的人。

1953年9月8日，梁漱溟在全国政协第十九次常委扩大会议上捅了个大娄子，他发言时讲，共产党依靠农民起家，顺顺当当夺取了政权，现在却忽视民生疾苦，只重视城市中的产业工人。他最为直率的话是这样一句：“如今工人的生活如在九天，农民的生活如在九地，有九天九地之差。”第二天，毛泽东在中央人民政府会议上说，有人不同意我们的总路线，认为农民生活太苦，要求照顾农民，这大概是孔、孟之徒施仁政的意思吧。照顾农民是小仁政，发展重工业，打美帝是大仁政。施小仁政不施大仁政，便是帮助了美国人。有人竟班门弄斧，似乎我们共产党搞了几十年农民运动，还不了解农民。我们今天的政权基础，工人农民在根本利益上是一致的，这一基础是不容分裂，不容破坏的！

毛泽东的话讲得很重，梁漱溟深感委屈，非要辩白不可，他写信给毛泽东，请求给他一个解释的机会，以消除彼此的误会。

毛泽东同意在怀仁堂京剧晚会开幕前，给梁漱溟二十分钟的见面时间。可是梁漱溟越解释，毛泽东越恼火，他要的是道歉，是认错，而不是什么喋喋不休的解释。而梁漱溟固执己见，言语间与毛泽东频频发生冲突，结果不欢而散。

梁漱溟读过《韩非子·说难》，应该知道，龙的喉下有逆鳞，撄之必怒，怒则杀人。他要明智一点，最低限度也该是保持沉默，可是他的调子越来越高，非但不认错，还要标榜自己是“有骨气的人”，把那“九天九地”的话反复强调。他的对抗只可能招致更猛烈的反击，如果这反击来自毛泽东，当时中国任何人都吃不了得兜着走。更何况周恩来还以历史见证人的身份，证明梁漱溟一贯反动，所谓中立只是伪装。毛泽东说：“蒋介石是用枪杆子杀人，梁漱溟是用笔杆子杀人。梁漱溟反动透顶，他就是不承认……你梁漱溟的功在哪里？你一生一世对人民有什么功？”事情闹到这步田地，梁漱溟倒是战意更浓，不胆怯，不退却，硬着头皮继续顶牛，连何香凝、陈铭枢等人站出来为他打圆场，他也不领情。开大会时，梁漱溟僵持在讲台上，非要毛泽东给他充足的发言时间不可，他的话近乎挑衅：“我还想考验一下领导党，想看看毛主席有无雅量……毛主席如有这个雅量，我将对你更加尊敬，如无这个雅量，我将失掉对你的尊敬。”这岂不是藐视毛泽东的权威，逼他主动让步吗？毛泽东非常生气，称梁漱溟是野心家，是伪君子，他不问政治是假的，不想做官也是假的，他具有骗人的资格，这就是他唯一的资本。至此，会场大乱，梁漱溟坚持要把自己的历史和现状解释清楚，毛泽东给他十分钟，他嫌少，一定要享受公平的待遇，于是不少人指责梁漱溟狂妄至极，反动成性，通过表决，将他轰下台去。令人啼笑皆非的是，毛泽东举手赞成梁漱溟继续讲下去，却是少数派！

四、“宁鸣而死，不默而生”

梁漱溟曾揭示人类面临的三大问题，依序为：人与物之间的问题，人与人之间的问题，人与自己内心之间的问题。这三个问题看似简单，终竟解决了它们的人却极为罕见。梁漱溟是否解决了这三个问题？我看未必，但他一直在寻求解决之道，这就很不容易了。

“文革”期间，梁漱溟受到冲击，家被抄，房屋被占，夫人挨打，书籍、信件、字画被焚，手稿被没收，在这样的惨境下，他倒是没有自杀，而是顽强地活下来，在资料全无的情况下，写成《儒佛异同论》和《东方学术概观》。谁说“文革”期间只有两部学术著作（郭沫若的《李白与杜甫》和章士钊的《柳文指要》）？梁漱溟的著作不符合主流意识形态的要求，但其学术价值比那两部官方认可的“杰作”要高得太多。

喜欢出风头的人，永远都有风头可出；喜欢冒险的人，也永远有险可冒。“批林批孔”运动一起，梁漱溟就认为林彪与孔子既不当门又不对户，风马牛不相及，将他们捆绑在一起加以批判实在太荒唐。北大教授冯友兰曲学阿世，撰文批孔，大出风头，尤其令梁漱溟气愤，他写信给这位昔日弟子，声明与之绝交。当时全中国只有两个人不肯批孔，一个是梁漱溟，另一个是吴宓。梁漱溟认为孔子的思想有糟粕，也有精华，不能一概抹杀。至于林彪，是鬼不是人，完全没有人格。这家伙假扮马克思主义者，编语录，唱赞歌，说假话，既无思想，也无路线，只是一门心思想夺权。将他与孔子强行牵扯，甚至相提并论，是愚蠢可笑的。“林彪欺骗了毛主席，毛主席错认了林彪，这是不可否认的事实！”当年，谁会像梁漱溟这样直来直去地说话？他居然认为毛泽东养虎遗患，难辞其咎。这还得了！批判会不断升级，从 1974 年 3

月到9月，历时半年，大会小会一百余次，火力够猛够烈，竟然轰不垮这位八十一岁的老人，真是不可思议。梁漱溟有幽默感，而且是非同一般的幽默感，他在批斗会上调侃道：“给我贴大字报，自是应有之举；会上同人责斥我驳斥我，全是理所当然。这种驳斥、责斥，与其少不如多，与其轻不如重。如果平淡轻松，则不带劲，那倒不好。”待到批林批孔运动快要结束时，有人问他对批斗的感想如何，梁漱溟亢声回答道：“三军可夺帅，匹夫不可夺志！‘匹夫’就是独自一个，无权无势。他的最后一着只是坚信自己的‘志’。什么都可以夺掉他，但这个‘志’没法夺掉，就是把他这个人消灭掉，也没办法夺掉！”这话差点没把那人当场噎死。

梁漱溟最后一次挨批判，则是在打倒“四人帮”之后。1978年2月，全国人大、全国政协同时在北京开会，会议的一项重要内容是制定新宪法。在政协会上，梁漱溟再次放炮：“我的经验是，宪法在中国，常常是一纸空文，治理国家主要靠人治，而不是法治……我的话是有根据的。就说最近十年吧，毛主席为了解决刘少奇的问题，写了《炮打司令部》的大字报。如果按党章，刘少奇是中共第二把手，必须召开党的代表大会才能解决问题；如果按宪法，刘少奇是国家主席，必须召开全国人民代表大会来解决。毛主席没有那么做，内在原因据说是刘少奇并非孤家寡人，他在中共党内的上层有不少有力的支持者，他在普通党员和人民群众中也很有威信。毛主席考虑到首先在党内高层开会就会遇到麻烦，弄不好就会搞成僵局。因此，他采取了非常手段，绕了个大弯子，直接从下边开始，把热情有余的娃娃们鼓动起来，发动了史无前例的‘文化大革命’，搞得天翻地覆，国无宁日。结果被冲击的就不单是刘少奇，还有许多其他人，中共的，非中共的都有，倒的倒了，死的死了，好大一摊子！而不是常说的‘一小撮’。毛主席的这种搞法，自然是人治，而不是法治，宪法也限制不了他的所作所为。我还想过，为什么毛主席能这么做，而且畅通无阻，一呼百应，反对者甚少呢？我觉得有两方面的原因：第一，毛主席本人是一位功高如山的人物，可以说他缔造了党，缔造了国家，他的权威太大了。毛主席不加限制地发挥了自己的这种权威，于是在许多人的心目中，毛主席也就从人变成了神，成了偶像。第二，由于中国的历史，上个世纪以前不用说，本世纪以来虽曾有过各种纸上的宪法，但从总体看都没有真正施行过。法统、法制、法治，种种法的观念从上到下，大家都非常淡薄。而对于人治，却是多年来所习惯的……中国由人治渐渐入于法治，现在是个转折点，今后要逐渐依靠宪法和法制的权威，依法治国，这是历史发展的趋势，中国前途之所在，是任何人都阻挡不了的。”

此炮一放，一大堆罪名噼噼啪啪落在了梁漱溟头上，“攻击阶级斗争和无产阶级专政”，“攻击无产阶级文化大革命”，“恶毒攻击伟大领袖毛主席”，“诬蔑英明领袖华主席为首的党中央”，毕竟今时不同往日，批判只是装个样子，谁也不再认真，火力之弱形同挠痒。后来，事实证明，梁漱溟的预见在逐渐成为现实。

一个人豁出性命，“宁鸣而死，不默而生”，单有道德勇气是远远不够的，他必定还得有一种信念作为后盾：天地间有一个我，天地间就多一份正气，浩然正气是不可磨灭的，它与日月星辰相辉映，与宇宙天地相始终。中国知识分子集体软弱，缺乏独立之人格和自由之精神，就是因为胸中没有养成这股滂沛的浩然之气。梁漱溟写过一副赠友兼自箴的对联，“无我为大，有本不穷”，他的勇气和信心皆源于佛家精神和儒家精神。他具有菩萨心肠，是现世的君子儒。

1985年11月21日，冯友兰的女儿钟璞打电话邀请梁漱溟出席父亲九十岁寿宴，梁漱溟明确表示拒绝，当天他写了一封无上款的信给冯友兰："尊处电话邀晤……我却断然拒绝者，实以足下曾谄媚江青。……如承枉驾来我家，自当以礼接待交谈，倾吐衷怀"。12月6日，冯友兰回复梁漱溟：

十一月二十一日来信，敬悉一切。前寄奉近出《三松堂自序》，回忆录之类也。如蒙阅览，观过知仁，有所谅解，则当趋谒，面聆教益，欢若平生，乃可贵耳。若心无谅解，胸有芥蒂，虽能以礼相待，亦觉意味索然，复何贵乎？来书竟无上款，窥其意，盖不欲有所称谓也。相待以礼，复如是乎？疾恶如仇之心有余，与人为善之心不足。忠恕之道，岂其然乎？譬犹嗟来之食，虽曰招致，意实拒之千里之外矣。"如何金石交，一旦更离伤"，诗人诚概乎其言之也。非敢有憾于左右，来书直率坦白，甚为感动，以为虽古之遗直不能过也。故亦不自隐其胸臆耳。实欲有一欢若平生之会，以为彼此暮年之一乐。区区之意，如此而已，言不尽意。

12月24日，冯友兰在女儿钟璞的陪同下前往木樨地拜访梁漱溟，两位耄耋老人畅谈"菩提"、"涅槃"。钟璞童言无忌，她强调说明，梁漱溟信中指责父亲"谄媚江青"是不问事实的主观妄断，这种态度很是要不得，事实上，"父亲和江青的一切联系，都是当时组织上安排的。'组织上'三字的分量，量您是清楚的。江青处处代表毛主席，是谁给她这种身份、权利的？江青半夜跑到我家地震棚，来时院中一片欢呼'毛主席万岁'，是谁让青年们这样喊的？居心叵测的女人和小人君临十亿人民的原因，现在都逐渐清楚了。父亲那时的诗文只与毛主席有关，而无别人！可以责备他太相信毛主席和共产党，却不能责备他谄媚江青。我们习惯于责备某个人，为什么不研究一下中国知识分子所处的地位，尤其是新中国成立以后的地位！……最根本的是，知识分子是改造对象！中国知识分子既无独立的地位，更无独立的人格，真是最深刻的悲哀！”话不投机半句多，冯友兰父女起身告辞，梁漱溟以亲切的语气问钟璞：“你母亲可好？代我问候。”这再次触到了钟璞内心的痛点，她回禀道：“母亲已于1977年10月去世，当时大家都在‘四人帮’倒台的欢乐声中，而我母亲因父亲又被批判，医疗草率，心绪恶劣，是在万般牵挂中去世的。”对此，梁漱溟为之喟然，他将自己的新著《人心与人生》赠给冯友兰。梁、冯二老的这次（也是末次）相会显然算不上“一欢若平生之会”。蔡仲德著的《冯友兰先生年谱初编》只纪实，不作评，其中气息则不难闻见。

冯友兰一度被梁漱溟踢出门墙，后虽获谅，心头的嫌隙总未百分之百地消除（汪东林的《梁漱溟问答录》是明证），但他对老师由衷敬佩。1988年，梁漱溟逝世后，冯友兰以九十三岁高龄撰写纪念文章，称赞梁漱溟：“钩玄决疑，百年尽瘁，以发扬儒学为己任；廷争面折，一代直声，为同情农夫而执言。”这一评价允为确当，理应万世不磨。

本文首发于《书屋》2005年第11期
《读书文摘》2007年第2期转载

“性博士”

——张竞生惨遭妖魔化

张竞生（1888—1970），原名张江流、张公室，广东饶平人。教育家，美学家，性学家。1921 年至 1926 年为北大哲学系教授。著作有《张竞生文集》（上下册，广州出版社）。

二十世纪二十年代，编纂《性史》的张竞生，主张在美术课堂中公开使用裸体模特儿的刘海粟，以及谱写“靡靡之音”《毛毛雨》的黎锦晖，被传统势力指斥为“三大文妖”。卫道士们躲在黑屋子中哀叹“世风日下，人心不古”，以他们灰度极深的青光眼看来，“三大文妖”及陈独秀、蔡元培、鲁迅、胡适、钱玄同、刘半农等人无疑是开启潘多拉匣子的罪魁祸首，要对世道人心的日益败坏负主要责任。所幸时间作出了公正的裁决，它使喧嚣归于寂静，使重出炼炉的黄金展露灿烂的笑容。

在“三大文妖”中，张竞生遭受的误解最深、诟骂最多、攻讦最毒，不仅旧派人物看他不顺眼，连一些新派人物也站在其对立面，决计不肯给他好果子吃。大儒梁漱溟“谅解其人与下流胡闹者有别”，这样的高姿态已属难能可贵。张竞生得了个“性博士”的花名，还得了个“大淫虫”的恶号，被人斥为“下流坯”，可谓谤满中国，蚁满全身。老鼠过街，人人喊打，正是这份可疑的“道义感”使许多庸人摇身变形为勇士，在他们眼中，张竞生即是那只大白天跑出来找打的该死的耗子。其直接后果可想而知，张竞生早早地就被撵出了学术领地，被剥夺了话语权，唯有独守一隅，枯默而终。历史会将他彻底遗忘吗？我想这是不大可能的，毕竟在二十世纪二十年代他最有胆、最有识、最有趣，像他这种五星级的“怪物”，放眼现代中国，充其量也不会超过三五个。

一、梦境般的留学生涯

张竞生（1888—1970），出生于广东饶平县，他幼名江流，学名公室，1912年底赴法留学后，改名竞生，取达尔文“物竞天择，适者生存”之意。当时，围绕着这八字经，新派青年取名取号为“竞存”、“天择”、“竞生”的颇多。孙中山的爱将和叛将陈炯明字竞存，胡适有两位同学，一个叫孙竞存，一个叫杨天择，胡适的学名是洪骍，表字为适，也是他二哥从八字经中捞出一个字。张竞生的父亲壮年时曾到新加坡淘金，颇有些积蓄，回饶平后，买田造屋，还娶了一房姨太太。张竞生小时候多次看到本村张姓与邻村杨姓的血腥械斗，日后回想，仍然心惊胆战。他童年不快乐不幸福的最大根源是他父亲所娶的小老婆太阴险太狠毒，逼得他两位哥哥去南洋做工，还逼得他两位嫂嫂相继服毒自杀，由此他对旧式家庭的冷酷无情和惨无人道体验良深。

好在还可以求学念书，张竞生读完汕头的同文学校后，即入广州的黄埔陆军小学，这所学校由两广总督兼任总办，规格不低，派头不小。他若好生挨到毕业，将来当军官，混出点名堂并不太难。可是他天生就不安分，暗中偷看中国同盟会的机关刊物《民报》还是小错，他居然与姓韦的监督对着干，带头剪辫子，闹食堂，这就是大逆不道。张竞生被黄埔陆军小学开除后，他认为革命要冒险，也不失为一条好的出路，毕竟清王朝太腐败太无能了，它不灭亡简直就是没有天理。于是，他作出一个大胆的决定，与另一位同学结伴前往新加坡，投奔孙中山。孙中山并没有接见这两位懵懂青年，此前他得到消息，清廷已派枪手到新加坡暗杀他，出于防范，以养病为由，他对来历不明的客人一律避而不见。张竞生在新加坡挨了一个多月，最终耗尽盘缠，一无所获，唯有怅然而返。他回到饶平，服从父亲的旨意，娶了一位十五岁的女子为妻。在回忆录《浮生漫谈》中，他这样描述自己的新娘：“我娶她那一日，她的容貌，虽未像某先生所说的那位她，如猴子一样的尊容。但我的这一位矮盾身材，表情有恶狠狠的状态，说话以及一切都是俗不可耐。我前世不知什么罪过，今生竟得到这样的伴侣。”这种盲婚，毫无爱情基础，很难让他留恋。他决定逃避家庭，去上海求学，入法国教会所办的震旦学校。一学期后，他不安分，又跑到北京，考入京师大学堂（北大前身）法文系，谋求更进一步的深造。当时的京师大学堂，就像是一所官办的大私塾，从教制、师资到课目的安排都乏善可陈。学生得闲，不是逛八大胡同，就是请吃请喝，忙于交际应酬，为将来做官预先垫步。张竞生烦闷得要死，常去藏书楼找些尘封已久的佛经大阅特阅，直读得满头雾水，如堕五里云雾中。他居然在那所禁锢甚严的藏书楼中发现一本德国人类学家施特朗茨所著的德文奇书，此书的“人体写真”中有“布袋奶”，有“荷忒托民族的广阴大部”，图片下赘以说明，多方比较研究，此书让张竞生消遣了“一时苦恼的情绪”，日后他从事性学研究，这可能是最初的肇因。除了此番刺激，还有一个刺激也找上门来。有一天，革命党人张俞人找到张竞生，告诉他，汪精卫因刺杀摄政王载沣，被囚禁在刑部大狱里，极有可能被砍头，同盟会拟设计营救，请他从中出力。张竞生闻言，又惊又喜，惊的是此事万分机密，他竟能参与，喜的是他所救助的是一位伟大的革命党人。当时，陈璧君（汪精卫的妻子）和方君瑛已潜入北京，具体计划是：陈璧君出巨资（大约一两万元）给一位可靠的党人捐取主事一职，然后为他谋求刑部监狱官的实缺。这样一来，就有机会接近汪精卫，寻隙将他放走。这个迂缓的计划好像是出自于笨蛋的头脑，虽有一点想象力，却毫无可行性，终于作罢。1911 年 10 月，武昌新军发难，汪精卫获释，张竞生加入汪氏组织的京津保同盟会，得到汪的赏识。待南北议和，汪精卫推荐张竞生充任南方议和代表团秘书，事成之后，即鸿运降临。1912 年，中华民国临时政府稽勋局遴选合格的革命青年以官费生资格派赴东洋西欧各国留学，公布的头批二十五人名单中为首五人是：张公室、谭熙鸿、杨杏佛、任鸿隽、宋子文。张公室即张竞生，他名列榜首，可见当时的中华民国临时政府对他是何等器重。

刚到法国时，张竞生想学外交，有位好友劝他学习社会哲学，这一选择也合乎他的心愿。巴黎大学的哲学系太自由了，他有取之不竭、用之不尽的闲暇，完全可以心猿意马。起初他想到邻国比利时去学园艺，又想兼修与哲学风马牛不相及的医学，将来好寻求一个切实的职业。他修完医学院的预科，只能算是过屠门而大嚼，然后就打消了做医生的想法，这一放弃令他终生引以为憾。学医期间，有件事令他记忆深刻，仿佛一道阴影久久挥之不散。某一回，他参观解剖室，好戏谑的友人手执利刃对那些尸体横切竖割，他看在眼里，顿时感到反胃，更过分的是，那位友人用刀尖指着一具女尸的阴部说："不知你生前用这玩意害了多少人，到今天竟沦落到如此下场，任人宰割如砧上肉！"张竞生闻言，悲愁和痛惜之情齐集三寸灵台，一发而不可收拾。

虽生长于乡间，张竞生先后在上海、北京等地求学，也算是积累了不少见识，再加上他天性浪漫，是个多情种子，到了花都巴黎——全世界猎艳者的头号天堂，他肯定有所斩获。他的回忆录《十年情场》对于自己在花都"打过一些性欲的擂台"津津乐道，描写极其大胆，儿童不宜的地方触目皆是。张竞生好与女人玩精神恋爱的游戏，他初到巴黎时，住在"人家客店"，对一位学图案的女子发生兴趣，那女子声称要守身如玉，张竞生自惭缺乏手段，只好偃旗息鼓。其后不久，他在海边的一家咖啡店认识一位娇俏玲珑（他最欣赏这种身形）的女招待，彼此情投意合。他最得意的是，他的竞争者是一位英俊的德国大学生，他居然能够漂亮地胜出。"我以为能打败德人的情敌，是我以弱国的地位，也算莫大的光荣。"简直就是为中华民国挣了脸，应授勋章一枚。

他们常常在海边野合，达到天人合一的境界，有一次酣睡在海边，差一点被潮水卷走。张竞生显然对这位情人的性具和性趣十分满意，“她的表情与性趣，完全与西班牙人一样的天真热烈。她的性具，有如我国人所传说的大同女子一样，似有三重门户，回旋弯曲，使人触到也即神魂颠倒”。他们相爱了两年有余，其间，这位情人为他生了一个女婴，不幸夭折。世事总有不尽如人意处，这位法国情人性格温柔，礼貌周全，却患有精神疾患（歇斯底里症），遇到刺激，就口吐白沫，不省人事，张竞生好几次都被惊吓得魂飞魄散。此外，她的文化程度很低，连法文字母也写不周全，久而久之，张竞生便对她的病况和智力水准产生顾虑，再加上家中还有黄脸婆，他对于重婚怀有恐惧，迄至第一次世界大战爆发，这场风花雪月事就打上了休止符。

巴黎岌岌可危，张竞生跑到英国伦敦，与房东的女儿在白天上演对手戏，只是那女子性情不够热烈，所以这份感情终归是形而下的，无法升华。其后，在法国里昂，张竞生与一位瑞士少女相恋，却因为老板娘监视极严，始终无从下手。所幸他与一位女教师搭上了线，在圣诞前夕进入实证阶段，有趣的是，那位女教师看见床头耶稣受难像，如遭电击，立刻起身穿上内衣，表情严肃、悲哀地说：“耶稣既然为人类而死，我辈在这个死难节日，怎能谋求肉体的快乐呢？”于是，两人的欲念云收雨霁，相拥而眠，不及于乱，他们之间亘隔着一位耶稣，以后也一直是精神恋爱。

张竞生崇尚卢梭热爱自然的浪漫主义，在野外漫步遐想是他的一大爱好。他在巴黎近郊的圣格鲁林区遇到一位避难的女诗人，二十余岁年纪，生得娇小玲珑，从外形、气质到谈吐，都是张竞生喜欢的类型。这女子的品德也是上佳，张竞生问她：“你是为钱财而爱我吧？”她简直如同受了侮辱，面露鄙夷之色，连一杯定情的咖啡也不肯喝。他们在林区中享受到人生无上的快乐，这位金发女子所写的定情诗才思斐然，通过张竞生的翻译，诗味犹醇：

“云霞头上飞，思归不必悲。偶逢有情郎，我心极欢慰！东方游子不忍归，西方娇女正追随。你痴情，我意软，稚草同野卉！洞房花烛日，骄阳放出万丈光辉。紧紧相拥抱，好把心灵与肉体共完美！好好记起我洁白清净的身份，任君上下左右周身一口吞！”

末一句真是惊人，非发乎至情写不出。这位女子有一宗好处，是张竞生从别的女子那儿不曾得着的，那就是她不仅吐气如兰，浑身也是香馥馥的，这位法国的“香妃”使他的欲念异常高涨，甚至疑心山间的花蕊都散发出精液的味道。他们效仿猿猴在树上寻欢，效仿比目鱼在海中做爱，“在这样香甜的性交中，我与她已到尽力去驰骋；她也如受电击一样的颤动”，至此，张竞生已是“愿做鸳鸯不羡仙”。战争期间，总之是好景不长，胜会难再，这位法国“香妃”接到未婚夫的来信，他在战场上受伤，将去南方疗养，她与母亲要前往陪伴。两人执手相看泪眼，张竞生译出苏曼殊的四句诗给她听：“谁怜一阕断肠词，摇落秋怀只自知！况是异乡兼日暮，疏钟红叶坠相思。”情到深处人孤独，总归是这样的收场，“终久是倩影渺渺，余怀茫茫”！

最深挚的一段爱情如风筝断了线，张竞生好一阵消沉与落寞。所幸他总不缺乏新的艳遇，去填补内心的空虚。有一回，他到巴黎北站送客，遇到一位明眸善睐爽朗矫健的女子，堪称西方的史湘云，她崇拜卢梭，信奉浪漫派的人生哲学，因此与张竞生一拍即合。尤其难得的是，她醉心于考究东方人的情操，此前，她对日本人、印度人、南洋的华侨都失望了，现在碰到张竞生，偏偏这位“支那人”为东方世界争了光，赢得西方史湘云的爱情和赏识。《红楼梦》中的史湘云戆直爽快，缺乏工巧的心计，待人以诚而近于傻。“西方的史湘云”除了具备这些优点和缺点外，还有一项独门绝活，她懂得极精湛的房中术，做爱时喜欢立于主动地位，作为最大也是唯一的受益者，张竞生饱享人间极乐。她讲述自己的性爱经历，十六岁时曾遭到一位军官的摧残，那以后她向一位老妇学习房中术，便是要找回女性的尊严和快乐，而只有像女教官一样完全立于主动地位，她才能达此目的。他们去法国瑞士交界处的古堡旅行，在悲情中做爱，张竞生因此领略到浪漫派的真谛，那就是：“悲哀的情感比欢乐的（情感）更为高尚、纯洁、诚实、真挚与饱满。”在山峰上，在丛林中，在湖畔，在月下，“西方史湘云”扮演数个角色，使张竞生爱恋一人，恍如爱恋多人，他写道：“故在俗眼看来，一切性交都是猥亵的，但由她艺术家安排起来，反觉得是一种艺术化的表演。”一位浪漫的中国男子遇到一位浪漫的法国女子，他只好甘拜下风，当对方提出三个月期满就各奔东西，永不相见，张竞生简直觉得一颗心仿佛从天堂掉到了炼狱，所有的“为什么”都没有答案，“西方史湘云”只留下一本小说《三个月的情侣》，让他仔细琢磨情爱的变幻无常。

二、力倡情人制

1920年，张竞生获得法国巴黎大学的哲学博士学位，不久就收到潮州金山中学校长的聘书。船到香港，他按例要去广州领取校长的任命书，也就是说他有机会见到广东省长兼督军陈炯明，当面向他递交条陈，做些建议。有趣的是，张竞生别的不关心，只关心限制人口，提倡避孕，这似乎是在讽刺中国人“多子多福”的旧思想，也有点嘲弄陈炯明本人的意味，陈炯明子女扎堆。陈炯明读了这篇字迹潦草的条陈后，对潮属议员兼财政厅长邹鲁说："这是一位神经病！"言下之意是，让这家伙当校长岂不是误人子弟？张竞生到底还是当了几个月的金山学校校长，他大刀阔斧，辞退了一些名声不好、水平不够的教师，因此惹发风潮，有人在校内对他动武，有人打电报，发传单，散布谣言，诬蔑张竞生有神经病，是"卖春博士"（指他在《汕头报》提倡避孕节育），闹得满城风雨，一塌糊涂。张竞生悲愤填膺，灰心到了极点，险些跳海自杀。所幸不久后，云开雾散，蔡元培聘请张竞生去北大哲学系当教授。

在北大哲学系，张竞生任教五年（1921—1926），他的讲义《美的人生观》、《美的社会组织法》相继出版，为他在学界赢得了崇隆的声誉。周作人对《美的人生观》评价相当高："张竞生的著作上所最可佩服的是他的大胆，在中国这病理的道学社会里高揭美的衣食住以至娱乐的旗帜，大声叱咤，这是何等痛快的事。……总之，张先生这部书很值得一读，里边含有不少好的意思，文章上又时时看出著者诗人的天分……"当年，蔡元培倡议以美育替代宗教，提高全民素质，张竞生的思想与此暗合，理论与此呼应，甚得青年学子的欢心。在《美的社会组织法》中，张竞生主张建设一个情爱与美趣的社会，其极端处，便是竭力提倡"情人制"、"外婚制"和"新女性中心论"。在封闭、愚昧和男权为中心的中国社会，张竞生的浪漫派理论无疑是一根专捅马蜂窝的竹竿，招来无数身着长袍马褂的论敌。其"情人制"的理论大体如下：

……男女的交合本为乐趣，而爱情的范围不仅限于家庭之内，故随时势的推移与人性的要求，一切婚姻制度必定逐渐消灭，而代为"情人制"。

顾名思义，情人制当然以情爱为男女结合的根本条件。它或许男女日日得到一个伴侣而终身不能得到一个固定的爱人。它或许男女终身不曾得到一个伴侣，但时时反能领略真正的情爱。它或许男女从头至尾仅仅有一个情人，对于他人不过为朋友的结合。它也准有些花虱木蠹从中取利以欺骗情爱为能事。但我们所应赞美者，在情人制之下，必能养成一班如毕达哥拉斯所说的哲人一样，既不为名，也不为利，来奥林比亚仅为欣赏；也必有些人如袁枚所说的园丁，日常与花玩腻了，反与花两相忘。实则在情人制的社会，女子占有大势力，伊们自待如花不敢妄自菲薄。男子势必自待如护花使者的爱惜花卉，然后始能得到女子的爱情。爱的真义不是占有，也不是给予，乃是欣赏的。

……在情人制的社会，男女社交极其普遍与自由，一个男人见一切女子皆可以成为伴侣，而一个女子见一切男人皆可以为伊情人的可能性。总之，社会的人相对待，有如亲戚一样：笑脸相迎，娇眼互照，无处不可以创造情爱，无人不可以成为朋友。门户之见既除，羞怯之念已灭，男女结合，不用“父母之命，媒妁之言”，全恃他创造情爱的才能，创造力大的则为情之王情之后，其小的则为情的走卒和情的小鬼。

……在情人制之下，社会如蝶一般狂，蜂一般咕啜有趣，蚊群一样冲动，蚁国一般钻研，人尽夫也，而实无夫之名；人尽妻也，但又无妻之实。名义上一切皆是朋友；事实上，彼此准是情人。

张竞生在法国生活八年，多次猎艳寻欢，拈花惹草，深得其中乐趣。再加上他研读过托马斯·莫尔的《乌托邦》、康帕内拉的《太阳城》和圣西门、傅立叶的空想社会主义著作，他主张“情人制”，乃是顺理成章。可是国内那些观念保守的人、头脑僵化的人、性格沉闷的人、感情板滞的人，更别说以捍卫世道人心为己任的卫道士们，实在不能接受这套“歪理邪说”，他们视之为洪水猛兽，痛加攻讦和诋毁。有人认为，张竞生以蜂、蝶、蚊、蚁四物为喻，等于自己抽自己的耳光，已足证“情人制”是下三烂的货色。他们全都是情绪化的，不讲道理的，轻则恼怒，重则愤恨，张竞生还哪有辩解的地方？至于他所提倡的“外婚制”，从优生强种的立场出发，建议中国人多与俄国人、欧美人、日本人通婚，汉人多与满、蒙、回、藏人通婚，南方人多与北方人通婚，也被人嘲笑为瞎扯淡，当时表兄妹结婚尚被赞为亲上加亲，是人间美事，张竞生的优生强种说就显得过于超前了，非一般智力者所能接受和赞成。像德龄女士（近代华裔旅美作家）那样见过世面的女子，不愿由慈禧太后作伐嫁给王孙公子，而愿嫁给美国人，实在是不可多见的范例，由她来支持张竞生的理论当然不错，可还是显得太势单力薄了。一向主张“肥水不流外人田”的中国人，对“外婚制”的理解和接受还有一个漫长的过程。

1922 年 4 月 19 日，美国生育节制专家山格夫人访华，由胡适担任翻译，张竞生陪同，在北京大学讲演其理论。张竞生一向主张节育，乘此机会，极力介绍山格夫人的主张，可是言者谆谆，听者藐藐，收效甚微。乱世中保种不易，再加上“不孝有三，无后为大”、“积谷防饥，养儿防老”的旧思想作祟，正确的节育主张出现在一个错误的时间和一个错误的地点，难怪在知识分子密集的北京也很少有人喝彩。

有一次，张竞生经过上海，汪精卫请他吃饭，汪氏子女满屋，有些不好意思地说：“我也是赞成节育的，但结果竟是这样呵！”

这说明赞成节育的人尚且不能少生，更何况那些反对节育的人。张竞生认为：“男女交媾的使命，不在生小孩，而在其产生出了无穷尽的精神快乐”，他还改动古诗句“美人自古如名将，不许人间见白头”为“美人自古如名将，不许人间见儿孩”，劝女人不要轻易怀孕。若要小孩，则须出于优生的考虑，选择惠风和畅的日子，以大自然为洞房，以树影为花烛，享受和谐的性爱，由此而孕的胎儿，将来不是英雄，便为豪杰，其次也会是才子佳人。张竞生的节育理论大受社会咒骂，招致许多侮辱之词，他反正久已习惯了，即使大粪浇头，他也只当它是洗澡水。

三、闯入性爱的禁猎区

1923年4月29日，张竞生在北京《晨报》副镌上发表《爱情的定则与陈淑君女士事的研究》一文，引发关于爱情的大讨论。事由是：1922年3月，张竞生南北议和时的同志、留法时的同伴、北大生物系主任谭鸿熙丧妻后不久，即与妻妹陈淑君同居，而陈淑君在广东尚有未婚夫沈原培，彼此未曾脱离关系，结果沈氏感觉受骗受害，赶到北京，大办交涉，在报纸上刊登广告，斥责谭熙鸿败德，陈淑君负义，闹得满城风雨，乌烟瘴气。张竞生发表此文，显然是支持和声援谭熙鸿的，他指出爱情的定则有以下四项：

（一）是有条件的；

（二）是可比较的；

（三）是可变迁的；

（四）夫妻为朋友的一种。

从1923年4月到6月，《晨报》副镌共发表讨论稿件二十四篇、信函十一件。梁启超、鲁迅、许广平、孙伏园都参与了这场争论。全盘反对的人不多，完全支持的人更少，仁者见仁，智者见智。其中关于“爱情是有条件的”这一项争议最大，张竞生列举的条件有六项内容：感情、人格、状貌、才能、名誉、财产。“地位”包含在“名誉”中。条件愈完全，爱情愈浓厚。极端的人认为爱情是神秘的，是无条件的，次者认为爱情只以感情、人格、状貌为条件，绝大多数人都认为若以财产为前提，爱情就未免庸俗和势利，沾染上了铜臭味。殊不知空着肚皮是无法恋爱的，鲁迅在小说《伤逝》中已痛切地总结出，“爱情要时时更新、生长、创造”，首先必须保证温饱，保证衣食无忧，否则爱情必定夭折，幸福更是无从谈起。

反对缠脚，提倡天足；反对束胸，提倡丰乳；反对偷生，提倡殉情；包括制定爱情的游戏规则，张竞生觉得这些还远远不算过瘾，他真心想研究想讨论的是进乎其上的男女性爱，这在当时的中国还是一座荒芜的废园，或谓之禁区也不为过。1923年5月，北京大学国学门成立“风俗调查会”，张竞生出任主席，他拟定风俗调查表，列出三十多项，其中有“性史”一项，教授们讨论选题时，觉得性史的调查和征集应另立专项。1925年深秋，张竞生在《京报》副刊上发出《一个寒假的最好消遣法》征稿启事，正式向社会征集性史。来稿出乎意料地踊跃，他从中选出有代表性的七篇，加上序言和批语，编为《性史》第一集，1926年4月，由性育社印行。几乎是立竿见影，许多学校贴出查禁此书的公告，它们反而起到了促销的作用，《性史》不胫而走。卫道士们犹如祖坟被挖，无不暴跳如雷，遂引发轩然大波。这七篇讲述性经历的文章涉及女性被欺凌、性冲动、性觉醒、性游戏、性饥饿、性冷淡、手淫、偷情、性和谐、性高潮等多个方面，张竞生在批语中一一给予针对性的评论。尤其出格的是，张竞生提示“新淫义”：“我们所谓淫不淫就在男女之间有情与无情。若有情的，不管谁对谁皆不是淫；若无情的，虽属夫妇，也谓之淫。”有情为不淫，无情方为淫，《红楼梦》中，宝玉被称为“天下第一淫人”，即“天下第一有情人”的意思，与张竞生的“新淫义”并不吻合，大相抵牾。

《性史》第一集摆事实，讲学理，对症下药，对国人的性蒙昧有拨云见日之效，却不为保守派所容。中国的许多事，可言者未必准行，可行者未必准言。在卫道士的青光眼看来，《性史》乃是淫书，张竞生的所作所为全是诲淫，不仅误导青少年，而且败坏了世道人心。百口莫辩，千夫所指，到了这个地步，当然没有了学术领域正常讨论的回旋余地。

后来，张竞生在《两度旅欧回想录》中忆及往事，有一段话算是自我辩白，值得一读：

> 有人要这样问：“既是学者，又有钱游历全世界，别项学问又那样多，偏去考究那个秽亵的阴户问题，实在太无谓吧！”现先当知的是对这个问题的观察点，常人与学问家，根本上不大相同。常人不肯说，不肯研究，只要暗中去偷偷摸摸。学问家则一视同仁：他们之考究阴户与别项性问题，也如研究天文之星辰运行，日月出没一样。这个并无所谓秽亵，与别种学问并无所谓高尚，同是一种智识，便具了同样的价值。且人生哲学，孰有重大过于性学？而民族学、风俗学等，又与性学有关。学问家，一面，要有一学的精深特长；一面，对于各种学问，又要广博通晓。无论哪种学问，都可研究。而最切要的，又在研究常人所不敢或不能研究的问题。

二十世纪二十年代的中国社会，男女之防依旧森严，《论语·颜渊》中的“非礼勿视，非礼勿听，非礼勿言，非礼勿动”，仍是中国人的行为准则。张竞生冲决网罗，破坏陈规，纠正陋俗，惹发众怒乃是情理之中的事情。科学要战胜蒙昧，需要胆识，也需要时间。张竞生是急切的先行者，遭到误解和打击，自然无法避免。生物学家周建人提倡新文化，观念并不保守，他对《性史》也感到不满足，认为“一般人所需要的是由论料得来的结论，而不是论料本身”。殊不知英国性学研究大家蔼理士的皇皇巨著《性心理研究录》中也附有数十条性史以为佐证。光有论证而无论据，这无论如何是说不过去的。

在《性史》第一集的序言中，张竞生用金圣叹批《西厢》的口气预作恐吓之词：“这部《性史》不是淫书，若有人说它是淫书，此人后世定堕拔舌地狱。”说话吓人并不管用，这本书照样还是给张竞生惹来一身虮一身膻，第二集竟被扼杀于印刷厂中，然而坊间立刻有多种伪本流行，还有一本跟风之作《性艺》，是旧派小说家徐卓呆和平襟亚合著，盗用张竞生之名出版，赚得瓢盈钵溢。《性艺》的内容是：张博士登报征求性友，每日都有一个女子叩门应征，实验性生活，其中有姨太太、寡妇、优伶、舞女等诸色人等，各有一套性技艺，其中尤以刀马旦在博士身上劈叉最为绝妙……张博士虽然大言不惭，提倡性学，实际上缺乏见识，每日被这些女人狎玩，等于是一名男妓。结局是，有个女人节外生枝，带来爱犬，不慎咬到张博士的“小博士”，一代奇人就此一命呜呼。总之，这类书赚钱自有其人，骂名则由张竞生悉数背负。正是在此期间，张竞生得了个“性博士”的花名和“大淫虫”的恶号。

张竞生成为了被俗众詈骂的对象，而且很少有人同情他。南开学校的掌门人张伯苓悬出厉禁：凡阅读《性史》的南开学生一律给予记大过以上处分，直至斥退。中国人长期遭受压抑，耻感终究斗不过好奇心，鲁迅曾说：“看到白臂膊，立刻想到全裸体，立刻想到性交，立刻想到杂交，立刻想到私生子。中国人的想象力唯在这一层能够如此跃进。”私底下，大家偷着乐，公开场合却扮演道德完美者，将关涉性爱的书籍贬为下流。可以想的，偏不准说；可以说的，偏不准写；可以写的，偏不准出（版）。鲁迅在《书籍与财色》一文中以半讽半刺的语气感叹张竞生开美的书店大卖《性史》已“此道中衰”，真能替张竞生讲句公道话的只有周作人，他的话有所保留，也并未说满：“假如我的子女在看这些书，我恐怕也要干涉，不过我只想替他们指出这些书中的缺点或错谬，引导他们去读更精确的关于性知识的书籍，未必失色发抖，一把夺去淫书，再加几个暴栗在头上。”在当时的语境下，这样开明就难得了。

1927年夏，张竞生依照蔡元培校长所定的成例——北大教员授满五年课程后，即可带薪去国外游学一两年——前往上海，打算买舟泛洋。不巧的是，这时候奉系军阀张作霖攻入北京，赶走了冯玉祥，免去蔡元培的北大校长职务，任命刘哲为新校长。奉军入京后，疯狂屠戮民主人士和共产党人，《京报》社长邵飘萍、《社会日报》社长林白水、北大政治系教授李大钊先后遇害。在这样白色恐怖的局面下，蔡元培所制定的规则自然被推翻，张竞生出洋游历的资格和资金全都没了戏，北大教职也泡了汤。他滞留在上海，为生存考虑，与友人谢蕴如合股贰仟元，谢任总经理，张任总编辑，在书局林立的四马路开办美的书店，专门发行张竞生编译的“性育丛书”，还出版一本《新文化》月刊。张竞生在《性育丛谈》中大谈“第三种水”（即女性在性高潮时所流出的巴多林液，世俗称之为“淫水”）和性部呼吸，比《性史》第一集走得更远。尽管这个名目在其他性学家的著作中无从查稽，算得上张竞生的独家发明，被周作人谑评为“卖野人头”，但张竞生的恶作剧骗翻了全国读者，个个变成了“阿木林”（容易上当的傻瓜），这太不可思议了。由于张竞生的知名度和感召力，再加上美的书店所招收的漂亮女店员的吸引力（此前，书店普遍只用男店员），开张之后，门庭若市，张竞生在附近的饭店辟有专桌专座，每天开流水席，朋友来了随时管个酒足饭饱。有的买书人进书店时故意用戏谑的口气询问女店员：“第三种水出了没有？”一语双关，女店员起先会红着脸作答，久而久之也就不害羞了，回答说：“出了，都五回（意为第五次印刷）了！”生意太好，遭人嫉妒，当年，上海的书店业由江苏人把持，张竞生是广东人，谢蕴如是福建人，都不在这个体系中，两个书呆子又不肯出面去拜码头和多方打点，江苏帮就串通警局，专寻美的书店的晦气。每过一段时间，张竞生即遭法院传讯，警察即来罚款数百元，并且搬空店中书籍，这样频频捣乱，红红火火好端端的美的书店竟被摧残得生气全无，唯有关门大吉，宣告倒闭。

张竞生真是一个极度恪守个人信念的人。像他这样臭名昭著的“性博士”，居然有人请他证婚，已属一奇；他证婚时大谈特谈夫妻性生活，大谈特谈“第三种水”喷出的快感，则更属奇中之奇，堪称惊世骇俗。这次证婚大约在1926年冬天，地点是上海东亚旅馆内，一次集体的文明婚礼，证婚词刊登在1927年1月《新文化》杂志创刊号上，题目是《如何得到新娘美妙的鉴赏与其欢心》。张竞生劝导新郎要有耐心，要知体贴，以三日为期，尽得新娘的欢心，然后收获圆满的性快乐。有一段说给新娘的话是这样的：“在此，我又常告诉新娘们，当性交时，你们应大胆地处于主动地位，虽第一次也不可太过谦让，谦让就要自己食亏。你们新娘如能主动，则虽第一次不觉得苦而觉得乐，因为第一次也可达到‘第三种水’喷出的快感。你们女子们每次必要交媾主动而以出‘第三种水’为限，则不但你自己快乐，将来由此生子女时也聪明强壮。交媾本是男女二人共同之事，理当由男女分工合作。如有一方不尽力，则失了交媾的真正意义。”他对新郎说的话更属离谱，他谈到处女膜无足轻重，男人不要对此小题大做，纠缠不清：“若知新娘确与人有染，你们于肉体上应当庆幸有人为你们打破难关，使你们坐享便宜。因为处女膜的存在，正为使得第一个男子种种不便宜与使女子种种的留难。至于交媾的快乐，不在处女而在女子的‘老练’也。于心灵上，你们新郎应知前此之事于你何与，但求今后伊能真爱你就好了。伊能爱你与否不在处女膜有无，而在彼此的情感，而遇这些与人曾经偷情的女子，你们更尽心恢复情感，这是一件情感竞争上更有趣味的事情。若你们新郎有这样的态度，包管新娘感激流涕，懊悔前时无主宰，再安排新生命为新郎享用！”天下证婚人千千万万，没有人会像张竞生这样娓娓而谈性事；天下证婚词万万千千，也没这一篇如此殷切关怀生命。张竞生比那班伪君子和真小人要伟大得太多，他的功德完全被人故意遮蔽，有意贬低了。但他这番话真没几人能听得进耳，中国男人的处女情结极重，这个死结又岂是他三言两语就能解开的？

张竞生的理论和他推广这些理论的行为确实太超前了，别说一般智识的人难以理解，就连担任过北大代理校长和校长的蒋梦麟（他的心胸雅量比蔡元培差得远），也认为张竞生是北大教授中的害群之马。1927年，张竞生偕同家人到杭州游玩，适值蒋梦麟担任浙江教育厅厅长，正是他向省府提议，拘捕张竞生，罪名是“宣传性学，毒害青年”。所幸张竞生得到老朋友、民国元勋张继的关照，才被从轻发落为：驱逐出境，三年不许踏入浙江半步。

四、超前者的悲剧

军阀当道，民不聊生，教育衰残，文化凋敝，国内的环境实在太恶劣了。蔡元培旅居欧洲去了，张竞生亦步其后尘，第二次赴法游学。他得到广东省政府主席陈铭枢的私人资助，遂以翻译外国名著为职志，他原想集合同道翻译两三百种，但由于大笔经费无法筹措，终于只译出卢梭的《忏悔录》《歌德自传》等数种，凑成一辑“浪漫派丛书”。张竞生第二度旅法，亦有多次艳遇，他去日出岛参加天体运动（与情人整日裸体相处）最有特色，但他对此涉笔不多，显然是意兴阑珊了。

到了二十世纪五十年代初，张竞生已经六十多岁，枯木逢春，老树开花，经人介绍，与南京的一位资深美女（37岁）建立恋爱关系，在张竞生的提议下，两人在石头城与五羊城之间频频鸿雁往返，张竞生美其名为“通信试婚制”，结果有情人终成眷属，算是彻底勾销了张竞生长期得不到一位知心伴侣的恨憾。张竞生自上个世纪三十年代即不再研究性学，又由于“名声不好”，得罪的学界权威太多，各大学仿佛是统一行动，皆不肯聘他为教授。1953年，广东省成立文史研究馆，他被定为首批馆员，撰写了几篇回忆录，较有价值的有1959年4月撰写的《南北议和见闻录》，更重要的是他的三部自传：《浮生漫谈》《十年情场》和《爱的漩涡》，先后在香港和新加坡出版。他的晚景归于恬淡，“文革”对他的冲击似乎并不大，这位发誓要活到一百岁的老人，八十二岁时因脑溢血猝死于故乡的茅屋中，而不是批斗场。他一生有三大憾事：一是没有娶欧妇，二是没有办成现代化的潮州大学，三是没有完成翻译两三百种世界名著的宏愿。至此，他只有饮恨九泉了。

有人称赞张竞生是中国人口学和性学领域的拓荒者，这大致是不错的，他倡导节制生育比马寅初要早出许多年，而高揭性解放性自由的大旗，更是先驱中的先驱。还有人称张竞生是中国文坛的一颗流星，是中国文化界和出版界的失踪者，他失踪了半个多世纪，在国内图书馆中很难再找寻得到他的著作。

鲁迅曾在杂感中写道：“至于张竞生的伟论，我也很佩服，我若作文，也许会这样说的。但事实怕很难。……张竞生的主张要实现，大约当在二十五世纪。”鲁迅的调子太悲观了一些，他的预言完全失准。张竞生的许多主张（节制生育、性解放等），如今都已在中国落地生根，开花结果，甚至超出了他的原意。

显而易见，张竞生身上也有凡人难以克服的弱点，以至于实践与理论常常无法同步合拍：他极力标榜“新女性中心论”，赞成情人各得自由，互不干涉，可是他对自家那位动不动就玩出走游戏的情人褚问鹃女士（“中国的娜拉”）不够厚道，不够宽容，在《新文化》月刊上发表《恨》一文，自曝家丑，极尽谴责之能事，不仅吐了恶言，还动了拳脚，被人捅到报纸上，好不难堪；他主张节制生育，自己却有五个孩子。凡此种种，大醇之中确有小疵。但他整体上还是有趣的，可爱的，甚至是了不起的，国人能忘记他半个世纪，甚至一百年，但绝对不可能将他从集体记忆中永久删除，他激活人性的壮举终将为中国有识之士所激赞。

本文首发于《书屋》2005 年第 11 期
《文人的骨气和底气》（世界知识出版社）收录